PARROQUIA DE LA CONCEPCIÓN DEL REALEJO BAJO

LIBROS DE LOS MATRIMONIOS DE LOS AÑOS 1583 a 1799

JOSÉ – LUIS MACHADO

Copyright © José Luis Machado. Autor.

joseluismachadohistoriador@hotmail.com

joseluismachado.blog

Título ID Parroquia de la Concepción del Realejo Bajo. Libros de los matrimonios de los años 1583 a 1799.

ISBN: 9781791679491

Todos los derechos reservados. Esta publicación no puede ser reproducida, ni en todo ni en parte, ni transmitida ni registrada por un sistema de recuperación de información, en ninguna forma ni por ningún medio, sea mecánico, fotoquímico, electrónico, magnético, por fotocopia o cualquier otro sin el permiso previo del editor y autor.

JOSÉ – LUIS MACHADO

PARROQUIA DE LA CONCEPCIÓN DEL REALEJO BAJO

LIBROS DE LOS MATRIMONIOS DE LOS AÑOS 1583 a 1799

INTRODUCCIÓN

El Realejo tal como lo conocemos no se corresponde a los Realejos históricos. La fundación corresponde a don Alonso Fernández de Lugo, en donde estableció su residencia económica al quedarse en repartimiento el conocido como «Campo del Rey» también llamada la «Data de la Discordia» en el magnífico retrato que hace del pleito entre el primer Adelantado y Hernando del Hoyo Coriolano Guimerá. Esto requiere una breve precisión, pues Hernando del Hoyo firmó con don Alonso Fernández de Lugo en Valladolid, en presencia del Rey Católico don Fernando un contrato por el que la mitad de lo que a él correspondiere lo repartiría con Hernando del Hoyo.

Respecto a la denominación de dos enclaves poblacionales denominados Bajo y Alto, se debe a que –mirando desde el mar– el Realejo Bajo cae a la derecha, donde estableció su hacienda don Alonso, luego Hacienda de los Príncipes por el matrimonio de su descendiente doña Porcia Magdalena con el príncipe de Asculi. Y el Realejo Alto a la izquierda, separados ambos por el barranco. Así, en caso de ataque el adelantado podía ocupar la fortaleza natural del macizo de Tigaiga y disponía de los campos de pan sembrar del

Realejo Alto. Nace la iglesia partiendo de la erigida a Santa María, que ya figura en 1516, como dependiente de la de Santiago Apóstol. Se encuentra situada junto al antiguo camino real que va a la Hacienda de los Príncipes. Tiene su origen a partir de una pequeña ermita dedicada a Santa Ana, también comúnmente conocida como de Santa María, construida a principios del siglo XVI, próxima a los terrenos del adelantado. En 1533 es convertida en parroquia bajo la advocación de Nuestra Señora de La Concepción, cuando le es concedido el beneficio parroquial y pasa a ser una comunidad independiente de la de Santiago. «La ermita primigenia constaba de una sola nave que, con la ampliación del edificio hacia el norte y el oeste, pasó a conformar la nave de la epístola de cuya ampliación surge la iglesia parroquia de Nuestra Señora de la Concepción en los años 1697 y 1701. Obra realizada sobre piedra de cantería extraída de la cantera del camino de Icod; así como piedra de la Dehesa para las cornisas y más de doscientas losas de Los Cristianos para el resto.

La sacristía se levanta años más tarde, en 1790, al ampliar la existente para acoger los muebles y alhajas propiedad de la Iglesia. Con esta ampliación el templo queda configurado con las características propias de las iglesias canarias del siglo XVIII[1].

Consta de tres libros de matrimonios contraídos en la referida ermita y luego iglesia, entre los años 1583 a 1700. Llamando la atención la gran cantidad de mujeres que concurren con el nombre de María Francisca, pareciendo ser invocación para superar la alta tasa de mortalidad infantil con la invocación del santo en el nombre de las niñas.

Existe un meritorio borrador abreviado pero ordenado por orden alfabético de nombres de pila, firmado en Santa Cruz de La Palma en 31 de agosto de 1975 por don Manuel González Luis. He podido trabajar este manuscrito desmenuzando familia a familia, con la dificultad de que muchas de las fechas en páginas impares quedaron en blanco.

El mérito de este trabajo es buscar la mejor sistematización al organizar la búsqueda por orden alfabético de apellidos familiares y no de nombres, conservando del original manuscrito el número ordinal que se corresponde con el que consignó cada párroco en los tres libros de casamientos, de esta manera, se pueden encontrar en los originales acudiendo a dicho índice.

Entrando en el texto, encontré 26 casamientos que

---

[1] Texto dimanante del procedimiento de declaración de bien cultural publicada en el BOC n.º 199 el 13 de octubre de 2003.

configuran la familia Abreu; 21 Albelo, luego Arbelo ya en entrado el siglo XVIII; 118 Díaz; 57 Domínguez; 19 Fernández; 78 Francisco; 79 García; 243 González; 161 Hernández; 70 Luis; 38 Martín; 105 Pérez; 143 Rodríguez; 26 Suárez y 52 Yanes. Dejando fuera de esta enumeración los casamientos familiares menores de 19 miembros familiares.

Destaca matrimonios en los que alguno de los contrayentes es de El Hierro, La Gomera, La Palma y Fuerteventura, así como de El Tanque, San Juan, La Rambla e Icod, entre otros.

A.

Familia Abrante:

Nº 342. Juan de Abrantes, viudo de Catalina Rodríguez, vecino del Puerto, casó en 1699 en la iglesia parroquial de Nuestra Señora de la Concepción del Realejo Bajo con María Francisca, hija de Lucas y de María Benítez.

Nº 736 L 2º. Esteban Abrante, hijo de Juan de Abrantes y de María Francisca, casó en 1731 en la parroquia de Nuestra Señora de la Concepción del Realejo Bajo con Manuela Francisca Corvo, hija de José Luis y de Eufemia Francisca Corvo.

Familia Abreu:

Nº 249. Juan de Abreu, hijo de Juan de Abreu y de María Francisca, casó en 1651 en la iglesia parroquial de Nuestra Señora de la Concepción del Realejo Bajo con María Pérez, hija de Manuel Hernández y de María Pérez.

Nº 387. Manuel de Abreu, hijo de Alejo de Abreu y

de María Álvarez, casó en 1673 en la iglesia parroquial de Nuestra Señora de la Concepción del Realejo Bajo con María Pérez, hija de Catalina Francisca, sin padre.

Nº 212. Gonzalo de Abreu, hijo de Diego González Rajeta y de María Francisca, casó en 1677 en la parroquia de la Concepción del Realejo Bajo con Isabel Miranda, hija de Francisco Martín y de Catalina González.

Nº 421. Nicolás de Abreu, hijo de Baltasar de Abreu y de Elena Martín, casó en 1678 en la iglesia parroquial de Nuestra Señora de la Concepción del Realejo Bajo con María Núñez, hija de Juan González Regalado y de María Núñez.

Nº 486. Salvador de Abreu, hijo de Bartolomé de Abreu y de Margarita Jerónima, casó en 1687 en la iglesia parroquial de Nuestra Señora de la Concepción del Realejo Bajo con Francisca Ana de los Reyes, hija de Salvador Gómez y de Ana de los Reyes.

Nº 762 L 2º. Francisco de Abreu Mayor y Barroso, hijo del alférez Felipe Pérez de Abreu Mayor y de

María de la Guarda Barroso, casó en 1713 en la iglesia parroquial de nuestra señora de la Concepción del Realejo Bajo con Ángela Francisca de la Guarda, hija del alférez Sebastián González Bello y de Lucía Francisca de la Guarda y Chaves.

Nº 768 L 2º. Fernando de Abreu, hijo de Domingo Hernández y de Francisca de Abreu, casó en 1715 en la iglesia parroquial de nuestra señora de la Concepción del Realejo Bajo con Josefa Francisca, hija de Felipe Estévez y de María García.

Nº 603 L 2º. Antonio José de Abreu y Chaves, viudo de Josefa García Chaves, casó en 1764 en la iglesia parroquial de Nuestra Señora de la Concepción del Realejo Bajo con doña Ana Josefa de la Guarda, hija de Carlos Tomás Jácome y Barroso y de doña María de la Guarda Barroso.

Nº 1595 L 3º. Juan Antonio de Abreu y Barroso, hijo de Juan Abreu y Barroso y de María Pérez Ochoa, casó en 1768 en la iglesia parroquial de Nuestra Señora de la Concepción del Realejo Bajo con María Francisca de la Concepción Rodríguez, hija de Jerónimo Padrón Guadarrama y de Magdalena Rodríguez.

Nº 1850. Salvador de Abreu, hijo de Tomás García de Abreu y de Catalina de Chaves, casó en 1792 en la parroquia de la Concepción del Realejo Bajo con Luisa García Pérez, hija de Miguel Pérez y de María Antonia García.

Nº 501. Suplicio de Abreu, hijo de ... Abreu y de Magdalena Jerónimo, casó 1697 en la iglesia parroquial de Nuestra Señora de la Concepción del Realejo Bajo con Lucía Rodríguez de Figueredo, hija de la Iglesia, criada por Mateo Figueredo

Nº 343. Julián de Abreu, hijo de Matías González Capita y de Damiana Francisca, casó en 1699 en la iglesia parroquial de Nuestra Señora de la Concepción del Realejo Bajo con María Casanova, hija de Juan Rodríguez Casanova y de María Hernández.

Nº 857 L 2º. Gonzalo de Abreu, hijo del alférez Gonzalo de Abreu y de Isabel Miranda, casó en 1707 en la iglesia parroquial de Nuestra Señora de la Concepción del Realejo Bajo con María Teresa Barroso, hija de Pedro Hernández Barroso y de Isabel.

Nº 748 L 2º. Francisco de Abreu y Barrios, hijo de Manuel de Abreu y Barrios y de María Pérez, casó en 1709 en la iglesia parroquial de Nuestra señora de la Santísima Concepción del Realejo Bajo con Juana Francisca, hija de Francisco González y de Ana de los Reyes.

Nº 861 L 2º. Alférez Gonzalo de Abreu de Miranda, hijo del alférez Gonzalo de Abreu y de Isabel de Miranda, viudo de María, casó en 1718 en la iglesia parroquial de Nuestra Señora de la Concepción del Realejo Bajo con Francisca Fernández de Abreu, hija de Francisco de Abreu y de María Fernández Chaurero.

Nº 1010 L 2º. José Abreu, hijo de Ventura de Abreu y de Andrea Díaz, vecinos de la Rambla, casó en 1737 en la iglesia parroquial de Nuestra Señora de la Concepción del Realejo Bajo con Josefa Francisca Estévez, hija de Félix Díaz Chaurero y de Isidora Francisca.

Nº 878 L 2º. Gregorio de Abreu, hijo de Antonio de Abreu y de María Francisca, casó en 1750 en la iglesia parroquial de Nuestra Señora de la Concepción del Realejo Bajo con Ana Rodríguez de Albelo, hija de

Pedro González Corvo y de María Rodríguez Casanova.

Nº 1080 L 2º. José Antonio de Abreu, hijo de Juan Antonio de Abreu y de María Pérez Ochoa, casó en 1759 en la iglesia parroquial de Nuestra Señora de la Concepción del Realejo Bajo con Francisca García —viuda de Miguel Mariano— hija de Juan Fernández y de María García.

Nº 715 L 2º. Domingo Antonio de Abreu Barroso, hijo de Juan Antonio de Abreu y de María Pérez Ochoa, casó en 1756 en la iglesia parroquial de Nuestra Señora de la Concepción del Realejo Bajo con Juana Antonia Leal, hija de Tomás Leal y de Catalina González.

Nº 590 L 2º. Agustín de Abreu y Llanos, hijo de Francisco de Abreu y Barrios, y de Juana González Llanos, casó en 1757 en la iglesia parroquial de Nuestra Señora de la Concepción del Realejo Bajo con Jacinta Agustina Perera y Ávila, hija de Francisco Pérez Casanova y de Josefa Antonia de Ávila.

Nº 1480 L 3º. Domingo Antonio Abreu, hijo de

Francisco Lorenzo Abreu y de Isabel Fernández de la Cruz, casó en 1770 en la iglesia parroquial de Nuestra Señora de la Concepción del Realejo Bajo con Josefa Bárbara del Castillo, hija de Antonio de la Cruz y de Nicolasa Alonso del Castillo. Consanguíneos en tercer grado.

Nº 1530 L 3º. Francisco Miguel Antonio de Abreu, hijo de Francisco de Abreu y de Micaela Espinosa, casó en 1774 en la iglesia parroquial de Nuestra Señora de la Concepción del Realejo Bajo con María de la Esperanza, hija de Antonio García del Castillo y de María Francisca Oramas.

Nº 1497 L 3º. Domingo Antonio de Abreu Barroso, hijo de José Antonio Abreu Barroso Abreu Barroso y de Francisca García, casó en 1790 en la iglesia parroquial de Nuestra Señora de la Concepción del Realejo Bajo con Nicolasa María Amarante, hija de Francisco Amarante y de Rafaela Palenzuela.

Nº 1409 L 3º. Agustín de Abreu y Ávila, hijo de Agustín de Abreu y de Jacinta Perera Casanova, casó en 1793 en la parroquia de Nuestra Señora de la Concepción del Realejo Bajo con Antonia Orta y Oramas, hija de Pedro de Orta y Oramas y de Isabel Antonia Pérez.

Nº 1694 L 3º. José Antonio de Abreu Bencomo, hijo de José de Abreu y de Rita María del Castillo, casó en 1793 en la iglesia parroquial de Nuestra Señora de la Concepción del Realejo Bajo con María de la Concepción Rodríguez Martín, hija de Pedro Rodríguez Fuentes y de Ana Gómez Martín.

Nº 1794 L 3º. Nicolás de Abreu, hijo de Agustín de Abreu y de Jacinta Perera, casó en 1795 en la iglesia parroquial de Nuestra Señora de la Concepción del Realejo Bajo con Paula María Siverio, hija de Francisco Siverio y de María Luisa de Ávila.

Familia Acevedo:

Nº 64. Bernabé Francisco Acevedo, hijo de Francisco Hernández y de Jacinta de Acevedo, naturales de Buenavista, casó en 1688 en la iglesia parroquial de Nuestra Señora de la Concepción del Realejo Bajo con Isabel María, viuda de Cosme Damián.

Nº 1511 L 3º. Domingo Acevedo, hijo de José

Acevedo y de Josefa Yanes Oliva, casó en 1794 en la iglesia parroquial de Nuestra Señora de la Concepción del Realejo Bajo con Antonia Bencomo, hija de José de Abreu y de Rita Bencomo.

<u>Familia Acosta</u>:

Nº 236. Juan de Acosta, hijo de Diego Luis de Acosta y de Ángela María, casó en 1649 en la iglesia parroquial de Nuestra Señora de la Concepción del Realejo Bajo con Ana Martín, hija de Lázaro Hernández y de Águeda de Albelo.

Nº 451. Salvador de Acosta, hijo de Francisco de Acosta y de Ana Francisca, casó en 1650 en la iglesia parroquial de nuestra señora de la Concepción del Realejo Bajo con María Francisca, hija de Juan Díaz y de Ana Francisca.

Nº 462. Salvador de Acosta, hijo de Salvador de Agosta y de Ana Francisca, casó en 1667 en la iglesia parroquial de nuestra señora de la Concepción del Realejo Bajo, pero no figura con quién.

Nº 210. Jerónimo de Acosta, hijo de Juan Fuentes

y de Francisca Rodríguez, casó en 1677 en la iglesia parroquial de Nuestra Señora de la Concepción del Realejo Bajo con Ana Rodríguez de Ortega, hija de Domingo de la Cruz y de Águeda Viera.

Nº 1125 L 2º. Miguel Acosta de León, hijo de Juan Izquierdo, natural de El Hierro, y de Lucía de Acosta, natural de Los Silos, casó en 1707 en la iglesia parroquial de Nuestra Señora de la Concepción del Realejo Bajo con María Mendoza de Albelo, hija de Juan de Albelo y de Lucía Mendoza.

Nº 1786 L 3º. Nicolás Acosta, natural de La Orotava, hijo de Francisco de Acosta y de María Agustina Polegre, casó en 1777 en la iglesia parroquial de Nuestra Señora de la Concepción del Realejo Bajo con Antonia Luisa, hija de Agustín Díaz de Estrada y de Josefa Pérez Bento.

Nº 1874. Vicente Marcos de Acosta, natural de Garachico, hijo de Francisco de Acosta y de Gracia Toledo, casó en 1778 en la parroquia de Nuestra Señora de la Concepción del Realejo Bajo con Mariana Antonia González, hija de Felipe González y de Isabel Molina.

Nº 361. Luis de Acosta, hijo de Salvador de Acosta Oramas y de María Francisca, casó en 1680 en la iglesia parroquial de Nuestra Señora de la Concepción del Realejo Bajo con María García Agustín, sin padres, vecina de Vilaflor.

Nº 188. Francisco de Acosta, hijo de Manuel de Acosta y de Mariana de Acosta, naturales de Terceira en las Azores. Casó en 1700 en la parroquia de Nuestra Señora de la Concepción del Realejo Bajo con María de los Reyes, hija de Esteban Díaz y de María Pérez.

Nº 787 L 2º. Francisco Acosta, hijo de Francisco Acosta y de Ana Guillén, natural de La Palma, casó en 1726 en la iglesia parroquial de nuestra señora de la Concepción del Realejo Bajo con María Josefa, hija de Juan de Abrante y de María Francisca.

Nº 1033 L 2º. José Acosta, se veló en 1745 en la iglesia parroquial de Nuestra Señora de la Concepción del Realejo Bajo con Isabel Francisca, casándose en la parroquia de Santiago apóstol del Realejo Alto.

Nº 1365 L 3º. Agustín de Abreu, hijo de José de Abreu y de Josefa Díaz, casó en 1774 en la iglesia parroquial de nuestra señora de la Concepción del Realejo Bajo con Bárbara Francisca Yanes, hija de Miguel Yanes Regalado y de Antonia Francisca.

Nº 1406 L 3º. Antonio José de Acosta, hijo de Amaro Francisco de Acosta y de María Rodríguez Pérez, casó en 1792[2] en la iglesia parroquial de Nuestra Señora de la Concepción del Realejo Bajo con Antonia María de Aguiar, hija de Miguel de Vergara y Aguiar y de Inés Perera.

Nº 1503 L 3º. Domingo de Acosta Fernández, natural de Daute, hijo de Juan Francisco de Acosta y de Bernardina Fernández, casó en 1792 en la iglesia parroquial de Nuestra Señora de la Concepción del Realejo Bajo con Gregoria Molina, hija de Ventura Molina y de Antonia Rodríguez Casanova.

Familia Afonso:

Nº 5. Antonio Afonso hijo de Antonio Afonso y de

---

[2] Fecha aproximada entre 1787 y 1793.

María Pérez, casó en 1651 en la parroquia de la Concepción del Realejo Bajo con María Hernández, hija de Francisco Álvarez y de Ana de la Cruz.

Nº 495. Salvador Afonso Dávila, hijo de Pedro Afonso Dávila y de Ángela Francisca, de San Juan, casó en 1692 en la iglesia parroquial de Nuestra Señora de la Concepción del Realejo Bajo con Bernarda Francisca, hija de Diego Hernández Lozano y de Blasina Pérez.

Nº 1062 L 2º. José Afonso Reverón, hijo de Juan Reverón y de María Rodríguez, casó en 1756 en la iglesia parroquial de Nuestra Señora de la Concepción del Realejo Bajo con María de la Concepción, hija de María del Rosario y de padre no conocido.

Nº 1325 L 2º. Sebastián Afonso Casanova, hijo de Felipe Afonso Casanova y de María de Flores, natural del Sauzal, casó en 1760 en la parroquia de Nuestra Señora de la Concepción del Realejo Bajo con María Ana Francisca Domínguez, hija de Miguel Domínguez y de Catalina Francisca Perera, vecinos de El Sauzal.

Nº 1369 L 3º. Antonio Afonso, hijo de Pedro Afonso

y de Ana Perdomo, natural de Fuerteventura, casó en 1775 en la iglesia parroquial de nuestra señora de la Concepción del Realejo Bajo con Rita María Rodríguez, hija de Amaro Francisco de Acosta y de María de la Concepción Rodríguez.

Nº 1379 L 3º. Antonio Afonso, viudo de Rita María de Acosta, casó en 1777 en la parroquia de Nuestra Señora de la Concepción del Realejo Bajo con Isabel María de la Encarnación Ruiz, hija de Sebastián Ruiz del Álamo y de Gregoria Luisa González.

Nº 1385 L 3º. Agustín Afonso Molina, hijo de Domingo Afonso Molina y de Ana Estévez, casó en 1784[3] en la parroquia de Nuestra Señora de la Concepción del Realejo Bajo con Antonia María de la Concepción Beltrán, hija de Gonzalo Francisco de la Guardia y de Teresa Mesa Beltrán.

Nº 1514 L 3º. Diego Afonso, natural de San Juan, hijo de Cristóbal Afonso y de María Rodríguez Suárez, casó en 1795 en la iglesia parroquial de Nuestra Señora de la Concepción del Realejo Bajo con Andrea

---

[3] Esta fecha puede ir de 1777 a 1784.

Felipa Borges, hija de Domingo Felipe Borges y de María Ana Pérez Abreu.

Familia Aguiar:

Nº 155. Francisco de Aguiar, sin padres, casó en 1671 en la parroquia de Nuestra Señora de la Concepción del Realejo Bajo con María González, hija de Pedro González y de Cipriana Gutiérrez.

Nº 327. El alférez Juan Carlos de Aguiar, escribano, hijo de Carlos de los Santos y Aguiar y de Margarita Lorenzo, casó en 1695 en la iglesia parroquial de Nuestra señora de la Santísima Concepción del Realejo Bajo con Eufemia Teresa Fernández, hija del alférez Asencio Fernández de Chaves y de Águeda Fernández.

Familia del Álamo:

Nº 860 L 2º. Gabriel del Álamo y Viera, hijo de Gabriel Rodríguez del Álamo y de Margarita Viera y Barrios, casó en 1716 en la iglesia parroquial de Nuestra Señora de la Concepción del Realejo Bajo con Lucía García, hija del alférez Antonio García de Orta y de

María Pérez de Estrada.

Familia Albelo:

Nº 417. Nicolás Albelo, hijo de Manuel Hernández Quintana y de Catalina Albelo, casó en 1651 en la iglesia parroquial de Nuestra Señora de la Concepción del Realejo Bajo con Ana Romero, hija de Melchor Hernández y de Ángela Romero.

Nº 262. Juan de Albelo, hijo de Baltasar Jácome y de Dominga María, casó en 1663 en la iglesia parroquial de Nuestra Señora de la Concepción del Realejo Bajo con Lucía Mendoza.

Nº 924 L 2º. José Albelo, hijo de Cristóbal Albelo y María de la O, casó en 1711 en la iglesia parroquial de Nuestra Señora de la Concepción del Realejo Bajo con Tomasa María Bento, hija de Marcos González Donis y de Elena María Bento.

Nº 1102 L 2º. Luis de Albelo, hijo de Cristóbal de Albelo y de María de la O, casó en 1714 en la iglesia parroquial de Nuestra Señora de la Concepción del Realejo Bajo con Catalina Jerónima, hija de Jerónimo

Lorenzo y de María Rodríguez.

Nº 953 L 2º. José de Albelo, viudo de Francisca Hernández, casó en 1720 en la parroquia de Nuestra Señora de la Concepción del Realejo Bajo con María Francisca Romero, hija de Salvador González y de Agustina Francisca.

Nº 958 L 2º. Juan Antonio de Albelo, hijo de Francisco Fernández de Albelo y de Ana Ruiz, casó en 1723 en la iglesia parroquial de Nuestra Señora de la Concepción del Realejo Bajo con Eugenia Antonia, hija de Juan Domínguez Bautista y de María Andrea Chaves.

Nº 1341 L 2º. Tomás Francisco de Albelo, viudo de Josefa Lorenzo de la Guardia, casó en 1746 en la iglesia parroquial de Nuestra Señora de la Concepción del Realejo Bajo con Josefa María Aldana, hija de Manuel Domínguez y de María Delgado Barroso.

Nº 824 L 2º. Francisco Agustín de Albelo, hijo de Agustín Francisco Albelo y de María Francisca, casó en 1749 en la iglesia parroquial de Nuestra Señora de la Concepción del Realejo Bajo con Antonia Lorenzo de Chaves, hija de Francisco González Chaves y

María García.

Nº 1053 L 2º. Juan Antonio Albelo, hijo de Tomás Albelo Barroso y de Josefa María de la Guardia, casó en 1752 en la iglesia parroquial de Nuestra Señora de la Concepción del Realejo Bajo con Inés Aldana Barroso, hija de Manuel Domínguez Aldana y de María Delgado Barroso.

Nº 1057 L 2º. José Agustín Albelo, hijo de José González Arbelo y de Tomasa María Bento, casó en 1754 en la iglesia parroquial de Nuestra Señora de la Concepción del Realejo Bajo con Lorenza González de Armas, hija de Mateo de Armas, natural de El Hierro, y de Águeda González.

Nº 1271 L 2º. Pedro de Albelo, hijo de Pedro Rodríguez y de Isabel Ana de Albelo, vecinos de La Orotava, casó en 1763 en la iglesia parroquial de Nuestra Señora de la Concepción del Realejo Bajo con Ana Gómez, hija de Diego Gómez y de Ana Martín.

Nº 1368 L 2º. Agustín Bernardo Albelo de la Cámara, hijo de José Damián Albelo y de Isabel Antonia de la Cámara, casó en 1774 en la iglesia parroquial de nuestra señora de la Concepción del Realejo Bajo con Agustina Antonia Olivera y Espinosa, hija de Miguel Pérez Olivera y de Rosalía María Espinosa, natural de La Orotava.

Nº 1630 L 3º. Juan de Albelo Nuño, casó en 1777 en la iglesia parroquial de Nuestra Señora de la Concepción del Realejo Bajo con Ana Francisca Perdomo, natural de La Orotava.

Nº 1546 L 3º. Francisco Albelo, hijo de Francisco Agustín Albelo y de Antonia Lorenzo de Chaves, casó en 1780 en la parroquia de la Concepción del Realejo Bajo con Antonia Jerónima de la Concepción Machado, hija de Francisco García Ruiz y de Francisca Machado.

Nº 1661 L 3º. Joaquín Agustín de Albelo, hijo de Tomás Agustín de Albelo y de Isabel Díaz, casó en 1784 en la parroquia de la Concepción del Realejo Bajo con Ana María Díaz Casanova, hija de Marcos Diaz y de María Rodríguez Casanova.

Nº 1882. Vicente de Albelo y Armas, hijo de Agustín de Albelo y Lorenza Petronila González Armas, casó en 1786 en la iglesia parroquial de Nuestra Señora de la Concepción del Realejo Bajo con Antonia de Fuentes Barroso, hija de Antonio Domínguez Barroso y de María de Fuentes.

Nº 1394 L 3º. Antonio Albelo Nuño, hijo de Miguel de Albelo y de Bernarda de la Guardia, casó en 1787 en la iglesia parroquial de Nuestra Señora de la Concepción del Realejo Bajo con doña María de la Concepción Perdomo y Bethencourt, hija de José Perdomo Bethencourt y de Isabel de Febles, vecina de La Orotava.

Nº 1553 L 3º. Francisco Lorenzo Albelo, hijo de Francisco Lorenzo Albelo y de Isabel de la Cruz, casó en 1788 en la parroquia de la Concepción del Realejo Bajo con Margarita Bautista Delgado, natural de la Rambla, hija de Felipe Hernández Correa y de Margarita Bautista.

Nº 1791 L 3º. Nicolás de Albelo, hijo de Francisco Agustín de Albelo y de Antonia Lorenzo de Chaves, casó en 1791 en la iglesia parroquial de Nuestra Señora de la Concepción del Realejo Bajo con Agustina Mónica García de Palenzuela, hija de Juan García de

Palenzuela y de Antonia Febles.

Nº 1700 L 3º. José de Albelo y Chaves, hijo de Francisco de Albelo y de Antonia de Chaves, casó en 1793 en la iglesia parroquial de Nuestra Señora de la Concepción del Realejo Bajo con Juana Padrón Quintero, hija de Juan Quintero y de Josefa Padrón.

Nº 1780 L 3º. Miguel de Albelo, hijo de Sebastián de Albelo y de Isabel Espínola, casó en 1799 en la iglesia parroquial de Nuestra Señora de la Concepción del Realejo Bajo con María Aguiar, hija de Manuel Aguiar y de María de Albelo.

Familia Alonso:

Nº 245. Juan Alonso, hijo de Hernando Alonso y de María Francisca, casó en 1651 en la iglesia parroquial de Nuestra Señora de la Concepción del Realejo Bajo con Ana Domínguez.

Nº 173. Francisco Alonso de Albelo Valcárcel, hijo de Lucas Alonso Martínez de la Torre y de Clara Rodríguez de Ávalos, de La Orotava, casó en 1689 en la iglesia parroquial de Nuestra señora de la Santísima

Concepción del Realejo Bajo con María Francisca de Albelo, hija de Gaspar Jácome y de Catalina Francisca de Albelo.

Nº 902 L 2º. Hilario Alonso Delgado, hijo de Marcos Alonso Delgado y de Gregoria Rodríguez, natural de La Laguna, casó en 1740 en la iglesia parroquial de Nuestra Señora de la Concepción del Realejo Bajo con Bernarda Josefa Merín, hija de Juan Hernández Merín y de Luisa Francisca de Ávila.

Nº 582 L 2º. Antonio Alonso Izquierdo, viudo de Antonia de Morales, casó en 1753 en la iglesia parroquial de Nuestra Señora de la Concepción del Realejo Bajo con Isabel Francisca Llanos, hija de Felipe Díaz y de Beatriz Francisca Llanos.

Nº 1548 L 3º. Francisco Alonso, natural de Icod, hijo de Felipe Alonso y de Catalina Francisca, casó en 1782 en la parroquia de la Concepción del Realejo Bajo con Josefa Francisca, hija de José Pérez Barato y de María Francisca Héctor.

Familia Álvarez:

Nº 373. Melchor Álvarez, hijo de Baltasar Acosta y de Isabel Morales, casó en 1647 en la iglesia parroquial de Nuestra Señora de la Concepción del Realejo Bajo con María Ramírez, de Oramas, hija de Pedro Gómez y de Beatriz García Oramas.

Nº 204. Gabriel Álvarez, hijo de Juan Álvarez y de Ana de Mesa, vecinos de los Silos, casó en 1667 en la iglesia parroquial de Nuestra Señora de la Concepción del Realejo Bajo con María Bello, hija de Juan Pérez Carranza y de María Bello.

Nº 272. Juan Álvarez, hijo de Pascual Álvarez y de Catalina Francisca, casó en 1672 en la iglesia parroquial de Nuestra Señora de la Concepción del Realejo Bajo con Ana de Morales, hija de Cristóbal Rodríguez y de Ana Herrera.

Nº 186. Felipe Álvarez, hijo de Francisco Álvarez Montañés y de María Morales Bethencourt, naturales de Los Silos, casó en 1700 en la parroquia de Nuestra Señora de la Concepción del Realejo Bajo con Águeda María, hija de Juan Hernández y de María de la Cruz.

Nº 1083 L 2º. José Álvarez Dávila, hija de Pedro

Dávila y de Josefa Teresa Témudo, natural de San Juan, casó en 1761 en la iglesia parroquial de Nuestra Señora de la Concepción del Realejo Bajo con Josefa Bautista de la Cruz, hija de Diego de la Cruz, natural de La Orotava y de Sebastiana Temudo, natural de San Juan.

Nº 1707 L 3º. Juan Antonio Álvarez, hijo de Juan Álvarez y de Ana Francisca, casó en 1793[4] en la iglesia parroquial de Nuestra Señora de la Concepción del Realejo Bajo con Rosalía Yanes, hija de José Luis de Ávila y de Lucía Yanes.

Familia Amador:

Nº 4. Antonio Amador, hijo de Lucas Amador y de Ana Rodríguez casó en 1649 en la parroquia de la Concepción del Realejo Bajo con María Pérez, hija de Diego Pérez y de Ana Borges, vecinos de Icod.

Nº 915 L 2º. Juan Álvarez, hijo de Juan Álvarez y de Ana Herrera, casó en 1707 en la iglesia parroquial de Nuestra Señora de la Concepción del Realejo Bajo

---

[4] La fecha podría ser 1794.

con Ana de la Encarnación, hija del ayudante Melchor Luis y de María de la Encarnación.

Nº 922 L 2º. José Gregorio Álvarez, hijo de Antonio Álvarez y de María Fernández, naturales de Garachico, casó en 1709 en la iglesia parroquial de Nuestra Señora de la Concepción del Realejo Bajo con Juana Rodríguez de Chaves, hija de Francisco Yanes Regalado y de María Rodríguez de Chaves.

Nº 991 L 2º. Juan Álvarez, hijo de Blas Álvarez y de Julia María, casó en 1733 en la iglesia parroquial de Nuestra Señora de la Concepción del Realejo Bajo con Micaela Francisca, hija de Juan Francisco y María Francisca.

Nº 1170 L 2º. Matías Amador, hijo de Jerónimo Amador y de Rosa Francisca, casó en 1752 en la iglesia parroquial de Nuestra Señora de la Concepción del Realejo Bajo con Isabel María Bautista, hija de Lucas Lorenzo Henríquez y de Josefa Bautista.

Nº 1655 L 3º. Juan Amador, hijo de Matías Amador y de Isabel García de la Concepción, natural de la Rambla, casó en 1783 en la parroquia de la

Concepción del Realejo Bajo con Clara Lorenzo, hija de José Lorenzo Zamora y de Luisa Andrea.

Nº 1881 L 3º. Vicente Amador, hijo de Matías Amador y de Isabel García, casó en 1785 en la iglesia parroquial de Nuestra Señora de la Concepción del Realejo Bajo con Juana María de la Cruz, hija de José Suárez y de María Candelaria, de La Laguna.

Nº 1855 L 3º. Simón Amador, viudo de Agustina de Espinosa, hijo de Pedro Francisco Amador y de Antonia Domínguez, casó en 1795 en la iglesia parroquial de Nuestra Señora de la Concepción del Realejo Bajo con Agustina María Oramas, hija de Cayetano Lorenzo Oramas y de Isabel Molina.

Familia Amarante:

Nº 574 L 2º. Antonio Manuel Amarante, hijo de Domingo Amarante y de Nicolasa María de Albelo, casó en 1750 en la parroquia de la Concepción del Realejo Bajo con María del Rosario Sosa, viuda de Alejandro González.

Nº 596 L 2º. Antonio Fernando Amarante, viudo

de Catalina Pérez Peña, casó en 1762 en la iglesia parroquial de Nuestra Señora de la Concepción del Realejo Bajo con María Bautista Cabrera y Andueza, hija del teniente capitán de caballos Diego González Cabrera y de Josefa Ardúez.

Familia Andrade:

Nº 471. Sebastián Andrade, hijo de Antonio Peraza y de Isabel Bello, natural de la isla de Santa María, en las Azores, casó en 1675[5] en la parroquia de la Concepción del Realejo Bajo con María Candelaria, hija de Diego Amador y de Ana Viera.

Familia Andrés:

Nº 416ª. Nicolás Andrés, hijo de Juan Díaz y de María Rodríguez, vecinos de La Laguna, casó en 1666 en la iglesia parroquial de Nuestra Señora de la Concepción del Realejo Bajo con Luisa Hernández, hija de Gonzalo Hernández y de Águeda Donis.

Familia Andueza:

---

[5] No figura la fecha por error de transcripción, pero sí el orden parroquial que es el 471.

Nº 990 L 2º. José Antonio Andueza, hijo del alférez Francisco Bautista de Andueza y de Lorenza Catalina Luzen de Acevedo, vecinos de el Puerto de la Orotava, casó en 1733 en la iglesia parroquial de Nuestra Señora de la Concepción del Realejo Bajo con Ángela Agustina de Abreu y Llanos, hija del alférez Salvador de Abreu y de Francisca María Llanos.

Número 699 L 2º. Domingo Jacinto Andueza, hijo del alférez Francisco Andueza y de Lorenza Catalina Luzen, casó en 1736 en la iglesia parroquial de Nuestra Señora de la Concepción del Realejo Bajo con María Dorta, hija de Juan Tejera y de Francisca Dorta.

Familia Antonio:

Nº 758 L 2º. Francisco Antonio, hijo de Feliciano, esclavo de color negro que fue del capitán Salvador Díaz Llanos y de María Francisca, mujer libre, casó en 1712 en la iglesia parroquial de nuestra señora de la Concepción del Realejo Bajo con Ana de Candelaria, esclava negra de doña Juana Machado, hija de Teresa de Jesús, esclava y padre desconocido.

Nº 926 L 2º. José Antonio, de color moreno, hijo de Diego de Molia del Pino y de Antonia, negra esclava, casó en 1712 en la iglesia parroquial de Nuestra Señora de la Concepción del Realejo Bajo con Francisca Rodríguez, hija de Francisco Rodríguez y de María Lorenzo.

Nº 954 L 2º. José Antonio, viudo, hijo de Juan de Riverol y de Juana Francisca, natural de La Orotava, casó en 1720 en la parroquia de Nuestra Señora de la Concepción del Realejo Bajo con María Rodríguez, hija de Juan Andrés Gil y de Catalina Rodríguez.

Nº 791 L 2º. Felipe Antonio, hijo de Tomás Antonio y de María Francisca, natural de Icod, casó en 1731 en la iglesia parroquial de nuestra señora de la Concepción del Realejo Bajo con Rita María, hija de Domingo Francisco de Lugo y de Isabel Luis.

Nº 869 L 2º. Gabriel Antonio, hijo de Juan José y de Ana Francisca, naturales de Tijoco, Adeje, casó en 1737 en la iglesia parroquial de Nuestra Señora de la Concepción del Realejo Bajo con Feliciana Hernández, hija de Juan Hernández y de María de Mena, naturales de Chasna.

Nº 819 L 2º. Francisco Antonio del Carmen, hijo de Bartolomé Francisco y de Ana Luis, casó en 1746 en la iglesia parroquial de nuestra señora de la Concepción del Realejo Bajo con María de Candelaria, hija de Francisco García y de María Margarita.

Nº 1115 L 2º. Lucas Antonio de la Rosa, hijo de Francisco Antonio de la Rosa y de Rita Francisca, casó en 1755 en la iglesia parroquial de Nuestra Señora de la Concepción del Realejo Bajo con Antonia Josefa Rodríguez, hija de Lorenzo Luis de Ávila y de Josefa Antonio Enriques.

Nº 1354 L 2º. Vicente Antonio de Acosta, hijo de Juan de Acosta y de Lisa de Sosa, natural de los Silos, casó en 1755 en la iglesia parroquial de Nuestra Señora de la Concepción del Realejo Bajo con María de los Ángeles, hija de Juan Yanes Regalado y de Ana Delgado.

Nº 1071 L 2º José Antonio, hijo de padres desconocidos, casó en 1758 en la iglesia parroquial de Nuestra Señora de la Concepción del Realejo Bajo con Josefa Yanes de Oliva, hija de Ambrosio Yanes de Oliva y de

Damiana López Albelo.

Nº 1487 L 3º. Domingo Antonio, hijo de padres no conocidos, casó en 1779 en la iglesia parroquial de Nuestra Señora de la Concepción del Realejo Bajo con Antonia de la Cruz, hija de Salvador Hernández y de María de la Cruz.

Nº 1654 L 3º. José Antonio, hijo de Jacinta Estévez y de padre no conocido. Casó en 1783 en la parroquia de la Concepción del Realejo Bajo con María Rita Acevedo, hija de Carlos Yanes y de Manuela Antonia de Acevedo.

Nº 1680 L 3º. José Domingo de San Antonio, hijo de María Antonia Rodríguez González y de padre no conocido, casó en 1789 en la iglesia parroquial de Nuestra Señora de la Concepción del Realejo Bajo con Antonia María Guerra Pérez, hija de Lorenzo Pérez Martín y de María Manuela del Pilar.

Nº 1736 L 3º. Lucas Antonio de la Rosa, viudo de María Antonia Ávila, hijo de Francisco Antonio de la Rosa y de Rita Francisca López, casó en 1790 en la iglesia parroquial de Nuestra Señora de la Concepción del Realejo Bajo con Francisca López de la Cruz, hija de Manuel López y de María Francisca de la Cruz.

Familia Arias:

Nº 970 L 2º. Juan de Arias, hijo de Francisco de Mesa y de Ana de Arias, natural de La Gomera, casó en 1725 en la iglesia parroquial de Nuestra Señora de la Concepción del Realejo Bajo con María Agustina, hija de Juan Rodríguez y de Agustina María.

Familia Armas:

Nº 1868. Tomás Agustín de Armas, hijo de Antonio José de Armas y de Josefa María Fernández, casó en 1791 en la iglesia parroquial de Nuestra Señora de la Concepción del Realejo Bajo con Gregoria Rodríguez, hija de Manuel Rodríguez y de doña Isabel Correa, del Puerto.

Nº 68. Bartolomé de Armas Quintero, hijo de Juan de Armas Quintero y de Ángela Pérez, naturales del Hierro, casó en 1700 en la iglesia parroquial de Nuestra Señora de la Concepción del Realejo Bajo con María Hernández, hija de Tomás Hernández Tarife y de

Lucía González, de Los Silos.

Nº 1156 L 2º. Mateo de Armas, natural de El Hierro, viudo de Águeda González, casó en 1737 en la iglesia parroquial de Nuestra Señora de la Concepción del Realejo Bajo con María Candelaria, hija de Manuel de Mederos y de María González Camacho.

Nº 580 L 2º. Antonio de Armas, hijo de Mateo de Armas, natural de El Hierro, y de Águeda González, casó en 1753 en la iglesia parroquial de Nuestra Señora de la Concepción del Realejo Bajo con Isabel María Fernández, hija de José Felipe González y de Micaela Fernández.

Nº 1204 L 2º. Nicolás Domingo de Armas, hijo de Juan de Armas y de María García, de La Orotava, casó en 1746 en la iglesia parroquial de Nuestra Señora de la Concepción del Realejo Bajo con Ana María, hija de Tomás Francisco y de Ana María.

Nº 1399 L 3º. Antonio Lorenzo de Armas, hijo de Mateo de Armas y de Luisa Lorenzo Henríquez, casó en 1787 en la iglesia parroquial de Nuestra Señora de la Concepción del Realejo Bajo con María Josefa

Gutiérrez, hija de Agustín Rodríguez y Aguiar y de María de la Concepción Gutiérrez.

Familia Arroyo:

Nº 1450 L 3º. Bartolomé Arroyo, natural del Puerto de la Orotava, hijo de doña María Sánchez de la Fuente, casó con doña María del Pilar Ordeche, natural de La Laguna, hija de Francisco de Ordeche y de doña Ana de Porta.

Familia Ascanio:

Nº 1470 L 3º. Domingo Antonio Ascanio, hijo de Lázaro Hernández Ascanio y de Josefa Romero, casó en 1769 en la iglesia parroquial de Nuestra Señora de la Concepción del Realejo Bajo con María Antonia Peniche, hija de Ignacio Hernández y de Margarita Hernández Peniche, natural de Icod.

Familia Ávila:

Nº 1260 L 2º. Pedro José Luis de Ávila, hijo de Pedro Luis de Ávila y de María Francisca, casó en 1754 en la iglesia parroquial de Nuestra Señora de la

Concepción del Realejo Bajo con María de la Guardia, hija de Miguel de Fuentes y de Catalina de la Guardia Barroso.

Nº 1862. Tomás Luis de Ávila, hijo de Juan Luis de Ávila y de Francisca Regalado, casó en 1778 en la iglesia parroquial de Nuestra Señora de la Concepción del Realejo Bajo con Juana Francisca de la Cruz, hijo de José Yanes Corvo y de María Francisca de la Cruz.

B.

Familia Báez:

Nº 2. Asencio Báez, natural de Santa Úrsula casó en 1643 en la parroquia de la Concepción del Realejo Bajo con Inés de Mesa, hija de Salvador Hernández y de María de Mesa.

Nº 315. José Báez, hijo de Cristóbal Báez y de Ana Francisca, naturales de Buenavista, casó en 1686 en la iglesia parroquial de Nuestra Señora de la Concepción del Realejo Bajo con María de la Guarda, hija de Juan de la Guarda y de María Pérez.

Nº 1457 L 3º. Bernardo Báez Méndez, hijo de Francisco Báez Méndez y de Ana Febles Martel, natural de Buenavista, casó en 1798 en la iglesia parroquial de Nuestra Señora de la Concepción del Realejo Bajo con Luisa González Jácome, hijo de José Lorenzo González y de Eufemia de Jesús Jácome.

Familia Barcelín:

Nº 1521 L 3º. Esteban Barcelín Pérez, viudo de María Francisca de la Concepción, hija de Pedro Pérez y de Bárbara Rodríguez, casó en 1792 en la iglesia parroquial de Nuestra Señora de la Concepción del Realejo Bajo con Juana Yanes Corvo de Ávila, hija de José Luis de Ávila y de Lucía Yanes Corvo.

Familia Barrios:

Nº 725 L 2º. Domingo Juan Barrios, natural de La Orotava, hijo de Francisco Juan de Barrios y de María Gorrín, casó en 1761 en la iglesia parroquial de Nuestra Señora de la Concepción del Realejo Bajo con Lucía Francisca Díaz Corvo, hija de Manuel Díaz y de María Francisca.

Nº 1552 L 3º. Francisco Timoteo de Barrios, hijo de Agustín José de Barrios y de Isabel Agustina de la Cámara, casó en 1788 en la parroquia de la Concepción del Realejo Bajo con María Ceferina Albelo y Fuentes, hija de Mateo Pérez Albelo y de Josefa Rita de la Guardia y Fuentes.

Familia Barroso:

Nº 178. Felipe Antonio Barroso, hijo del alférez Andrés Yanes Barroso y de María de Fuentes, casó en 1696 en la iglesia parroquial de Nuestra señora de la Santísima Concepción del Realejo Bajo Leonor de la Guarda Barroso, hija del alférez Felipe Pérez de Abreu Mayor y de María de la Guarda Barroso. Consanguíneos de tercero con cuarto grado.

Nº 978 L 2º. Juan Antonio Barroso, hijo de Francisco de Abreu y de María Francisca Barroso, casó en 1727 en la iglesia parroquial de Nuestra Señora de la Concepción del Realejo Bajo con María Pérez Ochoa, hija de Esteban de Armas y de María Pérez Ochoa.

Nº 700 L 2º. Domingo Manuel Barroso, hijo de Manuel Domínguez Aldana y de María Delgado, casó en

1737 en la iglesia parroquial de Nuestra Señora de la Concepción del Realejo Bajo con Josefa Francisca Lozano, hija de Sebastián González Toste y de María Francisca Lozano.

Nº 811 L 2º. Francisco Antonio Barroso, hijo de Felipe Antonio Barroso y de Leonor de la Guarda, casó en 1739 en la iglesia parroquial de nuestra señora de la Concepción del Realejo Bajo con Catalina Francisca, Toste Lozano, hija de Sebastián González Toste y de María Francisca Lozano.

Familia Bautista:

Nº 261. Juan Bautista, casó en 1663 en la iglesia parroquial de Nuestra Señora de la Concepción del Realejo Bajo con Francisca María, hija de Juan Lorenzo y de María Jorge.

Nº 906 L 2º. José Bautista Mérida, natural de La Palma, hijo del licenciado don Juan Bautista ... Mérida y de María de Acosta y Albelo, casó en 1704 en la iglesia parroquial de Nuestra Señora de la Concepción del Realejo Bajo con Ángela Francisca Antonia López, hija de Andrés Leonardo López y de Constanza

Francisca, natural de Icod.

Nº 1229 L 2º. Patricio Bautista Melo, hijo de Juan Bautista de la Loma y de Ana García Héctor, casó en 1725 en la iglesia parroquial de Nuestra Señora de la Concepción del Realejo Bajo con Isabel Delgado, hija de Manuel Hernández y de Francisca Delgado, vecinos de Adeje.

Nº 692 L 2º. Diego Antonio José Bautista, hijo de Juan Domínguez Bautista y de María Andrea, casó en 1730 en la iglesia parroquial de Nuestra Señora de la Concepción del Realejo Bajo con María Francisca de Ávila, hija de Pedro Francisco de Ávila y de Micaela Francisca.

Familia Beltrán:

Nº 244. Juan Beltrán, hijo de Andrés Beltrán y de Juana González, casó en 1651 en la iglesia parroquial de Nuestra Señora de la Concepción del Realejo Bajo con María Aldana, hija de Luis Afonso y de Tomasina María.

Nº 166. El alférez Felipe Beltrán de Orduña, casó

en 1681 en La Orotava, inscrito en la iglesia parroquial de Nuestra señora de la Santísima Concepción del Realejo Bajo su matrimonio con Luisa de Mesa.

Nº 1188 L 2º. Manuel Beltrán de Aguiar y Vergara, hijo de Felipe Antonio de Aguiar y de Rita María de la Concepción, casó en 1766 en la iglesia parroquial de Nuestra Señora de la Concepción del Realejo Bajo con María Josefa de la Guardia, hija de Francisco Albelo y Barroso y de Josefa María de la Guarda.

Familia Benítez:

Nº 40. Andrés Benítez, hijo de Baltasar Benítez y de Francisca Lorenzo, vecinos de La Orotava, casó en 1697 en la iglesia parroquial de Nuestra Señora de la Concepción del Realejo Bajo con María Rodríguez, hija de Cristóbal Rodríguez y de María de la Cruz.

Nº 825 L 2º. Francisco Benítez, hijo de Simón Benítez y de Ana Plasencia, natural de La Gomera, casó en 1749 en la iglesia parroquial de nuestra señora de la Concepción del Realejo Bajo con María González, hija de Matías Pérez y de María González, vecinos de San Juan de la Rambla.

Nº 717 L 2º. Diego Benítez de Lugo, viudo de doña Marina Valcárcel, casó en 1756 en la iglesia parroquial de Nuestra Señora de la Concepción de la Orotava con doña María Isabel de Aponte Velocis.

Familia Bento:

Nº 1207 L 2º. Nicolás Antonio Bento, hijo de Francisco Pérez Bento y de Catalina Herrera, casó en 1755 en la iglesia parroquial de Nuestra Señora de la Concepción del Realejo Bajo con María de Albelo, hija de Francisco Lorenzo Abreu y de Francisca Albelo.

Familia Bernabé:

Nº 433. Pedro Bernabé, hijo de Juan Bernabé y de Catalina Barbo, casó en 1678 en la iglesia parroquial de nuestra señora de la Concepción del Realejo Bajo con Blasina Francisca, hija de Francisco González y de Francisca Ara.

Familia Bethencourt:

Nº 27. Andrés Francisco de Bethencourt, hijo de

Andrés de Béthencourt y de Isabel Rodríguez, de La Laguna, casó en 1679 en la iglesia parroquial de Nuestra Señora de la Concepción del Realejo Bajo con Clara Francisca, hija de Lucas Pérez y de Isabel Sánchez.

Nº 401. Marcos de Bethencourt y Castro, hijo de capitán don Simón de Bethencourt y Castro y de Jacinta, casó en 1684 en la iglesia parroquial de Nuestra Señora de la Concepción del Realejo Bajo con doña Alfonsa del Castillo y Guerra, hija del capitán sargento mayor don Felipe del Castillo Guerra y Albornoz y Doña Magdalena Josefa Guerra.

Nº 595 L 2º. Don Agustín Bethencourt y Castro, casó en 1759 en la iglesia parroquial de la Concepción de La Orotava con Leonor Molina, con la que se veló.

Familia Bienes:

Nº 934 L 2º. José de Bienes, hijo de Domingo de Bienes y de Magdalena González, natural de Buenavista, casó en 1714 en la iglesia parroquial de Nuestra Señora de la Concepción del Realejo Bajo con Andrea de la Concepción, hijo de Cristóbal González Conca y de Josefa de Abreu.

Nº 943 L 2º. José Bienes, viudo de Andrea María[6], casó en 1715 en la parroquia de Nuestra Señora de la Concepción del Realejo Bajo con María Estévez de Acevedo, hija de Esteban Jorge y de María Ana Matías de Acevedo.

Nº 1116 L 2º. Lázaro Francisco Bienes Alayón, hijo de José Bienes, natural de La Palma, y de María Estévez Alayón, natural de Icod, casó en 1756 en la iglesia parroquial de Nuestra Señora de la Concepción del Realejo Bajo con Catalina de Abreu Llanos, hija de Francisco de Abreu y de Juan Francisca Llanos.

Nº 1547 L 3º. Francisco Bienes, hijo de José Bienes y de Antonia Díaz, casó en 1782 en la parroquia de la Concepción del Realejo Bajo con María de los Reyes Abreu, hija de José Francisco González y de Juana González Abreu.

<u>Familia Borges</u>:

---

[6] De la cláusula 934, anterior a ésta.

Nº 16. Ángel Borges, hijo de Antonio Domínguez Borges y de Bárbara Sánchez, naturales de los Silos[7], casó en 1670 en la parroquia de la Concepción del Realejo Bajo con Catalina María, hija de Juan Montesino y de Ángela María.

Familia Borrallo:

Nº 492. Sebastián Borrallo, hijo de ... Borrallo y de María Magdalena, casó en 1691 en la iglesia parroquial de Nuestra Señora de la Concepción del Realejo Bajo con Ángela Yanes, hija de Pedro Yanes y de Tomasina Pérez.

Familia Brier:

Nº 1034 L 2º. José Cristóbal Brier, hijo del capitán don Juan Brier y de doña Josefa Teresa Cámara y Ávila, casó en 1746 en la iglesia parroquial de Nuestra Señora de la Concepción del Realejo Bajo con doña Ángela Josefa Suárez, hija de Joaquín González y de Catalina Isabel Pérez.

---

[7] Borroso en el original.

Familia Brito:

Nº 1285 L 2º. Salvador de Brito, hijo de Juan de Zamora, vecino de El Hierro y de María Padrón, también natural de El Hierro, casó en 1711 en la iglesia parroquial de Nuestra Señora de la Concepción del Realejo Bajo con Victoria Rodríguez Casanova, viuda de Juan Pérez Bento.

Nº 994 L 2º. José Ventura Brito de Gordejuela, hijo del abogado don Diego Fernández Brito y de doña Juana Luis de Gordejuela y Mesa, natural de La Orotava, casó en 1733 en la iglesia parroquial de Nuestra Señora de la Concepción del Realejo Bajo con doña Isabel Antonia de Abreu y Barroso, hija de Gonzalo de Abreu y Miranda y de María Teresa Barroso.

Nº 1784 L 3º. Don Nicolás Brito, Gordejuela y Mesa, hijo del capitán don José Brito Gordejuela y Mesa y de doña Isabel de Abreu Miranda, casó en 1773 en la iglesia parroquial de Nuestra Señora de la Concepción del Realejo Bajo con doña Rosa Vida y Chaves, hija del capitán don Francisco Vida y Roldán y de doña Josefa de Torres y Chaves.

Familia Buenaventura:

Nº 1472 L 3º. Diego Buenaventura, viudo de Luisa González Abreu, hijo de Nicolás Buenaventura y de Francisca Rodríguez, casó en 1770 en la iglesia parroquial de Nuestra Señora de la Concepción del Realejo Bajo con Antonia Josefa Pérez Bento, hija de Francisco Pérez Bento y de Catalina Martín.

Nº 1520 L 3º. Esteban Buenaventura, hijo de Nicolás Buenaventura y de Francisca Rodríguez, casó en 1777 en la iglesia parroquial de Nuestra Señora de la Concepción del Realejo Bajo con Inés María, hija de Carlos Antonio Yanes y de Manuela Antonia.

C.

Familia Cabrera:

Nº 1599 L 3º. José Manuel Cabrera, hijo de Juan de Cabrera y de Sebastiana Francisca, natural de La Gomera, casó en 1769 en la iglesia parroquial de Nuestra Señora de la Concepción del Realejo Bajo con María Méndez, hija de Domingo Afonso y de María Méndez de Acevedo.

Familia Cala:

Nº 1532 L 3º. Don Francisco de Cala se veló en 1775 en la iglesia parroquial de Nuestra Señora de la Concepción del Realejo Bajo con doña Joaquina de Montenegro.

Familia Carballo:

Nº 477. Sebastián Carballo, viudo de Catalina Díaz, vecinos de El Tanque, casó en 1681 en la iglesia parroquial de nuestra señora de la Concepción del Realejo Bajo con María Cardoso, hijo de Domingo Hernández y de Margarita Cardoso.

Familia Casañas:

Nº 1224 L 2º. Pedro Casañas, hijo de Salvador Casañas y de Ana del Cristo, vecina de Adeje, casó en 1720 en la iglesia parroquial de Nuestra Señora de la Concepción del Realejo Bajo con Francisca Hernández Estévez, hija de Lucas Francisco y de Elena Francisca Estévez.

Nº 781 L 2º. Francisco Casañas, hijo de Salvador Casañas y de Ángela del Cristo, natural de Adeje, casó en 1722 en la iglesia parroquial de nuestra señora de la Concepción del Realejo Bajo con Bernarda Francisca, hija de Bernabé García y de Sebastiana Francisca.

Nº 1059 L 2º. Juan Casañas, hijo de Pedro Casañas, natural de Adeje, y de Francisca Estévez, casó en 1755 en la iglesia parroquial de Nuestra Señora de la Concepción del Realejo Bajo con Agustina Francisca Mena, hija de Nicolás Hernández Martel, natural de El Hierro, y de Beatriz Mena, de Vilaflor.

Nº 740 L 2º. Esteban Casañas, hijo de Pedro Casañas y de María Estéfana, casó en 1760 en la iglesia parroquial de Nuestra señora de la Santísima Concepción del Realejo Bajo con María Tomasa de la Concepción, hija de Nicolás Francisco Hormiga y de Beatriz de Mena.

Nº 1438 L 3º. Agustín Casañas, hijo de Juan Casañas y de Catalina Hernández, casó en 1799 en la iglesia parroquial de Nuestra Señora de la Concepción del Realejo Bajo con Catalina de la Ascensión Núñez, hija de Juan González Núñez y de María de la Ascensión Pimentel[8].

Familia de las Casas:

Nº 260. Juan de las Casas, hijo de Lorenzo de las Casas y de María Simón, vecinos de Las Palmas, casó en 1663 en la iglesia parroquial de Nuestra Señora de la Concepción del Realejo Bajo con Catalina García, hija de Rodrigo García y de Ana Bello.

Familia Castañeda:

Nº 895 L 2º. Isidro de Castañeda, hijo de Blas de Castañeda y de Catalina de la Concepción, naturales de El Hierro, casó en 1713 en la iglesia parroquial de Nuestra Señora de la Concepción del Realejo Bajo con Paula de Acosta, hija de Jerónimo de Acosta y de Ángela Viera.

Familia Castillo:

Nº 1637 L 3º. Juan Mateo del Castillo, hijo de

---

[8] Pimentela, en el original.

Mateo Miguel Alonso del Castillo y de Ana Antonia Bautista Perdomo, casó en 1778 en la iglesia parroquial de Nuestra Señora de la Concepción del Realejo Bajo con Bárbara Agustina Padrón, hija de Lorenzo Pérez Padrón y de Rita García Sánchez.

Familia Castro:

Nº 307. Juan de Castro, hijo de Miguel Pérez y de Catalina Hernández, casó en 1683 en la iglesia parroquial de Nuestra Señora de la Concepción del Realejo Bajo con Juliana Hernández, hija de Antonio González Camacho y de Ana.

Nº 406. Marcos de Castro y Bethencourt, viudo de doña Alfonsa Inés del Castillo y Llarena, casó en 1690 en la parroquia de Nuestra Señora de la Concepción del Realejo Bajo con doña Luisa Inés Llarena del Hoyo, hija del capitán de caballos coronel don Alonso Llarena Carrasco y Ayala y de doña Francisca del Hoyo Franchi, vecinos de La Laguna y La Orotava.

Nº 43. Andrés de Castro, viudo de Catalina Francisca, casó en 1700 en la iglesia parroquial de Nuestra Señora de la Concepción del Realejo Bajo con Leonor de Orta, hija de Antonio Francisco de Orta y de Juana Miguel.

Nº 612 L 2º. Blas de Castro, hijo de Juan de Castro y de Juliana Hernández, casó en 1707 en la iglesia parroquial de Nuestra Señora de la Concepción del Realejo Bajo con María de la Concepción, hija de Manuel de Castro Grillo y de Catalina Pérez Valladares.

Nº 918 L 2º. José Antonio de Castro, hijo de Juan de Castro y de Juliana Francisca, casó en 1708 en la iglesia parroquial de Nuestra Señora de la Concepción del Realejo Bajo con Ángela González, hija de Diego González Héctor y de María González.

Nº 816 L 2º. Felipe de Castro, hijo de Domingo de Castro y de Josefa Pérez, natural de La Orotava, casó en 1744 en la iglesia parroquial de nuestra señora de la Concepción del Realejo Bajo con Josefa Rodríguez Oliva, viuda de José Antonio Pérez, e hija de José Hernández de Oliva y de Lucía Rodríguez Acosta.

Familia Centella:

Nº 932 L 2º. José Centella de Barrios, natural de

Icod, hijo de Juan Lorenzo Centella, natural de Daute, y de Lucía Francisca, casó en 1714 en la iglesia parroquial de Nuestra Señora de la Concepción del Realejo Bajo con Gracia de la Guarda y Barroso, hija del alférez Felipe Pérez de Abreu y de María de la Guarda Barroso.

Familia Coello:

Nº 125. Domingo Coello, hijo de Pedro Coello y de María de Mesa, vecinos de Güimar, casó en 1692 en la parroquia de Nuestra Señora de la Concepción del Realejo Bajo con María, hija de Francisco González Bento y de Agustina Fernández.

Familia de la Concepción:

Nº 1807 L 3º. Pedro José de la Concepción, hijo de María Francisca Palenzuela y de padre incógnito, casó en 1780 en la iglesia parroquial de Nuestra Señora de la Concepción del Realejo Bajo con María de la Concepción, hija de Juan González y de Rita Francisca.

Familia del Corral:

Nº 275. Juan Bautista del Corral, hijo de Bartolomé Pérez y de Olaya Fernández, casó en 1673 en la iglesia parroquial de Nuestra Señora de la Concepción del Realejo Bajo con María Luis de Acosta, hija de Juan de Acosta y de Ana Martín.

Familia Correa:

Nº 1103 L 2º. Luis Correa, hijo de Manuel Hernández, natural de Adeje, y de Francisca Delgado, casó en 1716 en la iglesia parroquial de Nuestra Señora de la Concepción del Realejo Bajo con María Francisca de Abreu, hija de Blas de Abreu y de María Núñez.

Nº 1322 L 2º. Silvestre Antonio Correa, hijo de Juan Correa y de Ventura Ana Rodríguez, casó en 1758 en la iglesia parroquial de Nuestra Señora de la Concepción del Realejo Bajo con María Isabel de Lugo, hija de Antonio Francisco de Lugo y de Rosa Francisca.

Nº 1838 L 3º. Silvestre Antonio Correa, viudo de María Isabel de la Concepción, casó en 1778 en la iglesia parroquial de Nuestra Señora de la Concepción del Realejo Bajo con María Francisca Leal, hija de Tomás

Domínguez y de Francisca Leal.

Nº 1381 L 3º. Alejo Correa, hijo de Silvestre Antonio Correa y de María Isabel de Lugo, casó en 1777 en la parroquia de Nuestra Señora de la Concepción del Realejo Bajo con María Teodora de la Concepción, hija de José Afonso y de María de la Concepción.

Nº 1689 L 3º. José Ambrosio Correa, hijo de Silvestre Antonio Correa y de María Francisca de Lugo, casó en 1792 en la iglesia parroquial de Nuestra Señora de la Concepción del Realejo Bajo con María Hernández Melo.

Nº 1429 L 3º. Alejo Correa, viudo de María Teodora[9], casó en 1796 en la parroquia de Nuestra Señora de la Concepción del Realejo Bajo con María de las Mercedes Hernández, natural de La Gomera, hija de Francisco Hernández y de María Candelaria.

Familia de la Cruz:

Nº 84. Domingo de la Cruz, hijo de Domingo

---

[9] Del número 1381.

Correa y de Francisca Rodríguez, casó en 1651 en la iglesia parroquial de nuestra señora de la Concepción del Realejo Bajo con Águeda Viera, hija de Manuel Viera y de Lucía Rodríguez.

Nº 156. Felipe de la Cruz, hijo de Juan Francisco, portugués, y de Francisca Hernández, vecinos de Chasna, casó en 1673 en la parroquia de Nuestra Señora de la Concepción del Realejo Bajo con María de Albelo, hija de Pedro Hernández y de María Jácome.

Nº 964 L 2º. José de la Cruz, hijo de Felipe de la Cruz, natural de La Palma, y de Ana de Valladares, natural de La Orotava, casó en 1724 en la parroquia de Nuestra Señora de la Concepción del Realejo Bajo con Isabel Francisca de Acosta, hija de Jerónimo de Acosta y de Ángela Viera.

Nº 801 L 2º. Fernando de la Cruz, hijo de Felipe de la Cruz y de Ana Valladares, natural de La Orotava, casó en 1735 en la iglesia parroquial de nuestra señora de la Concepción del Realejo Bajo con María Bautista, hija de Pedro Delgado y de María Bautista.

Nº 1344 L 2º. Tomás Antonio de la Cruz, hijo de

José de la Cruz y de Isabel de Acosta, casó en 1751 en la iglesia parroquial de Nuestra Señora de la Concepción del Realejo Bajo con Antonia Borges, hija de Bernardo Luis de Ávila y de Casilda Rodríguez, naturales de La Rambla.

Nº 1745 L 3º. Manuel de la Cruz, hijo de padres no conocidos, natural de La Orotava, casó en 1772 en la iglesia parroquial de Nuestra Señora de la Concepción del Realejo Bajo con Isidora Francisca Díaz, hija de José Díaz y de Catalina Francisca.

Nº 1549 L 3º. Fernando de la Cruz García, hijo de Francisco García de la Cruz y de Antonia Carmenatis, casó en 1784 en la parroquia de la Concepción del Realejo Bajo con María Lorenzo de la Guardia, hija de Juan Lorenzo de la Guardia Villar y de Isabel Francisca.

Ch

Familia Chaves:

Nº 1507 L 3º. Domingo Chaves, hijo de Jerónimo González de Chaves y de Clara Francisca de

Concepción, casó en 1793 en la iglesia parroquial de Nuestra Señora de la Concepción del Realejo Bajo con María del Carmen Regalado, hija de Francisco Rodríguez Regalado y de Lucía Luis de Ávila.

Nº 1723 L 3º. José Chaves Barroso, hijo de Luis Chaves y de Isabel Domínguez Barroso, casó en 1798 en la iglesia parroquial de Nuestra Señora de la Concepción del Realejo Bajo con María Antonia Pérez Martín, hija de Carlos Pérez Martín y de Manuela Pérez Bento.

D.

<u>Familia Dávila:</u>

Nº 1117 L 2º. Lázaro Antonio Dávila, hijo de Lorenzo Luis Ávila y de Josefa Henríquez, casó en 1758 en la iglesia parroquial de Nuestra Señora de la Concepción del Realejo Bajo con Juliana Lorenzo de Chaves, hija de Francisco González Chaves y de María García.

<u>Familia Delgado:</u>

Nº 239. Juan Delgado, hijo de Matías Delgado y de Francisca Luis, vecinos de San Juan, casó en 1650 en la iglesia parroquial de Nuestra Señora de la Concepción del Realejo Bajo con Ana Francisca, hija de Domingo Abuin y de Ana Francisca,

Nº 198. Gaspar Delgado, hijo de Gaspar Delgado y de Clara Hernández, casó en 1651 en la iglesia parroquial de Nuestra Señora de la Concepción del Realejo Bajo con María Hernández, hija de Blas González y de María Francisca.

Nº 176. Feliciano Delgado, hijo de Simón Delgado y de María Muñoz, naturales de Buenavista, casó en 1692 en la iglesia parroquial de Nuestra señora de la Santísima Concepción del Realejo Bajo con Margarita Luis Mayor, hija del ayudante Melchor Luis y de María de la Encarnación Mayor.

Nº 1101 L 2º. Luis Delgado, hijo de Juan Delgado y de María de la Cruz, casó en 1708 en la iglesia parroquial de Nuestra Señora de la Concepción del Realejo Bajo con Francisca Gabriela de Albelo, hija de Juan González Corvo y de Catalina de Abreu.

Nº 1141 L 2º. Manuel Delgado, hijo de Juan Delgado y de María de la Cruz, casó en 1725 en la iglesia parroquial de Nuestra Señora de la Concepción del Realejo Bajo con Gracia Antonia de Albelo, hija de Nicolás Pérez y de Catalina Pérez de Albelo.

Nº 842 L 2º. Francisco Antonio José Delgado, hijo de Juan Antonio Delgado y de María Suárez, casó en 1758 en la iglesia parroquial de Nuestra Señora de la Concepción del Realejo Bajo con Catalina Francisca Díaz, hija de José Díaz y de Catalina Francisca.

Nº 1072 L 2º. José Delgado, hijo de José Delgado y de Ángela Ruiz, natural de La Guancha, casó en 1758 en la iglesia parroquial de Nuestra Señora de la Concepción del Realejo Bajo con Margarita Bautista, hija de Diego de la Cruz y de Sebastiana Bautista.

Nº 1738 L 3º. Marcos Antonio de la Cruz, Rosa, hijo de Francisco Antonio de la Cruz Rosa, y de Rita Francisca López, casó en 1768 en la iglesia parroquial de Nuestra Señora de la Concepción del Realejo Bajo con Isabel de la Concepción Casanova, hija de Feliciano Rodríguez Casanova y de Francisca González.

Nº 1783 L 3º. Nicolás Delgado, viudo de Agustina Manuela, casó en 1770 en la iglesia parroquial de Nuestra Señora de la Concepción del Realejo Bajo con Francisca Rodríguez Guillama, hija de Gaspar Rodríguez Guillama, natural de La Gomera, y de Antonia Díaz Chaves.

Nº 1629 L 3º. José Delgado, hijo de José Delgado y de Ángela Ruiz, viudo de Margarita de la Cruz, casó en 1777 en la iglesia parroquial de Nuestra Señora de la Concepción del Realejo Bajo con Petronila Rafaela de la Concepción, hija de Domingo Felipe y de María Ana de Abreu.

1633 L 3º. José Delgado de Aerosa, viuda de Lucrecia Pérez, natural de Arico, casó en 1633 en la iglesia parroquial de Nuestra Señora de la Concepción del Realejo Bajo con María Francisca, viuda de Juan Perera.

Nº 1509 L 3º. Domingo José Delgado, hijo de Felipa Delgado y de padre incógnito. Casó en 1794 en la iglesia parroquial de Nuestra Señora de la Concepción del Realejo Bajo con Francisca Díaz, hija de José Díaz y de María García.

Familia Díaz:

Nº 250. Juan Díaz, hijo de Francisco Hernández y de María Díaz, casó en 1651 en la iglesia parroquial de Nuestra Señora de la Concepción del Realejo Bajo con María Miguel, hija de Francisco Pérez de Amaral y de Ana Miguel.

Nº 252. Juan Díaz, hijo de Domingo Hernández y de Ana Díaz, casó en 1654 en la iglesia parroquial de Nuestra Señora de la Concepción del Realejo Bajo con Ángela Francisca, hija de Gaspar González y de María Acosta[10].

Nº 152. Francisco Díaz, hijo de Marcos Díaz y de Ana de Aguiar, casó en 1666 en la parroquia de Nuestra Señora de la Concepción del Realejo Bajo con Ana Francisca, hija de Luis Aday y de Ana María.

Nº 70. Conrado Díaz, hijo de Melchor Rodríguez y de Antonia Día, casó en 1667 en la iglesia parroquial de Nuestra Señora de la Concepción del Realejo Bajo

---

[10] El nombre no se lee.

con María Inés Cannes, hija de Gaspar Martín Casanova y de Isabel Cannes, naturales de Gáldar.

Nº 91. Domingo Díaz, hijo de Baltasar Díaz y de Isabel Rodríguez, vecinos de La Laguna, casó en 1669 en la iglesia parroquial de nuestra señora de la Concepción del Realejo Bajo con María de los Santos, hija de Pascual Pérez y de Bárbola Díaz.

Nº 92. Domingo Díaz, hijo de Baltasar Díaz y de María de Lugo, vecinos del Tanque, casó en 1670 en la iglesia parroquial de nuestra señora de la Concepción del Realejo Bajo con Isabel Hernández, viuda de Gaspar Rodríguez.

Nº 206. Gaspar Díaz, hijo de Bartolomé Díaz y de María Borges, vecinos de Buenavista, casó en 1670 en la iglesia parroquial de Nuestra Señora de la Concepción del Realejo Bajo con Francisca de la Guarda, hija de Melchor Francisco Zampote, natural de Garachico y de María Luis.

Nº 1601 L 3º. José Díaz, hijo de Manuel Díaz y de María Francisca, casó en 1770 en la parroquia de Nuestra Señora de la Concepción del Realejo Bajo con

Isabel Márquez de Chaves, hija de Marcos Hernández de Chaves y de Gracia María.

Nº 1603 L 3º. José Díaz, se veló en 1770 en la parroquia de Nuestra Señora de la Concepción del Realejo Bajo con Teresa Francisca, con la que se había casado en la parroquia de la Concepción de La Orotava.

Nº 268. Juan Díaz, hijo de Salvador Hernández y de María Díaz, vecinos de La Guancha, casó en 1671 en la iglesia parroquial de nuestra señora de la Concepción del Realejo Bajo con Antonia Francisca, viuda de Francisco Pérez Amaral.

Nº 429. Pedro Díaz, hijo de Sebastián Díaz y de Inés López, vecinos de San Juan, casó en 1672 en la iglesia parroquial de nuestra señora de la Concepción del Realejo Bajo con María Luis, hija de Gaspar Luis y de María Luis.

Nº 467. Salvador Díaz, esclavo, casó en 1672 en la iglesia parroquial de nuestra señora de la Concepción del Realejo Bajo con María Luis, hija de Juan González y de María Morales.

Nº 277. Juan Díaz Moreno, hijo de Juan Díaz Moreno y de María Francisca, casó en 1674 en la iglesia parroquial de Nuestra Señora de la Concepción del Realejo Bajo con Ángela María, hija de Juan Núñez y de Catalina Díaz.

Nº. 355. Lucas Díaz, hijo de Andrés Díaz y de Ana de Mesa, casó en 1674 en la iglesia parroquial de Nuestra Señora de la Concepción del Realejo Bajo con Catalina Hernández, hija de Manuel Hernández y de María de Cejas.

Nº 58. Bartolomé Díaz, hijo de Bartolomé Díaz y de Ana Berdián, vecinos de La Orotava, casó en 1674 en la iglesia parroquial de Nuestra Señora de la Concepción del Realejo Bajo con Juana Martos, hija de Baltasar Estévez y de Eufrasia María.

Nº 288. Juan Díaz Alfonsiño, viudo de Ángela Rodríguez, casó en 1677 en la iglesia parroquial de Nuestra señora de la Santísima Concepción del Realejo Bajo con Ángela Pérez del Álamo, hija de Juan Pérez del Álamo y de María Francisca.

Nº 297. Juan Díaz, hijo de Baltasar Díaz y de Catalina López, casó en 1680 en la iglesia parroquial de Nuestra señora de la Santísima Concepción del Realejo Bajo con María Rodríguez, hija de Tomás Hernández y de María Pérez.

Nº 434. Pascual Díaz, hijo de Benito Díaz y de María Pérez, vecinos de Valle Guerra, casó en 1680 en la iglesia parroquial de nuestra señora de la Concepción del Realejo Bajo con Beatriz Díaz, hija de Amaro Hernández y de Antonia Díaz.

Nº 1648 L 3º. José Díaz de Estrada, hijo de Agustín Díaz de Estrada y de Josefa Pérez Bento, casó en 1781 en la parroquia de Nuestra Señora de la Concepción del Realejo Bajo con María Díaz de Aguiar, hija de Fernando Díaz y de Rosa María de Aguiar.

Nº 437. Pablo Díaz, hijo de Domingo Díaz y de Florencia de los Santos, casó en 1683 en la iglesia parroquial de nuestra señora de la Concepción del Realejo Bajo con Isabel González, viuda de Francisco Hernández.

Nº 140. Esteban Díaz, hijo de Juan Díaz y de

María Hernández, naturales del Tanque, casó en 1683 en la parroquia de Nuestra Señora de la Concepción del Realejo Bajo con María Pérez, hija de Marcos Díaz y de Inés Pérez.

Nº 311. Juan Díaz Ramos, hijo de Marcos Díaz y de Inés Pérez, casó en 1684 en la iglesia parroquial de Nuestra Señora de la Concepción del Realejo Bajo con Ángela de Albelo, hija de Nicolás de Albelo y de Ana Romero.

Nº 1658 L 3º. José Díaz Moreno, hijo de Pascual Díaz Moreno y de Rosa María, casó 1784 en la parroquia de Nuestra Señora de la Concepción del Realejo Bajo con Agustina Francisca de Chaves, hija de Manuel González Héctor y de Margarita Francisca Chaves.

Nº 115. Diego Díaz, hijo de Salvador López y de María Francisca, casó en 1685 en la parroquia de Nuestra Señora de la Concepción del Realejo Bajo con María Francisca, hija de Francisco Díaz y de Ana de la Cruz.

Nº 32. Andrés Díaz Estévez hijo de Francisco Díaz

Estévez y de Isabel Díaz, vecinos de La Orotava, casó en 1686 en la iglesia parroquial de Nuestra Señora de la Concepción del Realejo Bajo con Damiana Francisca López, hija de Francisco López Barroso y de María Martín, en Higa.

Nº 33. Andrés Díaz, hijo de Pedro Díaz y de Ángela Pérez, casó en 1686 en la iglesia parroquial de Nuestra Señora de la Concepción del Realejo Bajo con Agustina Francisca, hija de Manuel González y de María de la Cruz.

Nº 485. Simón Díaz, hijo de Juan Díaz y de Blasina Pérez, naturales de Icod, casó en 1687 en la iglesia parroquial de Nuestra Señora de la Concepción del Realejo Bajo con Beatriz Hernández López, hija de Lázaro González y de Beatriz Hernández.

Nº 487. Sebastián Díaz, hijo de Juan Díaz Delgado y de María Miranda, naturales de Icod, casó en 1688 con Juana Rodríguez Socas, hija de Nicolás Rodríguez y de Marquesa Domínguez Merino. Consanguíneos.

Nº 121. Domingo Díaz Moreno, hijo de Baltasar Díaz Moreno y de Catalina López, casó en 1688 en la parroquia de Nuestra Señora de la Concepción del Realejo Bajo con Sebastiana Francisca, hija de Diego Hernández del Lomo y de Isabel Francisca.

N° 37. Andrés Díaz, hijo de Francisco Díaz y de Ana de la Cruz, casó en 1696 con María Francisca, hija de Manuel González y de María Francisca. Consanguíneos en cuarto grado.

N° 135. Domingo Díaz, hijo de Juan Núñez y de Catalina Díaz, casó en 1697 en la parroquia de Nuestra Señora de la Concepción del Realejo Bajo con María Francisca, viuda de Juan Lorenzo.

N° 345. Julián Díaz, hijo de Marcos Díaz y de Ana García, casó en 1699 en la iglesia parroquial de Nuestra Señora de la Concepción del Realejo Bajo con Micaela Francisca, hija de Pedro Yanes y de María Pérez.

N° 79. Cristóbal Díaz, hijo de Gonzalo Díaz y de Marquesa, naturales de Icod, casó en 1700 en la iglesia parroquial de Nuestra Señora de la Concepción del Realejo Bajo con María Rodríguez, hija de Antonio Rodríguez y de Catalina Pérez.

Nº 448. Pablo Díaz, viudo de Isabel, casó en 1700 en la iglesia parroquial de nuestra señora de la Concepción del Realejo Bajo con Marcela Francisca, hija de Francisco Martín y de Ana Francisca.

Nº 744 L 2º. Felipe Díaz, viudo de Ana Francisca, vecina de San Juan, casó en 1705 en la iglesia parroquial de Nuestra Señora de la Concepción del Realejo Bajo con Ángela García, viuda de Bartolomé Pérez.

Nº 912 L 2º. Juan Díaz Moreno, hijo de Francisco Díaz Moreno y de Ana de la Cruz, casó en 1705 en la iglesia parroquial de Nuestra Señora de la Concepción del Realejo Bajo con Francisca Márquez de Chaves, hija de Marcos Hernández de Chaves y de María Francisca.

Nº 732 L 2º. Esteban Díaz, hijo de Francisco Díaz y de María Francisca, vecinos de Icod, casó en 1707 en la iglesia parroquial de Nuestra Señora de la Concepción del Realejo Bajo con Jacinta Lorenzo de Sosa, hija de Lorenzo de Sosa y de Catalina Pérez.

Nº 746 L 2º. Francisco Díaz Oramas, hijo de

Salvador Díaz Oramas y de María Jacinta, vecinos de San Juan, casó en 1708 en la iglesia parroquial de Nuestra Señora de la Concepción del Realejo Bajo con Isabel Francisca, hija de Francisco Suárez y de María Francisca.

Nº 919 L 2º. José Díaz, hijo de Juan Díaz y de Águeda Francisca, vecinos de Los Silos, casó en 1708 en la iglesia parroquial de Nuestra Señora de la Concepción del Realejo Bajo con Agustina Francisca de Abreu, hija de Felipe Hernández Madruga y de Gregoria Francisca Albelo.

Nº 750 L 2º. Francisco Díaz Moreno, hijo de Francisco Díaz Moreno y de Ana de la Cruz, casó en 1709 en la iglesia parroquial de Nuestra Señora de la Concepción del Realejo Bajo con Catalina Delgado, viuda de Cristóbal González, hija de Luis Álvarez y de María Delgado, vecinos de Tacoronte.

Nº 754 L 2º. Francisco Díaz del Coto, viudo de Luisa Velázquez del Castillo, de La Orotava, casó en 1711 en la iglesia parroquial de Nuestra Señora de la Concepción del Realejo Bajo con María Francisca Valladares Bencomo Frías y Salazar, hija de Diego

Valladares y de Catalina de la Guardia.

Nº 756 L 2º. Felipe Díaz, hijo de Mateo Díaz y de Catalina González, casó en 1711 con Beatriz Francisca Llanos, hija de Francisco Hernández Llanos y de Ángela Francisca.

Nº 1128 L 2º. Manuel Díaz Oramas, hijo de Francisco Díaz Oramas y de Antonia Rodríguez, vecinos de la Rambla, casó en 1711 en la iglesia parroquial de Nuestra Señora de la Concepción del Realejo Bajo con María de Barcelos, hija de Diego Hernández Cuervo y de María de Barcelos.

Nº 927 L 2º. Juan Díaz Moreno, hijo de Juan Díaz Moreno y de María Rodríguez, casó en 1712 en la iglesia parroquial de Nuestra Señora de la Concepción del Realejo Bajo con Luisa García, hija de Jerónimo García y de María Candelaria, vecinos de Vilaflor.

Nº 761 L 2º. Félix Díaz, hijo de Mateo Diaz y de Catalina González, casó en 1713 en la iglesia parroquial de Nuestra Señora de la Concepción del Realejo Bajo con Isidora Francisca, hija de Salvador Rodríguez y de Isabel Francisca.

Nº 763 L 2º. Francisco Díaz Moreno, hijo de Juan Díaz Moreno y de Ángela Núñez, casó en 1713 en la iglesia parroquial de Nuestra Señora de la Concepción del Realejo Bajo con Josefa García, hija de Jerónimo García y de María Candelaria, vecinos de Vilaflor.

Nº 929 L 2º. José Díaz, hijo de Diego Díaz y de María Francisca, casó en 1713 en la iglesia parroquial de Nuestra Señora de la Concepción del Realejo Bajo con Catalina Francisca, hija de Bernabé García, vecinos de El Hierro, y de Sebastiana Francisca.

Nº 773 L 2º. Francisco Díaz Oramas, viudo de Isabel Francisca, hija de Salvador de Oramas y de María Jacinta, casó en 1716 en la iglesia parroquial de Nuestra Señora de la Concepción del Realejo Bajo con María Márquez Corvo, hija de Asencio Hernández Corvo y de Ana Márquez.

Nº 955 L 2º. José Díaz, hijo de Asencio González y de Gaspara Rodríguez, naturales de La Gomera, casó en 1721 en la iglesia parroquial de Nuestra Señora de la Concepción del Realejo Bajo con Francisca González, hija de Gaspar Hernández y de Ana Francisca.

Nº 649 L 2º. Cristóbal Nicolás Díaz, hijo de Miguel Díaz y de Leonor Felipe, casó en 1722 en la iglesia parroquial de nuestra señora de la Concepción del Realejo Bajo con Gracia María, hija de Cristóbal González y de Josefa Luis.

Nº 1227 L 2º. Pedro Díaz, hijo de Diego Díaz Oramas y de María Gil, vecina de La Rambla, casó en 1723 en la iglesia parroquial de Nuestra Señora de la Concepción del Realejo Bajo con Ana Luis, hija de Francisco Hernández de Albelo y de Ana Luis.

Nº 1138 L 2º. Marcos Díaz, hijo de Domingo Díaz y de Sebastián Francisca, casó en 1723 en la iglesia parroquial de Nuestra Señora de la Concepción del Realejo Bajo con Águeda Francisca, viuda de Asencio Francisco. Consanguíneos en tercer grado y tercero en afinidad doble.

Nº 1108 L 2º. Santiago Díaz, hijo de Mateo Díaz y de Catalina González, casó en 1724 en la iglesia parroquial de Nuestra Señora de la Concepción del Realejo Bajo con Dominga María, viuda de Francisco Yanes.

Nº 621 L 2º. Bartolomé Díaz, hijo de Bartolomé Díaz y de Inés Francisca, casó en 1726 en la iglesia parroquial de Nuestra Señora de la Concepción del Realejo Bajo con Josefa María, hija de Diego Díaz y de Inés Francisca.

Nº 973 L 2º. Juan Díaz, hijo de Mateo Díaz y de Catalina González, casó en 1726 en la iglesia parroquial de Nuestra Señora de la Concepción del Realejo Bajo con Ana Francisca, hija de Miguel Díaz y de Ángela Francisca.

Nº 976 L 2º. Juan Díaz, hijo de Andrés Díaz y de Ángela Francisca, casó en 1727 en la iglesia parroquial de Nuestra Señora de la Concepción del Realejo Bajo con Bárbara Francisca, hija de Jerónimo Amador y de Rosa Francisca.

Nº 977 L 2º. José Díaz, hijo de Salvador Díaz y de Leonor García, casó en 1727 en la iglesia parroquial de Nuestra Señora de la Concepción del Realejo Bajo con Juana Polonia Bento, viuda de Manuel Hernández Guerra.

Nº 1145 L 2º. Manuel Díaz, hijo de Felipe Díaz y de María Francisca, casó en 1728 en la iglesia parroquial de Nuestra Señora de la Concepción del Realejo Bajo con María Francisca, hija de Diego Hernández Cuervo y de María Francisca Albelo.

Nº 1198 L 2º. Nicolás Díaz, viudo de María López Oropesa[11], casó en 1730 en la iglesia parroquial de Nuestra Señora de la Concepción del Realejo Bajo con Josefa Estévez, hija de Diego Estévez y de Ángela Francisca.

Nº 796 L 2º. Francisco Díaz, hijo de Diego Díaz y de María Francisca, casó en 1733 en la iglesia parroquial de Nuestra Señora de la Concepción del Realejo Bajo con María Hernández, hija de Juan Hernández y de Beatriz Francisca.

Nº 993 L 2º. José Díaz, hijo de Nicolás Díaz y de Úrsula Francisca, vecinos de San Juan de la Rambla, casó en 1733 en la iglesia parroquial de Nuestra Señora de la Concepción del Realejo Bajo con María Francisca, hija de José Luis y de María Francisca.

---

[11] Del número 1195.

Nº 1154 L 2º. Manuel Díaz de Noda, hijo de José Díaz Noda y de Francisca Manuel, vecinos de La Gomera, casó en 1736 en la iglesia parroquial de Nuestra Señora de la Concepción del Realejo Bajo con Francisca Rodríguez Valladares, hija de Juan Hernández y de Margarita Rodríguez

Nº 1201 L 2º. Nicolás Díaz, hijo de Juan Díaz Moreno y de Francisca Márquez, casó en 1737 en la iglesia parroquial de Nuestra Señora de la Concepción del Realejo Bajo con Josefa Barcelos, hija de Manuel Díaz y de María de Barcelos.

Nº 1113 L 2º. Lorenzo Díaz, viudo de Dominga María, casó en 1739 con María Francisca Domínguez, hija de Pedro Domínguez y de María Francisca.

Nº 1022 L 2º. José Díaz, hijo de Manuel Díaz y de María González, casó en 1740 en la iglesia parroquial de Nuestra Señora de la Concepción del Realejo Bajo con Josefa García, hija de Pedro García y de María Francisca.

Nº 1203 L 2º. Nicolás Díaz, viudo de Josefa

Barcelos, casó en 1744 en la iglesia parroquial de Nuestra Señora de la Concepción del Realejo Bajo con María Rodríguez Chaves, hija de Clemente González y de Gaspara Rodríguez de Chaves.

Nº 1114 L 2º. Lucas Díaz de Santiago, hijo de Antonio Díaz de Santiago y de María Miranda de Chaves, casó en 1747 en la iglesia parroquial de Nuestra Señora de la Concepción del Realejo Bajo con Josefa Lorenzo Henríquez, hija de Lucas Lorenzo Henríquez y de Josefa Bautista.

Nº 572 L 2º. Agustín Díaz Ramos, hijo de Antonio Díaz Ramos y de Juana Francisca Crisóstomo, casó en 1749 en la iglesia parroquial de Nuestra Señora de la Concepción del Realejo Bajo con Josefa Agustina Pérez, hija de Francisco Pérez Bento y de Catalina Martín.

Nº 1167 L 2º. Marcos Díaz, hijo de Manuel Díaz y de María Francisca, vecinos de La Orotava, casó en 1749 en la iglesia parroquial de Nuestra Señora de la Concepción del Realejo Bajo con María Catalina Rodríguez, hija de Isidro Rodríguez y de María Catalina.

Nº 1044 L 2º. José Díaz, hijo de Antonio Díaz y de María Francisca, casó en 1751 en la iglesia parroquial de Nuestra Señora de la Concepción del Realejo Bajo con María Rodríguez Regalado, hija de Esteban Domínguez y de Melchora Rodríguez Regalado.

Nº 1051 L 2º. Juan Díaz Chaurero, hijo de Felipe Díaz Chaurero y de Beatriz Francisca Llanos, casó en 1752 en la iglesia parroquial de Nuestra Señora de la Concepción del Realejo Bajo con Antonia Pérez Oliva, hija de Lázaro Pérez Corvo y de María Lorenzo Oliva. Consanguíneos en cuarto grado.

Nº 583 L 2º. Antonio Díaz de Santiago, hijo de Antonio Díaz de Santiago y de María Miranda de Chaves, casó en 1754 en la iglesia parroquial de Nuestra Señora de la Concepción del Realejo Bajo con Tomasa González Herrera, hija de Matías González y de Ana Herrera.

Nº 1174 L 2º. Manuel Díaz Héctor, hijo de Antonio Díaz y de María Francisca Héctor, casó en 1754 en la iglesia parroquial de Nuestra Señora de la Concepción del Realejo Bajo con Andrea Aldana Barroso, hija de Pascual López Barroso y de Margarita Aldana.

Nº 586 L 2º. Antonio Díaz, hijo de Marcos Díaz y de Antonia Rodríguez, casó en 1755 en la iglesia parroquial de Nuestra Señora de la Concepción del Realejo Bajo con Francisca de Albelo, hija de Lorenzo de Albelo y de Catalina de Abreu.

Nº 587 L 2º. Antonio Díaz de Santiago, viudo de Tomasa González Herrera, casó en 1755 en la iglesia parroquial de Nuestra Señora de la Concepción del Realejo Bajo con Antonia Lorenzo Padrón, hija de Manuel Padrón y de Juana Lorenzo, naturales de San Pedro[12].

Nº 591 L 2º. Agustín Díaz Suárez, hijo de Juan Díaz Suárez y de María de la Concepción Trujillo, de Tacoronte, casó en 1757 en la iglesia parroquial de Nuestra Señora de la Concepción del Realejo Bajo con Águeda Francisca de Acevedo y Chaves, hija de Juan González de Acevedo y de Sebastiana Francisca de Chaves.

Nº 718 L 2º. Diego Díaz, hijo de Francisco Díaz y

---

[12] San Pedro de Daute.

de María Francisca, casó en 1757 en la iglesia parroquial de Nuestra Señora de la Concepción del Realejo Bajo con María Francisca Héctor, hija de Manuel González Héctor y de María Francisca.

Nº 886 L 2º. Gaspar Díaz Reyes, hijo de Diego Díaz y de Clara Francisca, casó en 1757 en la iglesia parroquial de Nuestra Señora de la Concepción del Realejo Bajo con Juana Díaz Estrada, hija de Marcos Díaz Estrada y de Antonia Rodríguez.

Nº 840 L 2º. Felipe Díaz Oramas, hijo de Sebastián Díaz y de Luisa Francisca, vecinos de San Juan de la Rambla, casó en 1758 en la iglesia parroquial de Nuestra Señora de la Concepción del Realejo Bajo con Isabel Francisca Dávila, hija de Asencio Hernández Dávila y de María Francisca Rodríguez.

Nº 1321 L 2º. Salvador Díaz, hijo de Felipe Díaz y de Beatriz Francisca, casó en 1758 en la iglesia parroquial de Nuestra Señora de la Concepción del Realejo Bajo con Josefa María, hija de Juan González y de Ana Francisca.

Nº 1263 L 2º. Pascual Díaz, hijo de Juan Díaz

Moreno y de Isabel Oliva, casó en 1758 en la iglesia parroquial de Nuestra Señora de la Concepción del Realejo Bajo con Rosa María, hija de Juan Luis Moreno y de María Francisca.

Nº 636 L 2º. Bartolomé Díaz, hija de José Díaz y de Josefa García, casó en 1764 en la iglesia parroquial de Nuestra Señora de la Concepción del Realejo Bajo con Juliana Rodríguez Casanova, hija de José Rodríguez Casanova y de María Rodríguez.

Nº 1327 L 2º. Salvador Díaz, hijo de Francisco Díaz y de María Hernández, casó en 1765 en la parroquia de Nuestra Señora de la Concepción del Realejo Bajo con Andrea Héctor[13], hija de Manuel González Héctor y de María Francisca Corvo.

Nº 1439 L 3º. Benito Díaz, hijo de José Díaz y de María Francisca, casó en 1768 en la iglesia parroquial de Nuestra Señora de la Concepción del Realejo Bajo con María de Mesa, hija de Francisco de Mesa y de Isabel Rodríguez.

---

[13] Éctor, en el original.

Nº 1440 L 3º. Bartolomé Díaz, viudo de Juliana Rodríguez, hijo de José Díaz y de Josefa García, casó en 1769 en la iglesia parroquial de Nuestra Señora de la Concepción del Realejo Bajo con Josefa Margarita de la Concepción y Ávila, hija de José Antonio de Ávila y de Agustina Jerónima de Ávila.

Nº 1741 L 3º. Manuel Díaz, viudo de Andrea Aldana, hijo de Antonio Díaz y de María Francisca, casó en 1771 en la parroquia de Nuestra Señora de la Concepción del Realejo Bajo con Lucía Francisca Hernández, hija de Pedro Hernández Corvo y de María Francisca.

Nº 1774 L 3º. Manuel Díaz, viudo de Andrea Hernández, hijo de Antonio Díaz y de María Francisca, casó en 1772 en la parroquia de Nuestra Señora de la Concepción del Realejo Bajo con Manuela Díaz, viuda de Gonzalo Suárez, hija de Manuel Francisco y de Margarita Díaz.

Nº 1529 L 3º. Félix Díaz, hijo de Marcos Díaz y de María Rodríguez Casanova, casó en 1774 en la iglesia parroquial de Nuestra Señora de la Concepción del Realejo Bajo con Antonia Francisca Morales, hija de

Fernando Morales y de Petronila María Plasencia, naturales de Hermigua.

Nº 1370 L 3º. Antonio José Díaz, hijo de Domingo Díaz y de María Luis, casó en 1775 en la parroquia de Nuestra Señora de la Concepción del Realejo Bajo con Rosalía Francisca de la Concepción, hija de Salvador Hernández del Dedo y de María de la Cruz.

Nº 1803 L 3º. Pedro Díaz Roque, natural de la Rambla, hijo de Salvador Díaz y de María Antonia, casó en 1776 en la iglesia parroquial de Nuestra Señora de la Concepción del Realejo Bajo con María Luis, hija de Bernabé Domínguez y de María Luis.

Nº 1543 L 3º. Fernando Díaz Chaves, viudo de Catalina Rodríguez Delgado, casó en 1777 en la iglesia parroquial de Nuestra Señora de la Concepción del Realejo Bajo con María Francisca Ruiz, natural de La Rambla, hija de Manuel Rodríguez y de Laurencia Ruiz.

Nº 1545 L 3º. Felipe Díaz, hijo de Fernando Díaz y de Rosa María de la Concepción, casó en 1778 en la iglesia parroquial de Nuestra Señora de la Concepción del Realejo Bajo con Margarita de la Concepción Machado, hija de Francisco García Ruiz y de Francisca Machado.

Nº 1489 L 3º. Diego Díaz, viudo de María Francisca, casó en 1780 en la iglesia parroquial de Nuestra Señora de la Concepción del Realejo Bajo con Rita Díaz, hija de Antonio Díaz y de María Lucero.

Nº 1840 L 3º. Salvador Díaz, hijo de José Díaz y de María Regalado, casó en 1783 en la iglesia parroquial de Nuestra Señora de la Concepción del Realejo Bajo con María Francisca de la Concepción López, hija de Manuel López y de María Francisca.

Nº 1813 L 3º. Pedro Díaz, hijo de José Díaz y de Josefa García, casó en 1784 en la iglesia parroquial de Nuestra Señora de la Concepción del Realejo Bajo con Ana Águeda González, hija de Jerónimo Regalado y de Isabel González.

Nº 1665 L 3º. José Díaz de Aguiar, hijo de Fernando Díaz y de Rosa María de Aguiar, casó en 1785 en la parroquia de Nuestra Señora de la Concepción del Realejo Bajo con María de la Concepción

Fernández, hija de Vicente Fernández y de María García de la Cruz.

Nº 1666 L 3º. José Díaz López, hijo de Nicolás Díaz López y de Josefa Estévez, casó en 1785 en la parroquia de Nuestra Señora de la Concepción del Realejo Bajo con María García de la Cruz, hija de Antonio García de la Cruz y de Úrsula de Arbelo[14].

Nº 1390 L 3º. Antonio Díaz Aldana, hijo de Manuel Díaz y de Andrea Aldana, casó en 1785 en la iglesia parroquial de Nuestra Señora de la Concepción del Realejo Bajo con Josefa de la Concepción, hija de Jerónimo González de Chaves y de Clara Francisca Lorenzo.

Nº 1554 L 3º. Francisco Díaz Moreno, hijo de Pascual Díaz Moreno y de Rosa Francisca de la Cruz, casó en 1788 en la iglesia parroquial de Nuestra Señora de la Concepción del Realejo Bajo con Antonia Suárez, hija de Pedro González Chaurero y de Lucía Suárez.

Nº 1673 L 3º. José Díaz de Chaves, hijo de Antonio

---

[14] El apellido Albelo fue derivando a Arbelo.

Díaz de Chaves y de Antonia Padrón, casó en 1788 en la parroquia de Nuestra Señora de la Concepción del Realejo Bajo con María González de la Guardia, hija de Antonio González Chaves y de Catalina Lorenzo de la Guardia.

Nº 1844 L 3º. Salvador Díaz Calderón, viudo de Andrea González, hijo de Francisco Díaz Calderón y de María Francisca Hernández, casó en 1788 en la iglesia parroquial de Nuestra Señora de la Concepción del Realejo Bajo con Francisca Hernández Moreno, hija de Salvador Hernández y de María Francisca Moreno.

Nº 1833 L 3º. Ramón José Díaz, hijo de Nicolás Díaz del Cabo y de María Francisca Rodríguez, casó en 1789 en la iglesia parroquial de Nuestra Señora de la Concepción del Realejo Bajo con Josefa Guerra Regalado, hija de Antonio Guerra y de María González.

Nº 1557 L 3º. Fernando Díaz, viudo de Catalina Francisca, hijo de Francisco Díaz y de María Francisca Hernández, casó en 1790 en la iglesia parroquial de Nuestra Señora de la Concepción del Realejo Bajo con Tomasa Pérez Hernández, hija de Manuel Pérez y de Bárbara Francisca Hernández.

Nº 1504 L 3º. Diego Díaz, hijo de Diego Díaz y de María Francisca Héctor Miranda, casó en 1792 en la iglesia parroquial de Nuestra Señora de la Concepción del Realejo Bajo con Rosalía Pérez, hija de Bernardo Pérez y de María Francisca.

Nº 1559 L 3º. Francisco Díaz, hijo de Diego Díaz y de María González, casó en 1793 en la iglesia parroquial de Nuestra Señora de la Concepción del Realejo Bajo con Agustina López, viuda de Tomás García, hija de Agustín López y de Isabel García.

Nº 1412 L 3º. Antonio Díaz de Chaves, viudo de Antonia Padrón, hijo de Antonio Díaz de Santiago y de María Miranda de Chaves, casó en 1794 en la parroquia de Nuestra Señora de la Concepción del Realejo Bajo con Isabel Joaquina Rodríguez Duranza, hija de Mateo Rodríguez Duranza y de Josefa Rodríguez.

Nº 1584 L 3º. Gerónimo Díaz, hijo de Salvador Díaz y de Andrea González, casó en 1794 en la iglesia parroquial de Nuestra Señora de la Concepción del

Realejo Bajo con María Antonia Moreno, hija de Juan Luis Moreno y de María Gil.

N° 1772 L 3°. Manuel Díaz, hijo de Diego Díaz y de María Francisca, casó en 1794 en la parroquia de Nuestra Señora de la Concepción del Realejo Bajo con Josefa Díaz, hija de José Díaz y de María Regalado.

N° 1420 L 3°. Antonio Díaz Moreno, hijo de Pascual Díaz Moreno y de Rosa Francisca de la Cruz, casó en 1795[15] en la parroquia de Nuestra Señora de la Concepción del Realejo Bajo con Isabel López de Mesa, natural de La Guancha, hija de José López y de María de Mesa.

N° 1538 L 3°. Fernando Díaz, hijo de Francisco Díaz y de María Francisca Hernández, casó en 1796 en la iglesia parroquial de Nuestra Señora de la Concepción del Realejo Bajo con Catalina Francisca Álvarez, hija de Manuel González Héctor y de Catalina Francisca Álvarez.

N° 1425 L 3°. Agustín Díaz Regalado, hijo de José

---

[15] La fecha puede ser 1796.

Díaz y de María Regalado, casó en 1796 en la parroquia de Nuestra Señora de la Concepción del Realejo Bajo con Jerónima González Regalado, hija de Manuel González Héctor y de Ana Barcelos Regalado. Consanguíneos en cuarto grado.

Nº 1563 L 3º. Francisco Díaz Estrada, viudo de María Estévez, hijo de Agustín Linares Ascanio y de Jerónima Francisca de la Cruz, casó en 1796 en la iglesia parroquial de Nuestra Señora de la Concepción del Realejo Bajo con María del Carmen Yanes de la Cámara, hija de José Damián Yanes y de Isabel de la Cámara.

Nº 1716 L 3º. Juan Antonio Díaz Moreno, hijo de Pascual Díaz Moreno y de Rosa María de la Cruz, casó en 1796 en la iglesia parroquial de Nuestra Señora de la Concepción del Realejo Bajo con Antonia Josefa Díaz.

Nº 1775 L 3º. Manuel Díaz, hijo de Manuel Díaz y de Manuela Aldana, casó en 1796 en la parroquia de Nuestra Señora de la Concepción del Realejo Bajo con Andrea Rodríguez del Álamo, viuda de Agustín Felipe del Álamo, hija de Pedro Rodríguez del Álamo y de

Francisca Reyes.

Nº 1522 L 3º. Esteban Díaz, hijo de José Díaz y de María Hernández de Melo, casó en 1797 en la iglesia parroquial de Nuestra Señora de la Concepción del Realejo Bajo con María Rodríguez, hija de Luis Rodríguez y de Rita Márquez.

Nº 1730 L 3º. Agustín Díaz de Mesa, hijo de Benito Díaz y de María de Mesa, casó en 1797 en la iglesia parroquial de Nuestra Señora de la Concepción del Realejo Bajo con Estéfana Martín, hija de Esteban Martín y de María Andrea García.

Nº 1727 L 3º. Juan Díaz, natural de La Rambla, hijo de Felipe Díaz y de Josefa Rodríguez, casó en 1798 en la parroquia de Nuestra Señora de la Concepción del Realejo Bajo con Gracia María López Gil, hija de Diego Ignacio López y de Lorenza Gil.

Nº 1565 L 3º. Francisco Díaz, hijo de José Díaz y de María Regalado, casó en 1799 en la iglesia parroquial de Nuestra Señora de la Concepción del Realejo Bajo con Josefa Domínguez, hija de Francisco Domínguez y de María González Márquez.

Familia Domingo:

Nº 1374 L 3º. Antonio Domingo, hijo de Pedro Domingo Aldana y de Antonia de Fuentes, casó en 1776 en la parroquia de Nuestra Señora de la Concepción del Realejo Bajo con Antonia García, hija de José Lorenzo Zamora y de Lucía García.

Familia Domínguez:

Nº 18. Andrés Domínguez hijo de Asencio Domínguez y de María Luis, casó en 1673 en la parroquia de la Concepción del Realejo Bajo con[16] ...

Nº 420. Nicolás Domínguez, hijo de Francisco González y de Juana Domínguez, casó en 1674 en la iglesia parroquial de Nuestra Señora de la Concepción del Realejo Bajo con Nicolasa García, hija de Matías Domínguez y de Ana Francisca.

Nº 469. Sebastián Domínguez, hijo de Cristóbal y de Ana Herrera, vecinos de La Gomera, casó en 1674 en la iglesia parroquial de Nuestra Señora de la

---

[16] Fin de página, comida la línea.

Concepción del Realejo Bajo con María Pérez de Amaral, hijo de Juan Pérez de Amaral y de Lucía Hernández.

Nº 73. Cristóbal Domínguez, hijo de Francisco Domínguez y de Ana María, vecinos de La Guancha, casó en 1675 en la iglesia parroquial de Nuestra Señora de la Concepción del Realejo Bajo con Ana Francisca, hija de Sebastián Martín y de María Francisca.

Nº 280. Juan Domínguez, hijo de Asencio Domínguez y de María Luis, casó en 1675 en la iglesia parroquial de Nuestra Señora de la Concepción del Realejo Bajo con Isabel Aldana, hija de Luis Afonso y de Tomasina María.

Nº 24. Andrés Domínguez, hijo de Gaspar Domínguez y de Isabel María, vecinos de La Gomera, casó en 1676 en la parroquia de la Concepción del Realejo Bajo con María Estévez, hija de Diego Estévez y de Catalina González.

Nº 59. Blas Domínguez, hijo de Cristóbal Domínguez y de Ana Herrera, naturales de La Gomera, casó en 1679 con Isabel González hija Francisca Ana, cuyo padre se ha borrado, naturales del Tanque.

Nº 62. Blas Domínguez, viudo de Isabel Francisca, casó en 1682 en la iglesia parroquial de Nuestra Señora de la Concepción del Realejo Bajo con María de San Pedro, hija de Sebastián Hernández y de Ángela María.

Nº 324. Juan Domínguez, hijo de padres desconocidos, casó en 1690 en la iglesia parroquial de Nuestra Señora de la Concepción del Realejo Bajo con María Francisca de Chaves, hija de Marcos de Chaves y de María Francisca.

Nº 39. Antonio Domínguez, viudo de Catalina Luis, vecino de La Guancha, casó en 1697 en la iglesia parroquial de Nuestra Señora de la Concepción del Realejo Bajo con Ángela María, viuda de Juan Díaz.

Nº 348. Juan Domínguez Bautista, hijo de ... Domínguez y de Catalina Bautista, casó en 1700 en la iglesia parroquial de Nuestra Señora de la Concepción del Realejo Bajo con María Andresa, viuda de Francisco Suárez Barroso.

Nº 1127 L 2º. Manuel Domínguez Aldana, hijo de Juan Domínguez y de Isabel Aldana, casó en 1709 en la iglesia parroquial de Nuestra Señora de la Concepción del Realejo Bajo con María Delgado Barroso, hija de Domingo Hernández Barroso y de María Delgado.

Nº 733 L 2º. Esteban Domínguez, hijo de Juan Domínguez y de Isabel Aldana, casó en 1713 en la parroquia de Nuestra Señora de la Concepción del Realejo Bajo con Melchora Rodríguez de Chaves, hija de Francisco Yanes Regalado y de María Rodríguez de Chaves.

Nº 858 L 2º. Gonzalo Domínguez, hijo de Andrés Domínguez y de María Estévez, casó en 1713 en la parroquia de Nuestra Señora de la Concepción del Realejo Bajo con Elena Rodríguez, hija de Juan Rodríguez y de Elena García.

Nº 930 L 2º. Juan Domínguez, hijo de Juan Domínguez y de Isabel Aldana, casó en 1713 en la iglesia parroquial de Nuestra Señora de la Concepción del Realejo Bajo con María Luis, hija de Francisco ... Albelo y de Ana Luis. Consanguíneos en cuarto grado.

Nº 774 L 2º. Francisco Domínguez, hijo de Cristóbal Domínguez y de Ana Francisca, casó en 1717 en la iglesia parroquial de Nuestra Señora de la Concepción del Realejo Bajo con Isabel Francisca de Ávila, hija de Domingo Díaz Moreno y de Sebastiana Francisca Ávila.

Nº 813 L 2º. Francisco Domínguez, viudo de Isabel Francisca, casó en 1741 en la parroquia de Nuestra Señora de la Concepción del Realejo Bajo con Jerónima Díaz, hija de Manuel Francisco y de Margarita Díaz. Consanguíneos en 4º.

Nº 1333 L 2º. Tomás Domínguez de Ávila, hijo de Cristóbal Domínguez y de Ana Francisca, casó en 1719 en la iglesia parroquial de Nuestra Señora de la Concepción del Realejo Bajo con Juana Rodríguez de Chaves, viuda de José Gregorio.

Nº 686 L 2º. Diego Domínguez, hijo de Cristóbal Domínguez y de Ana Francisca, casó en 1725 en la iglesia parroquial de Nuestra Señora de la Concepción del Realejo Bajo con Catalina Francisca, hija de Domingo Díaz y de Sebastiana Francisca.

Nº 1243 L 2º. Pedro Domínguez, hijo de Gonzalo Domínguez y de Elena García, casó en 1742 en la iglesia parroquial de Nuestra Señora de la Concepción del Realejo Bajo con Josefa María Barroso, hija de Amaro Francisco de Acosta y de Antonia Díaz Barroso.

Nº 706 L 2º. Diego Domínguez, viudo de Catalina Francisca, casó en 1745 en la iglesia parroquial de Nuestra Señora de la Concepción del Realejo Bajo con Victoria Francisca, hija de Francisco Hernández y de Inés Francisca.

Nº 568 L 2º. Antonio Manuel Domínguez Barroso, hijo de Manuel Domínguez y de María Delgado, casó en 1746 en la iglesia parroquial de Nuestra Señora de la Concepción del Realejo Bajo con María de la Guarda y Abreu, hija de Antonio de Fuentes y de Isabel de la Guarda.

Nº 1343 L 2º. Tomás Domínguez, viudo de Juana Rodríguez Chaves, casó en 1748 en la iglesia parroquial de Nuestra Señora de la Concepción del Realejo Bajo con Francisca Leal, viuda de Manuel García Panasco.

Nº 1748 L 3º. Manuel Domínguez, hijo de Francisco Domínguez y de Jerónima Francisca, casó en 1774 en la parroquia de la Concepción del Realejo Bajo con Victoria Francisca Hernández, hija de Marcos Hernández y de Gracia Francisca.

Nº 1253 L 2º. Pedro Domínguez, hijo de Esteban Domínguez y de Melchora Rodríguez, casó en 1749 en la iglesia parroquial de Nuestra Señora de la Concepción del Realejo Bajo con Antonia de la Guardia Barroso, hija de Antonio Fuentes Barroso y de Isabel de la Guardia.

Nº 659 L 2º. Cristóbal Domínguez, hijo de Francisco Domínguez y de Isabel Francisca, casó en 1750 en la iglesia parroquial de Nuestra Señora de la Concepción del Realejo Bajo con Antonia Francisca, hija de Gaspar Francisco y de Josefa García.

Nº 548 L 2º. Andrés Domínguez, hijo de Gonzalo Domínguez y de Elena García, casó en 1754 en la iglesia parroquial de Nuestra Señora de la Concepción del Realejo Bajo con María Antonia de Ríos, hija de José Ríos y de María de los Ángeles.

Nº 1346 L 2º. Tomás Domínguez, hijo de Tomás Domínguez y de Juana Rodríguez Regalado, casón en 1756 en la iglesia parroquial de Nuestra Señora de la Concepción del Realejo Bajo con Antonia Chaurero de Chaves, hija de Pedro González Chaurero y de Isabel Margarita de Chaves.

Nº 1177 L 2º. Manuel Domínguez Hernández, hijo de Juan Domínguez y de María Luis Hernández, casó en 1759 en la iglesia parroquial de Nuestra Señora de la Concepción del Realejo Bajo con Juana Francisca, vecina de La Rambla, hija de Felipe Francisco y de Clara Francisca Hernández. Consanguíneos en cuarto grado.

Nº 1209 L 2º. Nicolás Domínguez Barroso, hijo de Manuel Domínguez y de María Delgado Barroso, casó en 1756 en la iglesia parroquial de Nuestra Señora de la Concepción del Realejo Bajo con Francisca Pérez de Oliva, hija de Lázaro Pérez y de María Lorenzo Oliva.

Nº 1070 L 2º. Juan Domínguez, hijo de Francisco Domínguez y de Isabel Francisca, casó en 1757 en la iglesia parroquial de Nuestra Señora de la Concepción del Realejo Bajo con Josefa Francisca, hija de María de la Candelaria. Consanguíneos en cuarto grado.

Nº 663 L 2º. Cristóbal Domínguez, hijo de Diego Domínguez y de Catalina Francisca, casó en 1764 en la iglesia parroquial de Nuestra Señora de la Concepción del Realejo Bajo con María de Chaves, hija de Pedro Hernández León y de María Francisca de Chaves.

Nº 1213 L 2º. Nicolás Domínguez Barroso, viudo de Francisca Manuela de la Concepción, casó en 1765 en la iglesia parroquial de Nuestra Señora de la Concepción del Realejo Bajo con Ángela Francisca de la Concepción, hija de Salvador González y de María Josefa de Abreu.

Nº 1525 L 3º. Francisco Domínguez, hijo de Francisco Domínguez y de Isabel Francisca, casó en 1768 en la iglesia parroquial de Nuestra Señora de la Concepción del Realejo Bajo con María Francisca de Chaves, hija de Juan González Chaurero y de María Francisca de Chaves.

Nº 1531 L 3º. Francisco Domínguez Suárez, hijo de Francisco Domínguez Suárez y de Estéfana Márquez, casó en 1774 en la iglesia parroquial de Nuestra

Señora de la Concepción del Realejo Bajo con Antonia Francisca Llanos, hija de José Francisco y de Isabel Francisca Llanos.

Nº 1463 L 3º. Cristóbal Domínguez, hijo de Francisco Domínguez y de Jerónima Francisca, casó en 1777 en la iglesia parroquial de Nuestra Señora de la Concepción del Realejo Bajo con Andrea Francisca, hija de Diego Hernández de Ávila y de Catalina Francisca.

Nº 1635 L 3º. José Domínguez, natural de La Rambla, hijo de José Domínguez y de Margarita Díaz, casó en 1778 en la iglesia parroquial de Nuestra Señora de la Concepción del Realejo Bajo con María Francisca, hija de Fernando Francisco y de Felipa Domínguez de Chaves.

Nº 1644 L 3º. José Domínguez, natural de La Rambla, hijo de Juan Domínguez y de Marcela Francisca, casó en 1780 en la iglesia parroquial de Nuestra Señora de la Concepción del Realejo Bajo con Isabel Francisca, hija de Isabel Francisca y de padre no conocido.

Nº 1573 L 3º. Gaspar Domínguez, hijo de Francisco Domínguez y de Jerónima Francisca, casó en 1782 en la iglesia parroquial de Nuestra Señora de la Concepción del Realejo Bajo con Catalina Francisca Corvo, hija de Francisco Hernández Corvo y de Josefa Francisca.

Nº 1491 L 3º. Diego Domínguez, hijo de Cristóbal Domínguez y de Antonia Francisca de Chaves, casó en 1783 en la iglesia parroquial de Nuestra Señora de la Concepción del Realejo Bajo con Ana Josefa Héctor, hija de Manuel González Héctor y de Catalina Francisca.

Nº 1492 L 3º. Domingo Domínguez, hijo de Francisco Domínguez y de Gracia Francisca Rodríguez, natural de La Guancha, casó en 1783 en la iglesia parroquial de Nuestra Señora de la Concepción del Realejo Bajo con Rosalía Hernández, hija de Juan Hernández y de Isabel Francisca.

Nº 1652 L 3º. José Domínguez, viudo de Isabel Francisca, natural de la Rambla, casó en 1783 en la iglesia parroquial de Nuestra Señora de la Concepción del Realejo Bajo con Joaquina, hija de Antonio Alonso y de Isabel Francisca.

Nº 1842 L 3º. Sebastián Domínguez, hijo de Tomás Domínguez y de Francisca Leal, casó en 1784 en la parroquia de la Concepción del Realejo Bajo con Antonia Rodríguez, hija de José Rodríguez y de Francisca Gil.

Nº 1388 L 3º. Antonio Domínguez, viudo de Antonia Lorenzo Zamora, casó en 1785 en la iglesia parroquial de Nuestra Señora de la Concepción del Realejo Bajo con Josefa Francisca Díaz, hija de Gaspar Luis y de Luisa Francisca Díaz.

Nº 1579 L 3º. Gonzalo Domínguez, hijo de Andrés Domínguez y de María Antonia de Ríos, casó en 1788 en la iglesia parroquial de Nuestra Señora de la Concepción del Realejo Bajo con Isidora Francisca de Abreu, hijo de José de Abreu y de Josefa Díaz.

Nº 1580 L 3º. Gaspar Domínguez, viudo de Catalina Francisca, hija de Francisco Domínguez y de Jerónima Francisca, casó en 1788 en la iglesia parroquial de Nuestra Señora de la Concepción del Realejo Bajo con Jerónima Francisca, natural de San Juan, hija de Manuel Francisco Hernández y de Juana Francisca.

Nº 1553 L 3º. Francisco Domínguez, hijo de Cristóbal Domínguez y de María Francisca Hernández, casó en 1789 en la parroquia de la Concepción del Realejo Bajo con Manuela Luis Regalado, hija de Juan Luis de Ávila y de Francisca Regalado.

Nº 1677 L 3º. Juan Domínguez, natural de Fuerteventura, hijo de Simón Guerra y de Agustina Antonia de la Concepción, casó en 1789 en la iglesia parroquial de Nuestra Señora de la Concepción del Realejo Bajo con Clara María de la Concepción Pérez, hija de Agustín Pérez y de Felipa García.

Nº 1678 L 3º. José Domínguez Regalado, hijo de Tomás Domínguez y de Antonia Márquez, casó en 1789 en la iglesia parroquial de Nuestra Señora de la Concepción del Realejo Bajo con Catalina Díaz Rodríguez, hija de Nicolás Díaz Moreno y de María Rodríguez Chaves.

Nº 1848 L 3º. Salvador Domínguez, hijo de Cristóbal Domínguez y de Ana Francisca de Chaves, casó en

1790 en la parroquia de la Concepción del Realejo Bajo con María García Rodríguez, hija de Pedro Rodríguez del Álamo y de Josefa García Pérez.

Nº 1468 L 3º. Cristóbal Domínguez, hijo de Cristóbal Domínguez y de Antonia Francisca de Chaves, casó en 1794 con Rosalía Luis Barato, hija de Gaspar Luis Barato y de Luisa Francisca.

Nº 1561 L 3º. Francisco Domínguez Moreno, hijo de Miguel Francisco Moreno y de María Francisca Suárez, casó en 1794 en la parroquia de la Concepción del Realejo Bajo con Antonia Francisca Rodríguez, hija de Julián Rodríguez Verde y de María Francisca Corvo.

Nº 1709 L 3º. Julián Domínguez González, natural de La Guancha, hijo de Manuel Domínguez y de Beatriz Francisca González, casó en 1794 en la iglesia parroquial de Nuestra Señora de la Concepción del Realejo Bajo con Juana González Carmenatis, hija de Asencio González Carmenatis y de Josefa García Casanova.

Nº 1717 L 3º. José Domínguez Suárez, hijo de

Francisco Suárez y de Estéfana Márquez Corvo, casó en 1796 en la iglesia parroquial de Nuestra Señora de la Concepción del Realejo Bajo con Antonia López Suárez, hija de Juan López de Albelo y de María Francisca Rodríguez. Consanguíneos en tercero con cuarto grado.

Nº 1720 L 3º. Juan Antonio Domínguez de Chaves, hija de Cristóbal Domínguez y de Antonia Francisca de Chaves, casó en 1797 en la iglesia parroquial de Nuestra Señora de la Concepción del Realejo Bajo con Clara Francisca Domínguez, de Chaves, hija de Cristóbal Domínguez y de María Francisca Hernández de Chaves. Consanguíneos de tercer con cuarto grado doble

Nº 1728 L 3º. Juan Domínguez Batista, natural de La Rambla, hijo de Manuel Domínguez y de Inés Méndez, casó en 1798 en la iglesia parroquial de Nuestra Señora de la Concepción del Realejo Bajo con Andrea Díaz, hija de Antonio Díaz y de Rosalía de la Cruz Chafano.

Nº 1831 L 3º. Pedro Domínguez, hijo de Tomás Domínguez y de Antonia Márquez, casó en 1798 en la parroquia de la Concepción del Realejo Bajo con Juana García, hija de Manuel García y de María Andrea de la Cruz.

Familia Donis:

Nº 372. Martín Donis, hijo de Gonzalo Hernández y de Águeda Donis, casó en 1605 en la iglesia parroquial de Nuestra Señora de la Concepción del Realejo Bajo con Ana Gómez, hija de Melchor González Bernal y de Catalina Gómez.

Nº 1317 L 2º. Salvador Donis, hijo de Domingo Donis y de Micaela García, casó en 1753 en la iglesia parroquial de Nuestra Señora de la Concepción del Realejo Bajo con María Francisca, hija de Manuel Díaz y de María Francisca Díaz.

Nº 597 L 2º. Antonio Donis, casó en 1762 en la iglesia parroquial de San Juan de La Orotava con María Francisca Díaz. Donde se halla su partida.

Nº 598 L 2º. Antonio Donis, hijo de Domingo Donis y de Micaela García, vecinos de La Cruz Santa, casó en 1763 en la iglesia parroquial de Nuestra Señora de la Concepción del Realejo Bajo con María Francisca Díaz, hija de Francisco Díaz y de María Francisca.

Nº 1681 L 3º. José Donis, hijo de José Donis y de María Jerónima, casó en 1790 en la iglesia parroquial de Nuestra Señora de la Concepción del Realejo Bajo con Marcelina Manuela de la Concepción, hija de Ana Francisca y de padre incógnito.

Familia Dorta:

Nº 1166 L 2º. Mateo Dorta y Cáceres, hijo de Martín Dorta y de Marta Cáceres, vecinos de Buenavista, casó en 1749 con María Luis Guardia, hija de Antonio García y de María de las Nieves.

Nº 837 L 2º. Francisco Dorta de Cáceres, hijo de Martín Dorta y de Marta de Cáceres, vecinos de Los Silos, casó en 1756 en la iglesia parroquial de nuestra señora de la Concepción del Realejo Bajo con Josefa Francisca López, hija de José López Moreno y de María Francisca Corvo.

Nº 634 L 2º. Bartolomé Dorta, hijo de Martín Dorta y de Marta de Chaves, naturales de la villa de

Santiago, casó en 1763 en la iglesia parroquial de Nuestra Señora de la Concepción del Realejo Bajo con Isabel Díaz, hija de José Díaz y de María Francisca.

Nº 1871. Vicente Dorta, hijo de Mateo Dorta y de María Francisca, casó en 1776 en la iglesia parroquial de Nuestra Señora de la Concepción del Realejo Bajo con María Ramos Márquez, hija de Salvador Rodríguez del Álamo y de Josefa Márquez de Chaves.

Nº 1483 L 3º. Domingo Dorta, hijo de Mateo Dorta y de María Francisca, casó en 1778 en la iglesia parroquial de Nuestra Señora de la Concepción del Realejo Bajo con Isabel García, hija de José Hernández Corvo y de Josefa García.

Nº 1581 L 3º. Gerónimo Dorta, hijo de Juan Dorta y de Gracia Francisca, casó en 1788 en la iglesia parroquial de Nuestra Señora de la Concepción del Realejo Bajo con Tomasa Márquez de Chaves, hija de Tomás Domínguez y de Antonia Francisca de Chaves.

Nº 1704 L 3º. José Dorta, hijo de Bartolomé Dorta y de Isabel Francisca Díaz, casó en 1793 en la iglesia parroquial de Nuestra Señora de la Concepción del

Realejo Bajo con María de Gracia, natural de La Orotava, hija de Juan Luis Pacheco y de Rosalía García.

Nº 1418 L 3º. Agustín Dorta, hijo de Juan Dorta y de Gracia Francisca de Hernández, casó en 1794 en la parroquia de Nuestra Señora de la Concepción del Realejo Bajo con Ana María Domínguez, hija de Manuel Domínguez y de Victoria Francisca Hernández.

Familia Duranza:

Nº 1070 L 2º. José Antonio Duranza, hijo de Lorenzo Duranza y de Rafaela Isabel, vecinos de Los Silos, casó en 1759 en la iglesia parroquial de Nuestra Señora de la Concepción del Realejo Bajo con María Josefa Jácome y Barroso, hija de Antonio Jácome y Barroso y de Rafaela María de la Concepción de la Guerra.

Nº 1505 L 3º. Domingo Duranza, hijo de Mateo Duranza y de Josefa Rodríguez, casó en 1793 en la iglesia parroquial de Nuestra Señora de la Concepción del Realejo Bajo con Catalina Miranda de Chaves, viuda de Bernardo Yanes, hija de Gaspar Gillama y de Antonia Miranda.

E.

Familia Estévez:

Nº 424. Pedro Estévez, hijo de Juan Fernández y de Marquesa López, casó en 1638 en la iglesia parroquial de Nuestra Señora de la Concepción del Realejo Bajo con Catalina González, hija de Antonio García y de Lucía.

Nº 162. Felipe Estévez, hijo de Francisco Estévez y de Ana Francisca, casó en 1679 en la iglesia parroquial de Nuestra señora de la Santísima Concepción del Realejo Bajo con María García, hija de Salvador García y de Ana Delgado.

Nº 114. Diego Estévez, hijo de Salvador Estévez y de Águeda Francisca, vecinos de Garachico, casó en 1685 en la parroquia de Nuestra Señora de la Concepción del Realejo Bajo con Catalina Pérez, hija de Juan de la Guarda y de María Pérez.

Nº 129. Diego Estévez, hijo de Joaquín de los Reyes y de Francisca, naturales de La Orotava, casó en

1695 en la parroquia de Nuestra Señora de la Concepción del Realejo Bajo con Agustina Francisca, hija de Pedro Díaz Martínez y de Nicolasa Francisca.

Nº 856 L 2º. Gaspar Estévez, viudo de María Govea, casó en 1706 en la iglesia parroquial de Nuestra Señora de la Concepción del Realejo Bajo con Juana de Carmenatis, hija de Tomás Pérez y de Francisca Carmenatis.

Nº 1246 L 2º. Pedro José Estévez, hijo de Lázaro Estévez Barroso y de María Jorge Suárez, vecinos de La Orotava, casó en 1744 en la iglesia parroquial de Nuestra Señora de la Concepción del Realejo Bajo con Catalina Micaela de Albelo, hija de José García Albelo y de Jacinta Francisca de Abreu.

Nº 573 L 2º. Andrés Estévez Barroso, hijo de Lázaro Estévez Barroso y de María Jorge Polegre, casó en 1750 en la iglesia parroquial de Nuestra Señora de la Concepción del Realejo Bajo con Tomasa Josefa Acevedo, hija de Domingo Pérez Melo y de Catalina Acevedo.

Nº 662 L 2º. Cristóbal Estévez, hijo de Juan

Estévez y de Rosa Francisca, vecinos de La Guancha, casó en 1763 en la iglesia parroquial de Nuestra Señora de la Concepción del Realejo Bajo con Andrea Domínguez, hija de Bernabé Domínguez y de María Luis Méndez, vecinos de San Juan.

N° 1476 L 3°. Domingo Francisco Estévez, hijo de Juan Francisco Estévez y de Lucía María, casó en 1770 en la iglesia parroquial de Nuestra Señora de la Concepción del Realejo Bajo con Isabel García Farrás, hija de Francisco Farrás y de Antonia García.

N° 1416 L 3°. Agustín Estévez, hijo de Manuel Estévez Díaz y de María Aguilar, natural de La Orotava, casó en 1794 en la parroquia de Nuestra Señora de la Concepción del Realejo Bajo con Antonia Lorenzo de la Guardia y Chaves, hija de Antonio González de Chaves y de Catalina Lorenzo de la Guardia.

Familia Estrada:

N° 1467 L 3°. Carlos Estrada Pérez, hijo de Agustín Díaz de Estrada y de Josefa Pérez Bento, casó en 1790 en la iglesia parroquial de Nuestra Señora de la Concepción del Realejo Bajo con Isabel Antonia Orta, hija de José Orta y de María Manuela Muñoz.

F.

Familia Fagundo:

Nº 426. Pedro Fagundo, casó en 1654 en la iglesia parroquial de Nuestra Señora de la Concepción del Realejo Bajo con Catalina Mendoza, hija de ... Mendoza y de María Ana.

Familia Febles:

Nº 675 L 2º. Dionisio de Febles, natural de El Hierro, hijo de Marcos Francisco y de María Rodríguez, casó en 1712 en la iglesia parroquial de Nuestra Señora de la Concepción del Realejo Bajo con María, viuda de Esteban González.

Nº 968 L 2º. Juan de Febles, hijo de Guillén de Febles y de Catalina González, naturales de El Hierro, casó en 1725 en la iglesia parroquial de Nuestra Señora de la Concepción del Realejo Bajo con Micaela de la O Casanova, hija de Nicolás Hernández Casanova y de Magdalena Rodríguez Bello.

N° 870 L 2°. Gregorio de Febles, hijo de Felipe de Febles, natural de El Hierro, y de María Rodríguez, casó en 1737 en la iglesia parroquial de Nuestra Señora de la Concepción del Realejo Bajo con Catalina Josefa, hija de Nicolás Ventura y de Josefa Francisca.

N° 719 L 2°. Domingo Febles, natural de La Orotava, hijo de Domingo Febles y de María de Abreu, casó en 1758 en la iglesia parroquial de Nuestra Señora de la Concepción del Realejo Bajo con Agustina Rita Fernández Casanova, natural de Santa Úrsula, hija de Pedro Fernández Casanova y de María Jerónima Rodríguez.

Familia Felipe:

N° 259. Juan Felipe, hijo de Carlos Felipe y de Susana María, casó en 1661 en la iglesia parroquial de Nuestra Señora de la Concepción del Realejo Bajo con María Rodríguez, hija de María y Catalina Pérez.

N° 13. Antonio Felipe, hijo de Simón Felipe y de María Hernández, vecinos de La Palma, casó en 1667 en la parroquia de la Concepción del Realejo Bajo con

Ángela Estévez, hija de Pedro Estévez y de Catalina González.

Nº 643 L 2º. Carlos Felipe, hijo de Matías Felipe y de Sebastiana García, casó en 1707 en la iglesia parroquial de nuestra señora de la Concepción del Realejo Bajo con Margarita García de la Loma, hija de Juan Bautista de la Loma y de Ana García de Abreu.

Nº 1257 L 2º. Pedro Felipe Hormiga, hijo de Francisco Felipe Hormiga y de Francisca Borges, casó en 1752 en la iglesia parroquial de Nuestra Señora de la Concepción del Realejo Bajo con Sebastiana Francisca, hija de Sebastián Méndez y de Elena Francisca.

Nº 716 L 2º. Domingo Felipe y Borges, hijo de Francisco Felipe y de Francisca Borges, vecinos de San Juan, casó en 1756 en la iglesia parroquial de Nuestra Señora de la Concepción del Realejo Bajo con María Ana de Abreu y Chaves, hija de Salvador Pérez de Abreu y de Rosa Agustina Chaves.

Nº 1638 L 3º. Julián Felipe Beltrán, hijo de Antonio Felipe Bautista y de Águeda Rita Beltrán, casó en 1778 en la iglesia parroquial de Nuestra Señora de la

Concepción del Realejo Bajo con Rosa Juana Antonia Mendoza, hija de Antonio González de Fuentes y de Francisca Delgado Mendoza.

Nº 1756 L 3º. Manuel Felipe, hijo de Pedro Felipe y de Sebastiana Francisca, casó en 1779 en la iglesia parroquial de Nuestra Señora de la Concepción del Realejo Bajo con Antonia de la Cruz, hija de Domingo Lorenzo Abreu y de Isabel Francisca de la Cruz.

Nº 1392 L 3º. Antonio Felipe Borges, hijo de Pedro Felipe Borges y de Sebastiana Méndez, casó en 1786 en la iglesia parroquial de Nuestra Señora de la Concepción del Realejo Bajo con Antonia Amador, hija de Matías Amador y de Isabel García.

Nº 1398 L 3º. Agustín Felipe, natural de la Guancha, hijo de José Felipe y de Beatriz Rodríguez, casó en 1787 en la iglesia parroquial de Nuestra Señora de la Concepción del Realejo Bajo con Andrea Tomasa Rodríguez, hija de Pedro Rodríguez y de Francisca Reyes.

Familia Félix:

Nº 258. Juan Félix, hijo de Salvador Pérez y de Lucrecia Díaz, casó en 1661 en la iglesia parroquial de Nuestra Señora de la Concepción del Realejo Bajo con María[17], hija de Domingo Viera y de María García.

Familia Fernández:

Nº 267. Juan Fernández, hijo de Bartolomé Martín y de María Hernández, vecinos de Buenavista, La Palma, casó en 1669 en la iglesia parroquial de nuestra señora de la Concepción del Realejo Bajo con Tomasina Lorenzo, hija de Lorenzo Hernández y de Isabel Francisca.

Nº 161. Francisco Fernández, hijo de Juan Francisco, portugués, y de Francisca Fernández, vecinos de Vilaflor, casó en 1678 en la iglesia parroquial de Nuestra señora de la Santísima Concepción del Realejo Bajo con Francisca Rodríguez, hija de Juan Rodríguez Casanova y de María Martín.

Nº 291. Juan Fernández, hijo de Juan Fernández y de María Merín, casó en 1678 Juan Rodríguez, hijo

---

[17] No consta el nombre, por lo que le pongo María.

de Juan Rodríguez y de María González, casó en 1678 en la iglesia parroquial de Nuestra señora de la Santísima Concepción del Realejo Bajo con Francisca María, hija de Juan González de la Hoya y de María Bernardina.

Nº. 397. Marcos Fernández, hijo de Francisco Fernández Márquez y de María Luis, casó en 1683 en la iglesia parroquial de Nuestra Señora de la Concepción del Realejo Bajo con Marta Luis, hija de Lorenzo Zamora y de María de las Nieves, vecinos de Vilaflor.

Nº 218. Gonzalo Fernández, hijo de Gonzalo Fernández y de María Ana Díaz, casó en 1687 con Magdalena Francisca de la Guarda, hija de Melchor Francisco Zampote y de María Luisa de la Guarda.

Nº 407. Melchor Fernández de la Guarda, hijo de Melchor Francisco y de María Luis de la Guarda, casó en 1691 en la parroquia de Nuestra Señora de la Concepción del Realejo Bajo con María Martín, hija de Juan Rodríguez Casanova y de María Martín.

Nº 497. Salvador Fernández, hijo de Lázaro Fernández y de Ana Francisca, casó en 1693 en la iglesia parroquial de Nuestra Señora de la Concepción del Realejo Bajo con Flora Borges, hija de Luis Pérez y de María Borges, naturales de Buenavista.

Nº 346. José Fernández, hijo de Francisco Fernández y de Francisca Rodríguez, casó en 1700 en la iglesia parroquial de Nuestra Señora de la Concepción del Realejo Bajo con Micaela Pérez de Abreu, hija de Manuel de Abreu y de María Pérez.

Nº 611 L 2º. Bernardo Fernández, hijo de Francisco Fernández y de Francisca Rodríguez, casó en 1706 en la iglesia parroquial de Nuestra Señora de la Concepción del Realejo Bajo con Bernarda de Miranda, hija de Juan Manuel Yanes y de María Josefa Pérez.

Nº 669 L 2º. El licenciado don Domingo Fernández Brito, abogado, hijo del alférez Baltasar Fernández Brito y de María Rodríguez, vecinos de La Orotava, casó en 1706 en la iglesia parroquial de Nuestra Señora de la Concepción del Realejo Bajo con doña Juana Luisa de Gordejuela Mesa y Sopranis, hija del capitán don Gaspar de Gordejuela y Mesa y de doña Ana Sopranis.

Nº 914 L 2º. Juan Fernández, hijo de Juan Fernández y de Antonia Hernández, naturales de La Gomera, casó en 1707 en la iglesia parroquial de Nuestra Señora de la Concepción del Realejo Bajo con María García, hija de Felipe Estévez y María García.

Nº 936 L 2º. José Fernández Valladares, hijo de Antonio Rodríguez Carrillo y de Isabel Borges Valladares, vecinos de La Orotava, casó en 1715 en la iglesia parroquial de Nuestra Señora de la Concepción del Realejo Bajo con María Ana Gracia, hija de Juan García Llanos y de Ángela María Merinos.

Nº 620 L 2º. Benito Fernández Casanova, hijo de Francisco Fernández y de Francisca Rodríguez Casanova, casó en 1726 en la iglesia parroquial de Nuestra Señora de la Concepción del Realejo Bajo con Rosa Francisca Lozano, hija de Sebastián González Toste y de María Francisca Lozano.

Nº 1199 L 2º. Nicolás Fernández, hijo de Juan Fernández y de Ángela de Acosta, casó en 1733 en la iglesia parroquial de Nuestra Señora de la Concepción del Realejo Bajo con Beatriz de Mena, hija de Juan

Hernández y de María de Mena, vecinos de Vilaflor.

Nº 1352 L 2º. Vicente Fernández, hijo de Juan Fernández y de María García, casó en 1744 en la iglesia parroquial de Nuestra Señora de la Concepción del Realejo Bajo con María de la Concepción García, hija de Pedro García y de María Francisca.

Nº 841 L 2º. El ayudante Francisco Fernández Casanova, hijo del ayudante Benito Francisco Casanova y de Rosa Francisca Toste y Lozano, casó en 1758 en la iglesia parroquial de nuestra señora de la Concepción del Realejo Bajo con doña Francisca Javier de Aguiar, hija del teniente capitán don Esteban de Morales y de doña Elena de Aguiar y Chaves.

Nº 1088 L 2º. Don Juan Antonio Fernández Ruiz, natural de La Orotava, casó en 1764 en la iglesia parroquial de Nuestra Señora de la Concepción del Realejo Bajo con doña María Margarita Verau y Aguiar, hijo de Guillermo Verau y de doña Josefa Aguiar.

Nº 1454 L 3º. Bartolomé Fernández del Castillo, hijo de Agustín Fernández del Castillo y de Josefa

Francisco Oliveros, casó en 1792 en la iglesia parroquial de Nuestra Señora de la Concepción del Realejo Bajo con Tomasa Josefa de Ávila, hija de Domingo Luis de Ávila y de María González Herrera.

Nº 1582 L 3º. Gregorio Fernández, hijo de Juan Antonio Fernández y de María Francisca Romero, casó en 1793 en la iglesia parroquial de Nuestra Señora de la Concepción del Realejo Bajo con Bárbara María Alfonso, natural de Fuerteventura, hija de Pedro Alfonso y de Ana Francés.

Familia Felipe:

Nº 76. Carlos Felipe, hijo de Lázaro Felipe y de María González, casó en 1687 en la iglesia parroquial de Nuestra Señora de la Concepción del Realejo Bajo con Micaela Díaz, hija de Pedro Díaz y de Ángela Pérez.

Familia Ferrera:

Nº 967 L 2º. Juan Ferrera Bethencourt, hijo de Manuel Ferrera Bethencourt y de Juana Fernández Fagundo, vecinos del Puerto, casó en 1725 en la iglesia parroquial de Nuestra Señora de la Concepción del Realejo Bajo con Ana Josefa de Abreu, hija de José Figueredo y de Ana María de Abreu.

Familia Figueredo:

Nº 335. José de Figueredo, hijo de padres no conocidos, a quien crio Mateo de Figueredo, casó en 1697 en la iglesia parroquial de Nuestra Señora de la Concepción del Realejo Bajo con Ana María de Abreu, hija de Juan Pérez Zampote y de María de Abreu.

Familia Fleitas:

Nº 1800 L 3º. Patricio de Fleitas, natural de Fuerteventura, hijo de Juan Pérez Fleitas y de Blasina Bethencourt, casó en 1775 en la iglesia parroquial de Nuestra Señora de la Concepción del Realejo Bajo con María Francisca de Ávila, hija de Juan Luis de Ávila y de Josefa Francisca.

Nº 1428 L 3º. Andrés de Fleitas, hijo de Patricio de Fleitas y de María Francisca Ávila, casó en 1796 en la parroquia de Nuestra Señora de la Concepción del Realejo Bajo con Isabel García, hija de Matías Amador y de Isabel García.

Familia Francisco:

Nº 246. Juan Francisco, hijo de Marcos Hernández y de Leonor Francisca, casó en 1651 en la iglesia parroquial de Nuestra Señora de la Concepción del Realejo Bajo con María Hernández, hija de Lázaro Hernández y de Beatriz Domínguez.

Nº 461. Sebastián Francisco, hijo de Francisco Miguel y de María Hernández, casó en 1661 en la iglesia parroquial de nuestra señora de la Concepción del Realejo Bajo con María de las Nieves, hija de Gonzalo González y de Clara Estévez, vecinos de Chasna.

Nº 264. Juan Francisco Simón, viudo, casó en 1667 en la iglesia parroquial de nuestra señora de la Concepción del Realejo Bajo con María de la Concepción, hija de Diego Francisco García y de María Pérez.

Nº 427. Pedro Francisco, viudo de Catalina Luis, hijo de Pedro Hernández y de María González, casó en 1669 en la iglesia parroquial de nuestra señora de la Concepción del Realejo Bajo con Beatriz Hernández, hija de Manuel Hernández Cataño y de María Rojas.

Nº 20. Antonio Francisco, hijo de Francisco González y de Francisca Ana, vecinos del Tanque, casó en 1671 en la parroquia de la Concepción del Realejo Bajo con María López, hija de Juan López Barroso y de Catalina Martín.

Nº 93. Domingo Francisco, hijo de Matías Ruiz y de Ana Rodríguez, casó en 1672 en la iglesia parroquial de nuestra señora de la Concepción del Realejo Bajo con Úrsula Francisca, hija de Pedro Afonso y de Clara Francisca, vecinos de Chasna.

Nº 95. Domingo Francisco, hijo de Lázaro Francisco y de María de la Cruz, casó en 1673 en la parroquia de Nuestra Señora de la Concepción del Realejo Bajo con Juana Pinto, hija de Diego Pinto y de María de Acosta, vecinos de La Laguna.

Nº 96. Domingo Francisco de la Cruz, hijo de Diego Hernández del Lomo y de Isabel Francisca, casó en 1673 en la parroquia de Nuestra Señora de la Concepción del Realejo Bajo con María Jácome, hija de Gaspar Jácome y de Catalina Francisca de Melo.

Nº 23. Amaro Francisco, hijo de Francisco Pérez Breño y de Isabel María, casó en 1676 en la parroquia de la Concepción del Realejo Bajo con Gracia Luis, hija de Felipe González y de María Luis.

Nº 209. Gaspar Francisco Estévez, hijo de Lázaro Estévez y de Sebastiana Francisca, casó en 1677 en la iglesia parroquial de Nuestra Señora de la Concepción del Realejo Bajo con Margarita Gobea Barroso, hija de Pedro González y de María Gobea.

Nº 106. Domingo Francisco Aguiar, hijo de Alejo Francisco y Ana Aguiar, vecinos de Icod, casó en 1680 en la parroquia de Nuestra Señora de la Concepción del Realejo Bajo con Asencia Jácome de Albelo, hija de Gaspar Jácome y de Catalina.

Nº 74. Cristóbal Francisco, hijo de Cristóbal Francisco y de Ana Lorenzo, casó en 1681 en la iglesia parroquial de Nuestra Señora de la Concepción del Realejo Bajo con Ana de Rojas, hija de Manuel Hernández Bello y de María de Rojas.

Nº 362. Leonardo Francisco, hijo de Matías

Francisco y de Francisca Martín, casó en 1682 en la iglesia parroquial de Nuestra Señora de la Concepción del Realejo Bajo con María de los Reyes, hija de Melchor de los Reyes y de María Álvarez.

Nº 28. Antonio Francisco, hijo de Sebastián Martín y de María Francisca, casó en 1683 en la iglesia parroquial de Nuestra Señora de la Concepción del Realejo Bajo con Beatriz Francisca, viuda de Ángel Domínguez.

Nº 112. Domingo Francisco, hijo de Diego Francisco de Lugo y de Catalina Francisca, vecinos de La Palma, casó en 1684 en la parroquia de Nuestra Señora de la Concepción del Realejo Bajo con Isabel Luis, hija de Juan Izquierdo y de Isabel Luis, vecinos de Icod.

Nº 480. Simón Francisco, hijo de Sebastián Hernández y de Juana Francisca, vecinos de La Guancha, casó en 1684 en la iglesia parroquial de Nuestra Señora de la Concepción del Realejo Bajo con María Delgado, hijo de Francisco González y de Nicolasa Delgado.

Nº 363. Lucas Francisco, hijo de Bartolomé Suárez y de Isabel Morales, vecinos de La Gomera, casó en 1685 en la iglesia parroquial de Nuestra Señora de la Concepción del Realejo Bajo con Elena Francisca, hija de Salvador Francisco y de Isabel Francisca.

Nº 172. Felipe Francisco, hijo de Gaspar Francisco y de María Hernández, casó en 1687 en la iglesia parroquial de Nuestra señora de la Santísima Concepción del Realejo Bajo con Eufrasia María de Santiago, hija de Felipe de Santiago y de María Pérez.

Nº 404. Melchor Francisco, hijo de Domingo Francisco y de Ana Benítez, casó en 1688 en la parroquia de Nuestra Señora de la Concepción del Realejo Bajo con con Ana Francisca, viuda de Sebastián Pérez.

Nº 488. Sebastián Francisco, hijo de Juan Méndez, de La Gomera y de María Francisca, natural de El Hierro, casó en 1689 en la iglesia parroquial de Nuestra Señora de la Concepción del Realejo Bajo con Andrea Hernández, hija de Melchor Hernández y de María Margarita, de El Hierro.

Nº 222. Gonzalo Francisco, hijo de Manuel

González y de Francisca, casó en 1695 en la iglesia parroquial de Nuestra Señora de la Concepción del Realejo Bajo con María Francisca Bento, hija de Francisco Pérez Bento y de Isabel María.

Nº 131. Domingo Francisco, viudo de Agustina Fernández, de San Juan, casó en 1696 en la parroquia de Nuestra Señora de la Concepción del Realejo Bajo con Águeda Francisca, hija de Amaro Francisco y de Ana María, vecinos de Vilaflor.

Nº 502. Simón Francisco Morales, hijo de Gaspar Francisco y de Isabel Ferrera, vecinos de Vallehermoso de la Gomera, casó en 1697 con Margarita Tomasa Jácome, hija de Gaspar Jácome Romero y de Marquesa Tomasa Henríquez, de los Silos.

Nº 339. Juan Francisco, hijo de Marcos Francisco y de María Febles, casó en 1698 en la iglesia parroquial de Nuestra Señora de la Concepción del Realejo Bajo con María Rodríguez, hija de Matías Rodríguez y de María Hernández.

Nº 138. Domingo Francisco Suárez, hijo de Juan Suárez y de Agustina Francisca, casó en 1699 en la parroquia de Nuestra Señora de la Concepción del Realejo Bajo con Catalina Lorenzo, hija de Salvador Lorenzo y de Dionisia Bello. Con dispensa de tercer grado de consanguinidad.

Nº 412. Manuel Francisco, hijo de Bartolomé Francisco y de María Hernández, vecinos de La Guancha, casó en 1699 en la iglesia parroquial de Nuestra Señora de la Concepción del Realejo Bajo con Margarita Díaz, hija de Pedro Díaz y de María Luisa.

Nº 503. Sebastián Francisco, hijo de Sebastián Francisco Judas y Lucía Francisca, casó en 1699 en la iglesia parroquial de nuestra señora de la Concepción del Realejo Bajo con Ana Francisca de Abreu, hija de Blas de Abreu y de María Núñez.

Nº 185. Felipe Francisco de Albelo, hijo de Nicolás Francisco de Albelo y de Inés González, casó en 1700 en la parroquia de Nuestra Señora de la Concepción del Realejo Bajo con Juana María, hijo de Simón García Espinosa y de María Francisca.

Nº 665 L 2º. Dionisio Francisco, hijo de Mateo Francisco y de Isabel María, vecinos de La Orotava, casó en 1704 en la iglesia parroquial de Nuestra Señora de la Concepción del Realejo Bajo con Ana Luis de la Guarda, hija de Antonio Yanes y de Gracia Luis.

Nº 1214 L 2º. Pedro Francisco, hijo de Matías Felipe y de Catalina Francisca, casó en 1704 en la iglesia parroquial de Nuestra Señora de la Concepción del Realejo Bajo con Micaela Francisca, hija de Pedro Hernández y de María Francisca.

Nº 610 L 2º. Ventura Francisco, viudo de Isabel Francisca, casó en 1706 en la iglesia parroquial de Nuestra Señora de la Concepción del Realejo Bajo con Agustina Francisca, hija de Gabriel de Morales y de María Francisca.

Nº 1220 L 2º. Pascual Francisco Barroso, hijo de Francisco López Barroso y de Beatriz González, casó en 1710 en la iglesia parroquial de Nuestra Señora de la Concepción del Realejo Bajo con Margarita Domínguez Aldana, hija de Juan Domínguez y de Isabel Aldana.

Nº 677 L 2º. Damián Francisco Esquivel, hijo de Félix Francisco y de Francisca María Esquivel, casó en 1713 en la iglesia parroquial de Nuestra Señora de la Concepción del Realejo Bajo con María de la Concepción Acevedo, hija de Melchor González Fajardo y de Blasina Borges de Acevedo.

Nº 1132 L 2º. Manuel Francisco, hijo de Francisco Martín y de María Herrera, casó en 1714 en la iglesia parroquial de Nuestra Señora de la Concepción del Realejo Bajo con María Francisca, hija de Sebastián Pérez y de Ana Francisca.

Nº 679 L 2º. Domingo Francisco, hijo de Domingo Francisco y de Isabel Luis, casó en 1715 en la iglesia parroquial de Nuestra Señora de la Concepción del Realejo Bajo con Antonia Lorenzo, hijo de Francisco González Chaves y de Juliana Lorenzo.

Nº 1291 L 2º. Silvestre Francisco, hijo de Juan Díaz y de Ángela Francisca, casó en 1722 en la iglesia parroquial de Nuestra Señora de la Concepción del Realejo Bajo con Ana Delgado Barroso, hijo de Domingo Hernández Barroso y de María Delgado.

Nº 963 L 2º. José Francisco de Socas, viudo de María de la Asunción, natural de Icod, casó en 1724 en la iglesia parroquial de Nuestra Señora de la Concepción del Realejo Bajo con Dionisia Luis Suárez Armas, hija de Juan Xuárez y de Juana Crisóstomo.

Nº 1228 L 2º. Pedro Francisco, hijo de María Francisco y de padre incógnito, casó en 1724 en la iglesia parroquial de Nuestra Señora de la Concepción del Realejo Bajo con Inés Francisca Bautista, hija de Felipe González y de Catalina Francisca.

Nº 1109 L 2º. Luis de Fuentes, hijo de Juan de Fuentes y de María Estrella, vecinos de Los Silos, casó en 1726 en la iglesia parroquial de Nuestra Señora de la Concepción del Realejo Bajo con María Francisca de la Rosa, hija de Miguel Pérez de la Sierra y de Agustina Francisca.

Nº 1143 L 2º. Manuel Francisco, hijo de Mateo Francisco, vecino de la Rambla, y de María Pérez de Rivera, casó en 1726 en la iglesia parroquial de Nuestra Señora de la Concepción del Realejo Bajo con María Francisca, hija de Cristóbal Gómez y de Ana López.

Nº 1110 L 2º. Lázaro Francisco, hijo de Salvador

Francisco y de María Francisca, casó en 1727 en la iglesia parroquial de Nuestra Señora de la Concepción del Realejo Bajo con Andrea Francisca Bautista, hija de Felipe González y de Catalina Francisca.

Nº 865 L 2º. Gaspar Francisco, hijo de Antonio Francisco y de Águeda Francisca, casó en 1728 en la iglesia parroquial de Nuestra Señora de la Concepción del Realejo Bajo con Josefa García, hija de Melchor de Torres, natural de Arico, y de Juana Pérez, natural de Santa Úrsula.

Nº 981 L 2º. José Francisco, hijo de Simón Francisco y de Ana de la Sierra, casó en 1728 en la iglesia parroquial de Nuestra Señora de la Concepción del Realejo Bajo con Nicolasa Francisca Corvo, hija de Juan Luis y de Catalina Francisca Corvo.

Nº 1296 L 2º. Salvador Francisco, hijo de Juan García y de Inés Francisca, casó en 1728 en la iglesia parroquial de Nuestra Señora de la Concepción del Realejo Bajo con María Francisca González, hija de Matías Díaz y de Catalina González. Consanguíneos en cuarto grado.

Nº 690 L 2º. Diego Francisco de Albelo, hijo de Felipe Francisco de Albelo y de Juana María, casó en 1729 en la iglesia parroquial de Nuestra Señora de la Concepción del Realejo Bajo con Ana Francisca González, hija de Bernabé González y de Ana Francisca.

Nº 1149 L 2º. Manuel Francisco, hijo de Luis Francisco y de María González, casó en 1732 en la iglesia parroquial de Nuestra Señora de la Concepción del Realejo Bajo con María Rodríguez de Albelo, hija de Diego Rodríguez de Abreu y de Margarita Francisca de Albelo

Nº 626 L 2º. Bernardo Francisco, viudo de Isabel Francisca, casó en 1734 en la iglesia parroquial de Nuestra Señora de la Concepción del Realejo Bajo con Juana Lorenzo, viuda de Sebastián Rodríguez. Consanguíneos en 3 grado con 4 de afinidad.

Nº 1000 L 2º. José Francisco, hijo de Bernardo Francisco y de Isabel Francisco, casó en 1734 en la iglesia parroquial de Nuestra Señora de la Concepción del Realejo Bajo con Josefa Francisca de Abreu, hija de Cristóbal de Abreu y de María Francisca Yanes.

Nº 698 L 2º. Domingo Francisco, hijo de Juan Francisco y de Bernarda Manuela, vecina de El Tanque, casó en 1735 en la iglesia parroquial de Nuestra Señora de la Concepción del Realejo Bajo con Ana Josefa Villalba, hija de Pascual Ramos y de Rosa Josefa.

Nº 1006 L 2º. José Francisco de la Guardia, hijo de Dionisio Francisco y de Ana Luis de la Guardia, casó en 1736 en la iglesia parroquial de Nuestra Señora de la Concepción del Realejo Bajo con Catalina María Osorio, hija de Baltasar Manuel Osorio y de Gracia Pérez de Castro, vecinos de La Laguna.

Nº 1239 L 2º. Pedro Francisco, hijo de Juan Francisco y de Isabel de Toledo, casó en 1737 en la iglesia parroquial de Nuestra Señora de la Concepción del Realejo Bajo con Jacinta Josefa de Abreu, hija de Ambrosio Yanes Oliva y de Damiana López Abreu.

Nº 872 L 2º. Gonzalo Francisco de la Guarda, hijo de Dionisio Francisco de la Guarda y de Ana Luis, casó en 1738 en la iglesia parroquial de Nuestra Señora de la Concepción del Realejo Bajo con Teresa Beltrán de Mesa, natural de La Orotava, hija del alférez Antonio Beltrán de Mesa y de Antonia Rodríguez.

Nº 901 L 2º. Ignacio Francisco, hijo de Simón Francisco y de Ana de Vera, casó en 1738 en la iglesia parroquial de Nuestra Señora de la Concepción del Realejo Bajo con Josefa Márquez, hija de José Yanes y de Andrea Domínguez.

Nº 1019 L 2º. Juan Francisco Barroso, viudo de Paula Francisca, casó en 1739 en la iglesia parroquial de Nuestra Señora de la Concepción del Realejo Bajo con Luisa Francisca Casanova, hija de Juan Rodríguez Casanova y de María Rodríguez Contreras.

Nº 1023 L 2º. José Francisco López, viudo de Josefa Francisca de Abreu[18], casó en 1741 en la iglesia parroquial de Nuestra Señora de la Concepción del Realejo Bajo con Isabel Jacinta Dávila, viuda de Narciso Tomás Miranda.

Nº 1160 L 2º. Miguel Francisco de Albelo, hijo de Felipe Francisco de Albelo y de Juana Francisca, casó en 1741 en la iglesia parroquial de Nuestra Señora de la Concepción del Realejo Bajo con Bernarda Antonia

---

[18] De la cláusula 1000 del orden alfabético de nombres.

de la Guarda y Mesa, hija de Mateo de Castro y Mesa y de Josefa María de la Guarda.

Nº 703 L 2º. Domingo Francisco Llanos, hijo de Simón Francisco Llanos y de Ana de Vera, casó en 1742 en la iglesia parroquial de Nuestra Señora de la Concepción del Realejo Bajo con Isabel Francisca González, hija de Juan González Héctor y de Teodora Francisca.

Nº 1035 L 2º. José Francisco Carmenatis, hijo de Andrés Francisco Carmenatis y de Ana González, natural de Icod, casó en 1746 en la iglesia parroquial de Nuestra Señora de la Concepción del Realejo Bajo con doña Antonia Francisca, hija de Francisco González Héctor y de María Francisca.

Nº 1041 L 2º. José Francisco Domínguez, natural de San Juan, hijo de Felipe Francisco y de Clara Francisca Domínguez, casó en 1749 en la iglesia parroquial de Nuestra Señora de la Concepción del Realejo Bajo con Isabel Francisca, hija de Antonio González Llanos y de Beatriz Francisca.

Nº 828 L 2º. Fernando Francisco de Ávila, hijo de

Manuel Francisco de Ávila y de Margarita Díaz, casó en 1752 en la iglesia parroquial de nuestra señora de la Concepción del Realejo Bajo con Felipa Domínguez, hija de Bernabé Domínguez y de María Álvarez.

Nº 1173 L 2º. Manuel Francisco Llanos, hijo de Gaspar Francisco Llanos de Chaves y de Josefa Francisca, vecinos de Arico, casó en 1753 en la iglesia parroquial de Nuestra Señora de la Concepción del Realejo Bajo con Isabel García, hija de Manuel García y de María Andrea, vecinos de Vilaflor.

Nº 722 L 2º. Domingo Francisco Bienes, hijo de José Bienes y de María Estévez Alayón, casó en 1759 en la iglesia parroquial de Nuestra Señora de la Concepción del Realejo Bajo con Josefa María Leal, hija de Tomás Leal y de Catalina González.

Nº 723 L 2º. Domingo Francisco Guzmán, vecino de Icod, hijo de Diego Francisco Guzmán y de Rosa García, natural de Garachico, casó en 1759 en la iglesia parroquial de Nuestra Señora de la Concepción del Realejo Bajo con Manuela Delgado y Albelo, hija de Manuel Delgado y de Gracia Antonia Albelo.

Nº 1076 L 2º. Juan Francisco Quintero de Mendoza, hijo de Salvador Quintero, natural de El Hierro, y de María Delgado Mendoza, casó en 1759 en la iglesia parroquial de Nuestra Señora de la Concepción del Realejo Bajo con Josefa María Padrón de la Peña, hija de Juan José Padrón Núñez, natural de El Hierro y de María Delgado Mendoza.

Nº 888 L 2º. Gaspar Francisco de los Reyes, natural del Sauzal, hijo de Melchor Francisco de los Reyes y de Inés Velázquez, casó en 1761 en la iglesia parroquial de Nuestra Señora de la Concepción del Realejo Bajo con Rosa Francisca Domínguez, de La Laguna, hija de Miguel Domínguez y de Catalina Francisca Perera.

Nº 1182 L 2º. Miguel Francisco Moreno, hijo de Felipe Moreno y de Clara Francisca, casó en 1763 en la iglesia parroquial de Nuestra Señora de la Concepción del Realejo Bajo con María Suárez, hija de Lorenzo Francisco y de Andrea Francisca Suárez.

Nº 730 L 2º. Domingo Francisco Llanos, viudo de Isabel Francisca Corvo, casó en 1766 en la iglesia parroquial de Nuestra Señora de la Concepción del

Realejo Bajo con Isabel Luis García, hija de Antonio García y de María Luis.

Nº 1361 L 3º. Andrés Francisco, viudo de María de Mesa, natural y vecino de La Guancha, casó en 1769 en la parroquia de la Concepción del Realejo Bajo con Isabel Francisca, viuda de Juan Hernández del Dedo.

Nº 1730 L 3º. Lorenzo Francisco Suárez, hijo de Lorenzo Francisco Suárez y de Andrea Francisca González, casó en 1769 en la iglesia parroquial de Nuestra Señora de la Concepción del Realejo Bajo con Francisca Márquez de Chaves hija de Juan González Chaurero y de María Márquez de Chaves.

Nº 1750 L 3º. Miguel Francisco de la Guardia, natural de La Laguna, hijo del alférez don José Leonardo de la Guardia y de doña Francisca Méndez de la Fuente, casó en 1775 en la iglesia parroquial de Nuestra Señora de la Concepción del Realejo Bajo con doña María Rodríguez de León, hija de don José Rodríguez de León, escribano público, y de doña Isabel Hernández del Castillo.

Nº 1622 L 3º. José Francisco, hijo de José

Francisco y de Juan de Abreu, casó en 1776 en la iglesia parroquial de Nuestra Señora de la Concepción del Realejo Bajo con Agustina de la Concepción, hija de José Bienes y de Antonia María.

Nº 1754 L 3º. Mateo Francisco Chaves, hijo de Gaspar Francisco de Chaves y de Josefa García, casó en 1777 en la iglesia parroquial de Nuestra Señora de la Concepción del Realejo Bajo con Clara Francisca de Chaves, hija de Pedro Hernández Corvo y de María Francisca de Chaves.

Nº 1837 L 3º. Salvador Francisco Llanos, hijo de Domingo Francisco y de Isabel González, casó en 1777 en la iglesia parroquial de Nuestra Señora de la Concepción del Realejo Bajo con Manuela Andrea, hija de Estaban Martín y de María Andrea.

Nº 1574 L 3º. Gonzalo Francisco, hijo de Gaspar Francisco de Chaves y de Josefa González o García, casó en 1782 en la iglesia parroquial de Nuestra Señora de la Concepción del Realejo Bajo con Isabel Regalado, hijo de Pedro Yanes Regalado y de Isabel Francisca.

Nº 1815 L 3º. Pedro Francisco Amador, hijo de Pedro Francisco Amador y de María García Abreu, casó en 1784 en la iglesia parroquial de Nuestra Señora de la Concepción del Realejo Bajo con María de la Concepción Álvarez, natural de la Rambla, hija de José Álvarez y de Josefa Ventura de la Cruz.

Nº 1415 L 3º. Antonio Francisco Suárez, hijo de Lorenzo Francisco Suárez y de Francisca Márquez de Chaves, casó en 1794 en la parroquia de Nuestra Señora de la Concepción del Realejo Bajo con Juana Francisca de Chaves, hija de Gonzalo Francisco de Chaves y de Isabel Regalado. Consanguíneos en cuarto grado.

Nº 1711 L 3º. José Francisco Moreno, hijo de Miguel Francisco Moreno y de María de la Luz, casó en 1794 en la iglesia parroquial de Nuestra Señora de la Concepción del Realejo Bajo con Rosalía González, hija de Pedro González Chaurero y de Lucía Francisca Suárez.

Nº 1722 L 3º. José Francisco Moreno, viudo de Rosalía González, hijo de Miguel Francisco Moreno y de María de la Luz, casó en 1798 en la iglesia parroquial de Nuestra Señora de la Concepción del Realejo Bajo con María de Candelaria Domínguez, hija de Juan Domínguez y de Josefa Francisca Luis.

Familia Franquis:

N° 1596 L 3°. José Franquis de Alfaro, viudo de doña Juana Franquis de Alfaro, casó en 1769 en la iglesia parroquial de Nuestra Señora de la Concepción del Realejo Bajo con doña Isabel Benítez y Valcárcel, hija del marqués de Celada don Diego Benítez de Lugo y de doña Marina Valcárcel, natural de La Orotava.

Familia Fuentes:

N° 449. Simón Fuentes, casó en 1637 en la iglesia parroquial de nuestra señora de la Concepción del Realejo Bajo con María González, hija de Gaspar González y de Águeda González.

N° 394. Manuel de Fuentes, hijo de Manuel de Fuentes y de Isabel María, casó en 1682 en la iglesia parroquial de Nuestra Señora de la Concepción del Realejo Bajo con Francisca González, hija de Andrés González y de María de Rojas.

Nº 329. Juan de Fuentes, hijo de Beatriz Díaz de Vergara, viuda y de padres no conocidos, casó en 1696 en la iglesia parroquial de Nuestra señora de la Santísima Concepción del Realejo Bajo con Francisca Henríquez, hija de Gaspar Jácome y de Margarita Henríquez, vecinos de Los Silos.

Nº 1137 L 2º. Miguel de Fuentes Barroso, hijo de Manuel de Fuentes y de Francisca Rojas, casó en 1723 en la iglesia parroquial de Nuestra Señora de la Concepción del Realejo Bajo con Catalina de Abreu de la Guarda, hija del alférez Felipe Pérez de Abreu y de María de la Guarda.

Nº 739 L 2º. Esteban de Fuentes, natural de Garachico, hijo de José de Fuentes y de María Joaquina, casó en 1747 en la iglesia parroquial de Nuestra señora de la Santísima Concepción del Realejo Bajo con Josefa Yanes Regalado, viuda de Andrés González.

Nº 1251 L 2º. Pedro de Fuentes Barroso, hijo de Antonio de Fuentes Barroso y de Isabel de la Guarda y Abreu, casó en 1747 en la iglesia parroquial de Nuestra Señora de la Concepción del Realejo Bajo con

Antonia Gregoria de Ávila, hija de Francisco Perera Casanova y de Josefa Antonia de Ávila.

Nº 711 L 2º. Domingo de Fuentes, hijo de Miguel de Fuentes Barroso y de Catalina de la Guardia, casó en 1750 en la iglesia parroquial de Nuestra Señora de la Concepción del Realejo Bajo con María Miranda de Rojas, hija de Manuel de León y de Juliana Miranda de Rojas.

Nº 1179 L 2º. Miguel de Fuentes Barroso, hijo de Miguel de Fuentes Barroso y de Catalina de la Guarda, casó en 1760 en la iglesia parroquial de Nuestra Señora de la Concepción del Realejo Bajo con Juana Pérez de Acevedo, hija de Domingo Pérez Bento y Melo y de Catalina Úrsula de Acevedo y Fuentes.

Nº 1451 L 3º. Benito de Fuentes Barroso, hijo de Benito de Fuentes y de Catalina Yanes de Albelo, casó en 1786 en la iglesia parroquial de Nuestra Señora de la Concepción del Realejo Bajo con María Rodríguez Padrón, hija de Antonio Rodríguez de la Cruz y de Eufrasia Padrón.

Nº 1765 L 3º. Matías Fuentes Barroso, hijo de

Domingo Fuentes Barroso y de María León Rojas, casó en 1791 en la iglesia parroquial de Nuestra Señora de la Concepción del Realejo Bajo con Antonia González de Chaves, hija de Nicolás Antonio de la Guardia y de María González de Chaves.

G.

Familia Gallegos:

Nº 320. Juan Gallegos, esclavo del capitán don Marcos de Bethencourt, casó en 1688 en la iglesia parroquial de Nuestra Señora de la Concepción del Realejo Bajo con María de Candelaria, esclava de Juan Méndez.

Familia García:

Nº 52. Baltasar García, hijo de Juan Pérez Leal y de María Jácome, vecinos del Hierro, casó en 1650 en la iglesia parroquial de Nuestra Señora de la Concepción del Realejo Bajo con María Francisca, hija de Gaspar Francisco y de María Francisca.

Nº 452. Sebastián García Oramas, hijo de

Sebastián González y de María Ramírez Oramas, casó en 1650 en la iglesia parroquial de nuestra señora de la Concepción del Realejo Bajo con Leonor Francisca, hija de Manuel Hernández Bello y de Ana Martín.

Nº 199. Gerónimo García, hijo de Gonzalo García y de María, casó en 1654 en la iglesia parroquial de Nuestra Señora de la Concepción del Realejo Bajo con Juana Delgado, hija Salvador Hernández y de Ana, naturales de La Laguna.

Nº 17. Andrés García, hijo de Juan Romero y de María García, vecinos de La Gomera, casó en 1671 en la parroquia de la Concepción del Realejo Bajo con Magdalena Gervasia, hija de Simón de Goyas y de Ana María.

Nº 98. Domingo García Oramas, hijo de Sebastián García Oramas y de Leonor Francisca, casó en 1674 en la parroquia de Nuestra Señora de la Concepción del Realejo Bajo con Leonor Yanes, hija de Juan Yanes y de Beatriz Hernández, de la parroquia de San Salvador de Santa Cruz de La Palma.

Nº 301. Juan García, hijo de Luis Díaz y de

Sebastiana Luis, vecinos de Garachico, casó en 1682 en la iglesia parroquial de Nuestra Señora de la Concepción del Realejo Bajo con Águeda Francisca, hija de Diego Hernández del Lomo y de Isabel Francisca. Tercero con cuarto grado consanguíneos.

Nº 481. Sebastián García, hijo de Gaspar de los Reyes y de Ana García, casó en 1685 en la iglesia parroquial de Nuestra Señora de la Concepción del Realejo Bajo con María Estévez, hija de Pedro.

Nº 441. Pablo García, hijo de Gonzalo Perera y de Isabel María, casó en 1688 en la iglesia parroquial de nuestra señora de la Concepción del Realejo Bajo con Juana Luis, hija de Sebastián González el mozo y de María Luis.

Nº 514. Vicente García, hijo de Salvador García Melo y de Ana Delgado de Fuentes, casó en 1689 en la iglesia parroquial de nuestra señora de la Concepción del Realejo Bajo con María Francisca, hija de Benito Pérez y de Francisca Márquez.

Nº 325. José García, hijo de Diego Hernández Bello y de María García, casó en 1691 en la iglesia parroquial de Nuestra Señora de la Concepción del Realejo Bajo con Paula María, hija de Pedro Albornoz y de Ana María.

Nº 221. Jerónimo García, hijo de Gonzalo Perera el viejo y de Isabel María, casó en 1693 en la iglesia parroquial de Nuestra Señora de la Concepción del Realejo Bajo con Tomasa Francisca de Chaves, hija de Diego González de Abreu y de Isabel María de Chaves.

Nº 445. Pablo García Perera, viudo de Juana Luis, casó en 1696 en la iglesia parroquial de nuestra señora de la Concepción del Realejo Bajo con Juana Rodríguez Casanova, hija de Juan Rodríguez Casanova y de María Martín.

Nº. 338. Juan García Vargas, viudo de Ángela Francisca, natural de Garachico, casó en 1698 en la iglesia parroquial de Nuestra Señora de la Concepción del Realejo Bajo con Inés Francisca, hija de María Pérez, viuda de Tomás Hernández. Tercer grado de consanguinidad con tercero de afinidad.

Nº 344. José García, hijo de Diego García y Jerónima María, casó en 1699 en la iglesia parroquial de

Nuestra Señora de la Concepción del Realejo Bajo con María Llanos, hija de Nicolás González Llanos y de María de los Reyes.

Nº 446. Pedro García, hijo de María Méndez y de padre no conocido, casó en 1699 en la iglesia parroquial de nuestra señora de la Concepción del Realejo Bajo con Ana García, hija de Bartolomé García y de Melchora García, vecinos de Vilaflor.

Nº 743 L 2º. Francisco García Cartaya, hijo de Agustín García Cartaya y de María Márquez, natural de La Orotava, casó en 1705 en la iglesia parroquial de Nuestra señora de la Santísima Concepción del Realejo Bajo con María Francisca, hija de Pedro Hernández y de María Rodríguez.

Nº 921 L 2º. José García Dorta, hijo de Gaspar Dorta y de María Francisca, casó en 1709 en la iglesia parroquial de Nuestra señora de la Santísima Concepción del Realejo Bajo con María Luis Dávila, hija de Antonio Luis y de María Pérez Dávila.

Nº 1131 L 2º. Manuel García, hijo de Jerónimo García Toledo y de María Candelaria, vecinos de

Vilaflor, casó en 1714 en la iglesia parroquial de Nuestra señora de la Concepción del Realejo Bajo con María, hija de Matías Hernández y de Andrea Francisca.

Nº 646 L 2º. Carlos García Oramas, hijo de Juan García Oramas y de María Romero, casó en 1716 en la iglesia parroquial de nuestra señora de la Concepción del Realejo Bajo con Eugenia Francisca, hija de Juan Francisco y de María Francisca.

Nº 778 L 2º. Francisco García, hijo de Jerónimo García y de María Candelaria, casó en 1718 en la iglesia parroquial de Nuestra señora de la Santísima Concepción del Realejo Bajo con María Margarita, hija de Ambrosio González y de Margarita Francisca.

Nº 1223 L 2º. Pedro García de la Cruz, hijo de Juan Rodríguez de la Cruz y de Ana García, casó en 1718 en la iglesia parroquial de Nuestra Señora de la Concepción del Realejo Bajo con Ana María Francisca Machado, hija de Lázaro González Machado y de Águeda María Luis.

Nº 1289 L 2º. Salvador García, hija de Bernabé García y de Sebastiana Francisca, casó en 1721 en la iglesia parroquial de Nuestra Señora de la Concepción del Realejo Bajo con Andrea Díaz, hija de Mateo Díaz y de Catalina González.

Nº 959 L 2º. Juan García Linares, hijo de Juan García Linares y de María Domínguez, natural de Adeje, casó en 1723 en la iglesia parroquial de Nuestra señora de la Santísima Concepción del Realejo Bajo con Catalina Barroso, hija de Félix Romero y de Josefa Barroso de la Guarda.

Nº 969 L 2º. José García, hijo de Ángel García y de Marcela Francisca, casó en 1725 en la iglesia parroquial de Nuestra señora de la Santísima Concepción del Realejo Bajo con Catalina Josefa, hija de Pedro Méndez y de Isabel Quintero, natural de Garachico.

Nº 1142 L 2º. Miguel García de Abreu, hijo de Vicente García y de María Francisca, casó en 1725 en la iglesia parroquial de Nuestra Señora de la Concepción del Realejo Bajo con María García de Albelo, hija de Mateo Hernández y de Magdalena Rodríguez de Albelo.

Nº 864 L 2º. Jerónimo García, hijo de Salvador

García y de Paula Francisca, casó en 1726 en la iglesia parroquial de Nuestra señora de la Santísima Concepción del Realejo Bajo con Josefa Martín, hija de Manuel Pérez y de María Martín.

Nº 788 L 2º. Felipe García de Oliva, hijo de Felipe Díaz y de Ángela García de Oliva, casó en 1727 en la iglesia parroquial de Nuestra señora de la Santísima Concepción del Realejo Bajo con Ana María Navarro, hija de José Melián y María Navarro, vecinos de La Laguna.

Nº 866 L 2º. Gonzalo García, hijo de Salvador García y de Polonia Lorenzo, casó en 1728 en la iglesia parroquial de Nuestra señora de la Santísima Concepción del Realejo Bajo con María Josefa, hija de Dionisio Pérez y de Ana María.

Nº 1338 L 2º. Tomás García, hijo de Ángel García y de Marcela Francisca, casó en 1733 en la iglesia parroquial de Nuestra Señora de la Concepción del Realejo Bajo con Ana Josefa, hija de Francisco González y de Catalina Francisca. Consanguíneos en tercer grado.

Nº 1301 L 2º. Salvador García de Vera, hijo de Juan García de Vera y de María Gómez, naturales de Arico, casó en 1733 en la iglesia parroquial de Nuestra Señora de la Concepción del Realejo Bajo con Ángela Francisca, hija de Felipe Díaz y de Beatriz Francisca.

Nº 1112 L 2º. Luis García Chaves, viudo de María Miranda, hijo de Antonio García y de María Leal, casó en 1734 en la iglesia parroquial de Nuestra señora de la Concepción del Realejo Bajo con Isabel Francisca Dávila, hija de Pedro Felipe y de Micaela Francisca.

Nº 1005 L 2º. José García de León, hijo de Fernando García de León y de María Leonor Llanos, natural de Buenavista, casó en 1736 en la iglesia parroquial de Nuestra señora de la Santísima Concepción del Realejo Bajo con María Rodríguez de la Concepción, hija de Antonio Gómez y de María Rodríguez.

Nº 1161 L 2º. Manuel García, hijo de Manuel García y de Ana Rodríguez, casó en 1742 en la iglesia parroquial de Nuestra Señora de la Concepción del Realejo Bajo con Catalina Josefa, hija de Tomás González y de Agustina Estévez.

Nº 1029 L 2º. José García, hijo de Pedro García y de María Francisca Machado, casó en 1744 en la iglesia parroquial de Nuestra señora de la Santísima Concepción del Realejo Bajo con Luisa Josefa Encinoso y Velazco, hija de Jerónimo Agustín de Mendoza y Velazco y de Ana Delgado.

Nº 1163 L 2º. Manuel García Panasco, viudo de Catalina Josefa, casó en 1745 en la iglesia parroquial de Nuestra Señora de la Concepción del Realejo Bajo con Francisca González, hija de Tomás Leal y de Catalina González.

Nº 1250 L 2º. Pablo García de Abreu, hijo de Pedro García de Abreu y de Bernarda Francisca, casó en 1746 en la iglesia parroquial de Nuestra Señora de la Concepción del Realejo Bajo con Jerónima María, hija de Tomás González y de Ana María.

Nº 569 L 2º. Antonio García de la Cruz, hijo de Pedro García de la Cruz y de María Francisca, casó en 1747 en la iglesia parroquial de Nuestra Señora de la Concepción del Realejo Bajo con Úrsula Francisca de Albelo, hija de Lorenzo de Albelo y de Catalina Abreu.

Nº 570 L 2º. Antonio García de Abreu, hijo de Pedro García de Abreu y de Bernarda Francisca, casó en 1749 en la iglesia parroquial de Nuestra Señora de la Concepción del Realejo Bajo con Catalina Francisca, hija de Juan Méndez del Dedo y de Micaela Francisca.

Nº 576 L 2º. Antonio Melchor García, hijo de Juan García y de Inés Melchor, naturales de Chipude, en La Gomera, casó en 1751 en la parroquia de la Concepción del Realejo Bajo con María de la Luz, hija de Domingo González Grillo y de Brígida Francisco, natural de Lanzarote.

Nº 578 L 2º. Agustín García Toledo, hijo de Francisco García Toledo, natural de Vilaflor, y de María Margarita López, casó en 1752 en la iglesia parroquial de Nuestra Señora de la Concepción del Realejo Bajo con Isabel Francisca, hija de Amaro Hernández de Chaves y de Isidora Francisca López.

Nº 880 L 2º. Gonzalo García Barroso, hijo de Silvestre García y de Ana Delgado Barroso, casó en 1754 en la iglesia parroquial de Nuestra señora de la Santísima Concepción del Realejo Bajo con Rosalía Francisca de Chaves, hija de Juan Antonio de Albelo y de

Eufemia Antonia de Chaves.

Nº 714 L 2º. Damián García Encinoso, hijo de Antonio García Encinoso y de Bárbara Bautista de Abreu, casó en 1755 en la iglesia parroquial de Nuestra Señora de la Concepción del Realejo Bajo con Isabel Jacinta de Albelo, hija de Francisco González Espínola y de Clara García de Abreu.

Nº 839 L 2º. Francisco García, hijo de Pedro García Cuarenta y de María Francisca, casó en 1757 en la iglesia parroquial de Nuestra señora de la Santísima Concepción del Realejo Bajo con María Antonia Carmenatis, hija de Pablo de la Rosa y de María Micaela Carmenatis.

Nº 1323 L 2º. Santiago García Ferrera, hijo de Tomás García Ferrera y de Ana Manuela Murga, vecinos de La Orotava, casó en 1758 en la iglesia parroquial de Nuestra Señora de la Concepción del Realejo Bajo con Juliana Josefa de León, hija de Manuel de León y de Juliana Rojas.

Nº 1324 L 2º. Salvador García, hijo de Salvador García y de María Ana Marquesa, vecinos de Icod, casó en 1759 en la iglesia parroquial de Nuestra Señora de la Concepción del Realejo Bajo con Isabel García, hija de Juan Hernández y de María García.

Nº 1181 L 2º. Manuel García, hijo de Salvador García y de Andrea Díaz, casó en 1762 en la iglesia parroquial de Nuestra Señora de la Concepción del Realejo Bajo con Josefa Francisca, hija de Manuel Yanes y de Ana Francisca.

Nº 845 L 2º. Francisco García Márquez, hijo de José García Márquez y de María de Arbelo, casó en 1763 en la iglesia parroquial de Nuestra señora de la Santísima Concepción del Realejo Bajo con Catalina de Armas, hija de Mateo de Armas, natural de El Hierro y de Águeda González.

Nº 848 L 2º. Francisco García Linares, hijo de Francisco García Linares y de Isabel Francisca, natural de Adeje, casó en 1764 en la iglesia parroquial de Nuestra señora de la Santísima Concepción del Realejo Bajo con Águeda Francisca Dávila, hija de Asencio Hernández Dávila y de María Francisca Corvo.

Nº 1089 L 2º. José García, hijo de Felipe García y de Rita Francisca, natural de La Guancha, casó en 1764 en la iglesia parroquial de Nuestra señora de la Santísima Concepción del Realejo Bajo con María Francisca Dávila, hija de Diego Hernández Dávila y de Catalina Francisca.

Nº 638 L 2º. Baltasar García, hijo de Felipe García y de Rita Francisca, naturales de La Guancha, casó en 1765 en la iglesia parroquial de Nuestra Señora de la Concepción del Realejo Bajo con Lucía Francisca de Ávila, hija de Asencio Fernández de Ávila y de María Francisca del Álamo.

Nº 1358 L 3º. Antonio García Fernández, hijo de Félix García y de Juana Francisca, casó en 1767 en la parroquia de Nuestra Señora de la Concepción del Realejo Bajo con Francisca García Héctor, hija de Jerónimo García Héctor y de Josefa Francisca.

Nº 1602 L 3º. Juan Antonio García de Chaves, hijo de Manuel García de Chaves y de María Francisca Héctor, casó en 1770 en la parroquia de Nuestra Señora de la Concepción del Realejo Bajo con Catalina de las Nieves Albelo, hija de Mateo Pérez y de Juana de Albelo.

Nº 1733 L 3º. Lorenzo García, hijo de Silvestre García y de Ana Delgado Barroso, casó en 1771 en la parroquia de Nuestra Señora de la Concepción del Realejo Bajo con Ana María de Mesa, hija de Francisco Hernández de Chaves y de María de Mesa. Consanguíneos en 4º.

Nº 1608 L 3º. Juan García Palenzuela, hijo de Tomás García y de Ana Palenzuela, casó en 1772 en la parroquia de Nuestra Señora de la Concepción del Realejo Bajo con Antonia de Febles, natural de El Hierro, hija de Manuel de Febles y de María Padrón.

Nº 1859 L 3º. Tomás García de Abreu, hijo de Tomás García de Abreu y de Catalina González, casó en 1774 en la iglesia parroquial de Nuestra Señora de la Concepción del Realejo Bajo con Juana Francisca de Abreu, hija de Salvador González y de María de Abreu.

Nº 1477 L 3º. Domingo García de Abreu, hijo de Antonio García de Abreu y de Catalina Francisca, casó en 1774[19] en la parroquia de Nuestra Señora de la Concepción del Realejo Bajo con Rosalía Andrea Martín, hija de Esteban Martín y de María Andrea.

Nº 1747 L 3º. Manuel García, hijo de Francisco García y de Manuela Galván, casó en 1774 en la parroquia de Nuestra Señora de la Concepción del Realejo Bajo con Rosalía González Héctor, hija natural de María Casimira González.

Nº 1753 L 3º. Manuel García de Abreu, hijo de Antonio García y de Catalina Francisca, casó en 1776 en la parroquia de Nuestra Señora de la Concepción del Realejo Bajo con María Andrea de la Concepción, hija de Manuel Francisco y de Isabel María.

Nº 1873 L 3º. Vicente García, hijo de Pablo García y de Jerónima Reyes, casó en 1777 en la parroquia de Nuestra Señora de la Concepción del Realejo Bajo con Paula Fernández del Castillo, hija de Salvador Fernández del Castillo y de Francisca Antonia Navarro.

Nº 1640 L 3º. José García Héctor, hijo de Nicolás

---

[19] Entre 1770 1 1778 porque se ha borrado la fecha.

García Héctor y de Lucía Francisca de Abreu, casó en 1778 en la parroquia de Nuestra Señora de la Concepción del Realejo Bajo con Luisa Francisca de la Concepción Beltrán de Mesa, hija de Gonzalo Francisco de la Guardia y de Teresa Beltrán de Mesa.

Nº 1877 L 3º. Vicente García, hijo de Antonio García y de Catalina Francisca Hernández, casó en 1780 en la iglesia parroquial de Nuestra Señora de la Concepción del Realejo Bajo con Juana de Aguiar, hija de Francisco Aguiar y de María Candelaria García, de La Orotava.

Nº 1645 L 3º. José Antonio García, viudo de Isabel de Bethencourt, hija de Domingo García y de María Pérez Borges, naturales de La Victoria, casó en 1780 en la parroquia de Nuestra Señora de la Concepción del Realejo Bajo con María Francisca de la Cruz, hija de Manuel González de Chaves y de Andrea García de la Cruz.

Nº 1864 L 3º. Tomás García, hijo de Agustín García y de Isabel Francisca de Chaves, casó en 1782 en la iglesia parroquial de Nuestra Señora de la Concepción del Realejo Bajo con Agustina García López, hija de Agustín López y de Isabel García.

Nº 1662 L 3º. Juan García de la Cruz, hijo de Antonio García de la Cruz y de Úrsula de Albelo, casó en 1784 en la parroquia de Nuestra Señora de la Concepción del Realejo Bajo con María Antonia Hernández, hija de Pedro Hernández Alfonso y de María Rodríguez Amaro.

Nº 1663 L 3º. Juan García, hijo de José García y de María Josefa González, casó en 1785 en la parroquia de Nuestra Señora de la Concepción del Realejo Bajo con Francisca Dorta, hija de Bartolomé Dorta y de Isabel Francisca Díaz.

Nº 1818 L 3º. Pedro García, hijo de Gonzalo García y de Rosalía Francisca Barroso, casó en 1786 en la parroquia de la Concepción del Realejo Bajo con Isabel Suárez Aldana, hija de Francisco Suárez y de Beatriz Aldana.

Nº 1846 L 3º. Sebastián García Ruiz, hijo de Francisco García Ruiz y de Francisca del Rosario Machado, casó en 1789 en la parroquia de la Concepción del Realejo Bajo con Antonia Yanes de Oliva, hija de Juan

Yanes de Oliva y de Isabel de la Guarda.

Nº. 1851 L 3º. Salvador García Héctor casó en 1792 en la parroquia de la Concepción del Realejo Bajo con Agustina Acevedo. Se velaron en La Orotava, donde probablemente se casaron, aunque figuren en el Realejo Bajo su inscripción.

Nº 1410 L 3º. Agustín García de Chaves, hijo de Agustín García y de Isabel Hernández de Chaves, casó en 1793 en la parroquia de Nuestra Señora de la Concepción del Realejo Bajo con Manuela de Chaves, hija de Antonio Suárez Barroso y de Catalina Francisca de Chaves.

Nº 1692 L 3º. José Pablo García, hijo de Pedro Pablo García y de Juana Bautista, casó en 1793 en la parroquia de Nuestra Señora de la Concepción del Realejo Bajo con Rafaela Yanes Regalado, hija de José Yanes Oropesa y de Micaela Yanes Regalado.

Nº 1852 L 3º. Simón García Ruiz, viudo de Florencia Pérez –1848– hija de Sebastián García Ruiz y de Gregoria Garcés, casó en 1793 en la parroquia de la Concepción del Realejo Bajo con Margarita

Hernández Bautista, viuda de Francisco Lorenzo Abreu, natural de La Rambla, hija de Felipe Hernández Correa y de Margarita Bautista.

Nº 1417 L 3º. Ambrosio García, hijo de Manuel García y de Josefa Francisca Yanes, casó en 1794 en la parroquia de Nuestra Señora de la Concepción del Realejo Bajo con Ana María Pérez, hija de José Pérez y de María Francisca Héctor.

Nº 1712 L 3º. José García, hijo de José García y de María Francisca López, casó en 1794 en la parroquia de Nuestra Señora de la Concepción del Realejo Bajo con Margarita Reyes López, hija de Juan Reyes Corvo y de María Suárez López.

Nº 1856 L 3º. Salvador García, hijo de José García y de María Francisca, casó en 1796 en la parroquia de la Concepción del Realejo Bajo con Clara Lorenzo de Chaves, hija de Francisco Hernández de Chaves y de María Estévez. Consanguíneos en tercer grado.

Nº 1777 L 3º. Manuel García, hijo de Felipe García y de María Francisca Rufina, natural de la Rambla, casó en 1796 en la parroquia de la Concepción del

Realejo Bajo con María Yanes, hija de Andrea Yanes y de padre no conocido.

Nº 1456 L 3º. Bernardo García Barroso, hijo de Gonzalo García Barroso y de Rosalía Andrea Albelo, casó en 1798 en la iglesia parroquial de Nuestra Señora de la Concepción del Realejo Bajo con Isabel Chaves Aldana, hijo de Diego Luis Chaves y de María Aldana.

Nº 1731 L 3º. Antonio García, hijo de Felipe García y de María Francisca, casó en 1798 en la iglesia parroquial de Nuestra Señora de la Concepción del Realejo Bajo con Rosalía Luis, viuda de Domingo Domínguez, hija de Juan Hernández y de Isabel Bocato.

Nº 1568 L 3º. Felipe García, viudo de María Francisca Rufina, hijo de Salvador García y de Andrea Díaz, casó en 1799 en la parroquia de Nuestra Señora de la Concepción del Realejo Bajo con Francisca Yanes Ávila, hija de José Luis de Ávila y de Lucía Yanes.

Nº 1781 L 3º. Manuel García, hijo de Juan Antonio García de Chaves y de Catalina Pérez de Albelo, casó en 1799 en la parroquia de la Concepción del Realejo

Bajo con Ana Márquez, hija de José Márquez y de Antonia de Acosta.

Familia García del Castillo:

Nº 833 L 2º. Francisco Antonio García del Castillo, hijo de Antonio García del Castillo y de Bárbara Antonia Bautista, casó en 1754 en la iglesia parroquial de nuestra señora de la Concepción del Realejo Bajo con Francisca del Rosario Machado, hija de Francisco Álvarez, de La Guancha y de Lucía Francisca del Rosario.

Nº 1434 L 3º. Agustín García del Castillo, natural de La Guancha, hija de Pedro García del Castillo y de Isabel Febles, casó en 1799 en la parroquia de Nuestra Señora de la Concepción del Realejo Bajo con María Díaz Estrada, hija de Agustín Díaz Estrada y de Josefa Pérez Bento.

Familia Gil:

Nº 154. Francisco Gil, hijo de Pedro Gil y de Isabel Francisca, vecinos de San Juan, casó en 1667 en la parroquia de Nuestra Señora de la Concepción del

Realejo Bajo con Lucía Pérez, hija de Juan Suárez y de Lucía Pérez.

Nº 1217 L 2º. Pedro Gil Oramas, hijo de Francisco Gil y de Lucía Pérez, casó en 1708 en la iglesia parroquial de Nuestra Señora de la Concepción del Realejo Bajo con Ana de Mesa, hija de Gaspar de Mesa y de María Francisca.

Nº 808 L 2º. Francisco Gil, hijo de Pedro Gil y de María López, casó en 1737 en la iglesia parroquial de nuestra señora de la Concepción del Realejo Bajo con Josefa García Díaz, hija de Juan Díaz Moreno y de Luisa García.

Nº 1537 L 3º. Francisco Gil, hijo de Francisco Gil y de Lucía Ravelo, casó en 1775 en la iglesia parroquial de Nuestra Señora de la Concepción del Realejo Bajo con Lucía López Suárez, hija de Juan López y de Jerónima Suárez.

Familia Gómez:

Nº 270. Juan Gómez Henríquez, hijo de Cristóbal Gómez Henríquez y de Lucía Hernández, vecinos de

Los Llanos, en La Palma, casó en 1672 en la iglesia parroquial de nuestra señora de la Concepción del Realejo Bajo con Inés Hernández, hija de Pedro García y de Ángela Hernández, vecinos de Garachico.

Familia González:

Nº 143. Francisco González, hijo de Melchor González y de María Pérez, casó en 1590 en la parroquia de Nuestra Señora de la Concepción del Realejo Bajo con Catalina Suárez, hija de Juan Salvador.

Nº 46. Baltasar González, hijo de Felipe Ramos, casó en 1605 en la iglesia parroquial de Nuestra Señora de la Concepción del Realejo Bajo con Catalina Martín, hija de Bartolomé González.

Nº 48. Bartolomé González, hijo de Melchor González y de Ana Márquez, casó en 1638 en la iglesia parroquial de Nuestra Señora de la Concepción del Realejo Bajo con María Ana, hija de Antonio Yanes y de Damiana Pérez.

Nº 49. Baltasar González hijo de Benito González y de María Pérez, casó en 1644 en la iglesia parroquial de Nuestra Señora de la Concepción del Realejo Bajo con María, hija de José Pérez y de Francisca Hernández.

Nº 416. Nicolás González Llanos, casó en 1644 en la iglesia parroquial de Nuestra Señora de la Concepción del Realejo Bajo con María de los Reyes, hija de Salvador Luis y de María González.

Nº 233. Juan González Moreno, hijo de Juan González Moreno, vecino de La Guancha, casó en 1646 en la iglesia parroquial de Nuestra Señora de la Concepción del Realejo Bajo con María Pérez, hija de Domingo Pérez.

Nº 234. Juan González, hijo de Gaspar González y de María López, casó en 1648 en la iglesia parroquial de Nuestra Señora de la Concepción del Realejo Bajo con María Núñez, hija de Francisco Yanes y de María Núñez.

Nº 242. Juan González, hijo de Gaspar González y de María López, casó en 1651 en la iglesia parroquial de Nuestra Señora de la Concepción del Realejo Bajo con Francisca Hernández, hija de Lucas Pedro y de

Francisca Hernández.

Nº 248. Juan González, hijo de Martín González y de Francisca Gómez, casó en 1651 en la iglesia parroquial de Nuestra Señora de la Concepción del Realejo Bajo con María Sánchez, hija de Juan Sánchez y de Lucía Pérez.

Nº 9. Antonio González, viudo, casó en 1654 en la parroquia de la Concepción del Realejo Bajo con Ana García, hija de Salvador[20] y de María Díaz.

Nº 9 bis. Antonio González, hijo de Sebastián González Manso y de Mariana Delgado casó en 1654 en la parroquia de la Concepción del Realejo Bajo con Ana Francisca, hija de Asencio Díaz y de Catalina Francisca.

Nº 254. Juan González de la Hoya[21], hijo de Juan González Liquero y de Margarita Hernández, vecinos de la Rambla, casó en 1655 en la iglesia parroquial de Nuestra Señora de la Concepción del Realejo Bajo con María Bernardino, hija de Francisco Acosta y de Ana

---
[20] No está el apellido del padre.
[21] Hierro, libro 2º, Julián González, número 11 52.

Francisca.

Nº 255. Juan González, hijo de Domingo González y de Ana Martín, casó en 1658 en la iglesia parroquial de Nuestra Señora de la Concepción del Realejo Bajo con María Martín, hija de Francisco Martín y de Ana Martín.

Nº 379. Manuel González, hijo de Manuel González y de Isabel Pérez, casó en 1658 en la iglesia parroquial de Nuestra Señora de la Concepción del Realejo Bajo con Ana Francisca, hija de Matías Domínguez y de Ana Francisca.

Nº 86. Diego González, hijo de Diego González de la Torre y de Inés González, casó en 1660 en la iglesia parroquial de nuestra señora de la Concepción del Realejo Bajo con Agustina María, hija de Pedro Hernández y de María Martín.

Nº 200. Gaspar González, hijo de Sebastián Viera y de Isabel Rodríguez, casó en 1660 en la iglesia parroquial de Nuestra Señora de la Concepción del Realejo Bajo con Ana Borges, hija de Domingo Pérez y de Ana Borges.

Nº 256. Juan González, hijo de Antonio González, vecino de La Orotava, casó en 1661 en la iglesia parroquial de Nuestra Señora de la Concepción del Realejo Bajo con Beatriz Francisca, hija de Juan Francisco y de Francisca Orea.

Nº 54. Benito González, hijo de Diego González y de Ana Abreu, casó en 1661 en la iglesia parroquial de Nuestra Señora de la Concepción del Realejo Bajo con Francisca Márquez, hija de Juan Márquez y de Águeda Francisca.

Nº 55. Bartolomé González de Albelo, hijo de Lázaro Hernández y de Águeda Albelo, casó en 1661 en la iglesia parroquial de Nuestra Señora de la Concepción del Realejo Bajo con María Domínguez, hija de Francisco González y de Juana Domínguez.

Nº 87. Diego González, hijo de Benito González de Ana Francisca, casó en 1661 en la iglesia parroquial de nuestra señora de la Concepción del Realejo Bajo con Ana Francisca, hija de Sebastián González Mariano y de Mariana Delgado.

Nº 149. Francisco González, hijo de Martín González y de Francisca González, casó en 1662 en la parroquia de Nuestra Señora de la Concepción del Realejo Bajo con Beatriz Hernández, hija de Blas Hernández y de María Díaz.

Nº 381. Manuel González, hijo de Antonio González, natural de El Hierro, y de Ana Rodríguez, casó en 1664 en la iglesia parroquial de Nuestra Señora de la Concepción del Realejo Bajo con Margarita Albelo, hija de Pedro Hernández y de María Jácome.

Nº 506. Tomás González, hijo de Juan González, vecino de La Guancha, casó en 1664 en la iglesia parroquial de nuestra señora de la Concepción del Realejo Bajo con María Francisca, hija de Antonio González y de Sebastiana Francisca.

Nº 202. Gaspar González Perdomo, hijo de Domingo González y de Catalina Francisca, vecinos de Santa Úrsula, casó en 1664 en la iglesia parroquial de Nuestra Señora de la Concepción del Realejo Bajo con María Francisca, hija de Francisco Martín y de Catalina González.

Nº 382. Marcos González, hijo de Antonio González y de María Hernández, casó en 1666 en la iglesia parroquial de Nuestra Señora de la Concepción del Realejo Bajo con Águeda María, hija de ... Fuentes y de María González.

Nº 14. Andrés González Acosta, hijo de Juan González Acosta y de María Guadarrama, naturales del Hierro, casó en 1667 en la parroquia de la Concepción del Realejo Bajo con Juana de Acosta, hija de Juan Báez y de Margarita de Acosta.

Nº 71. Cristóbal González de Albelo, hijo de Pedro Hernández y de María Jácome, casó en 1669 en la iglesia parroquial de Nuestra Señora de la Concepción del Realejo Bajo con María de la O, hija de Domingo González Moreno y de Ana de la O.

Nº 57. Blas González, hijo de Felipe González y de María Luis, casó en 1669 en la iglesia parroquial de Nuestra Señora de la Concepción del Realejo Bajo con María Rodríguez, hija de Pedro Hernández y de Francisca Rodríguez.

Nº 465. Sebastián González, hijo de Manuel

González Moreno y de Ana González, vecinos de Vilaflor, casó en 1670 en la iglesia parroquial de nuestra señora de la Concepción del Realejo Bajo con Andresa María, hija de Francisco González y de Juana Domínguez.

Nº 512. Tomás González Cabrera, viudo de Juana María, casó en 1696 en la iglesia parroquial de nuestra señora de la Concepción del Realejo Bajo con Agustina Francisca de Albelo, hija de María Domínguez.

Nº 466. El alférez Sebastián González Crespo, hijo del capitán Pedro González Crespo y de María de la O, vecinos de Garachico, casó en 1670 en la iglesia parroquial de nuestra señora de la Concepción del Realejo Bajo con Juana Francisca de Amorín, hija de Francisco de la Cruz y de Mariana de Amorín, vecinos de La Orotava.

Nº 508. Tomás González, hijo de Pedro Hernández y de María Jácome, casó en 1670 en la iglesia parroquial de nuestra señora de la Concepción del Realejo Bajo con Juana María, hija de Francisco Yanes y de Beatriz García.

Nº 19. Antonio González, hijo de Manuel González y de Isabel Pérez casó en 1671 en la parroquia de la Concepción del Realejo Bajo con Ana Pérez, viuda de Andrés González Regalado.

Nº 271. Juan González Santiago, hijo de Melchor González Santiago y de Isabel María, casó en 1672 en la iglesia parroquial de nuestra señora de la Concepción del Realejo Bajo con María Leonor, hija de Baltasar Hernández y de Ana Díaz.

Nº 385. Marcos González, hijo de Salvador González y de Francisca Martín, vecinos de Garachico, casó en 1672 en la iglesia parroquial de Nuestra Señora de la Concepción del Realejo Bajo con Clara Francisca, hija de Salvador Díaz Cuervo y de María Francisca.

Nº 273. Juan González, hijo de Juan Hernández y de Ana Francisca, casó en 1673 en la iglesia parroquial de Nuestra Señora de la Concepción del Realejo Bajo con Melchora Francisca, hija de Diego Hernández y de Ana Francisca.

Nº 276. Juan González, viudo, casó en 1673 en la iglesia parroquial de Nuestra Señora de la Concepción del Realejo Bajo con María de la Cruz, hija de Carlos Felipe y de Susana María.

Nº 357. Lucas González Camacho, hijo de María Hernández, vecinos de La Orotava, casó en 1675 en la iglesia parroquial de Nuestra Señora de la Concepción del Realejo Bajo con Sebastiana Rodríguez, hija de Miguel de Almanza y de Francisca Figueredo, de Garachico.

Nº 470. Salvador González, hijo de Pascual González y de Ana María, casó en 1675[22] en la iglesia parroquial de Nuestra Señora de la Concepción del Realejo Bajo con Ángela García, hijo de Salvador García y de Ana Delgado.

Nº 473. Salvador González, hijo de Bernabé González y de Ana de Albelo, casó en 1676[23] en la iglesia parroquial de nuestra señora de la Concepción del Realejo Bajo con Catalina Suárez, hija de Baltasar Hernández y de Ana Díaz.

---

[22] En los apuntes aparece sin fecha, por lo que es aproximada, pero sí es correcto el nº de orden parroquial 470.
[23] No figura la fecha por error de transcripción, pero sí el orden parroquial que es el 473.

Nº 282. Juan González Cuervo, hijo de Juan González Cuervo y de Isabel Francisca, casó en 1676 en la iglesia parroquial de Nuestra Señora de la Concepción del Realejo Bajo con Catalina de Albelo, hija de Nicolás de Albelo y de Ana Barroso.

Nº 284. Juan González, hijo de Salvador González y de María González, casó en 1676 en la iglesia parroquial de Nuestra Señora de la Concepción del Realejo Bajo con María Pérez, hija de Juan Pérez y de Luisa Sánchez.

Nº 101. Diego González, hijo de Bartolomé González y de Isabel González, casó en 1676 en la parroquia de Nuestra Señora de la Concepción del Realejo Bajo con María.

Nº 389. Miguel González, hijo de Gonzalo Pérez y de María Luis, vecinos de Icod, casó en 1676 en la iglesia parroquial de Nuestra Señora de la Concepción del Realejo Bajo con Lucrecia Francisca Ruiz, hija de Diego Ruiz, vecinos de San Juan.

Nº 390. Manuel González de Mendoza, hijo de Manuel González Sardina y de Magdalena Mendoza, casó en 1676 con María Pérez, hija de Manuel González Toste[24] y de Ana Pérez.

Nº 103. Domingo González Cabrera, hijo de Pascual González y de Ana María, casó en 1677 en la parroquia de Nuestra Señora de la Concepción del Realejo Bajo con Juana de Mesa, hija de Juan Méndez y de Isabel de Mesa.

Nº 289. Juan González, sin padres, casó en 1677 en la iglesia parroquial de Nuestra señora de la Santísima Concepción del Realejo Bajo con Francisca Díaz, hija de Baltasar Díaz y de María de la Ascensión.

Nº 391. Manuel González, hijo de Gaspar Hernández y de María Leonor, casó en 1677 en la iglesia parroquial de Nuestra Señora de la Concepción del Realejo Bajo con María Pérez, hija de Pedro Díaz y de Ángela Pérez.

Nº 294. Juan González, hijo de Francisco González y de María Candelaria, vecinos de San Juan del

---

[24] Tosta, en el original.

Reparo, casó en 1679 en la iglesia parroquial de Nuestra señora de la Santísima Concepción del Realejo Bajo con Águeda Francisca, viuda de Juan Suárez Quintín.

Nº 359. Lucas González, hijo de Lucas González y de Felipa Bello, casó en 1679 en la iglesia parroquial de Nuestra Señora de la Concepción del Realejo Bajo con Ángela Yanes, hija de Gaspar Yanes y de María de la O, vecinos de San Juan.

Nº 105. Domingo González, hijo de Nicolás González y de Catalina Sebastiana, casó en 1679 en la parroquia de Nuestra Señora de la Concepción del Realejo Bajo con María Francisca, hija de Diego Hernández Lozano y de Ana Francisca.

Nº 295. José González, hijo de Juan González Pescaditos, y de María Francisca, casó en 1680 en la iglesia parroquial de Nuestra señora de la Santísima Concepción del Realejo Bajo con María Leonor, viuda de Juan González de Santiago.

Nº 302. Juan González, hijo de José González y de María Marquesa, casó en 1682 en la iglesia parroquial de Nuestra Señora de la Concepción del Realejo Bajo con Sebastiana Francisca, hija de Sebastián González y de Ana Méndez, de Icod.

Nº 60. Benito González de Abreu, hijo de Benito González de Abreu y de Catalina Francisca, casó en 1682 en la iglesia parroquial de Nuestra Señora de la Concepción del Realejo Bajo con Águeda Martín, hija de Salvador Jácome y de Águeda María.

Nº 110. Diego González Chaurero casó en 1682 en la parroquia de Nuestra Señora de la Concepción del Realejo Bajo con Micaela Miranda, hija de Juan y de María Miranda.

Nº 168. Felipe González, hijo de Andrés González y de Sebastiana Francisca, casó en 1682 en la iglesia parroquial de Nuestra señora de la Santísima Concepción del Realejo Bajo con Catalina Francisca, hija de Salvador Domínguez y de Catalina Francisca.

Nº 393. Marcos González, hijo de Gaspar Donis y de Ana Beatriz, vecinos de El Tanque, casó en 1682 en la iglesia parroquial de Nuestra Señora de la Concepción del Realejo Bajo con Elena Martín, hija de

Francisco Bento y de Isabel María.

Nº 479. Silvestre González, hijo de Juan González y de Sebastiana Francisca, casón en 1682 en la parroquia de Nuestra Señora de la Concepción del Realejo Bajo con Ana González, de Albelo, hija de Manuel González y de Margarita Albelo.

Nº 398. Manuel González Espínola, hijo de Francisco Espínola y de Juana González, casó en 1683 en la iglesia parroquial de Nuestra Señora de la Concepción del Realejo Bajo con Micaela Rodríguez Casanova, hija de Juan Rodríguez Casanova y de María Hernández.

Nº 310. Juan González Palmero, hijo de Juan González Palmero y de Beatriz Francisca, casó en 1684 en la iglesia parroquial de Nuestra Señora de la Concepción del Realejo Bajo con Ana Lorenzo, hija de Juan Lorenzo Oliva y de María Albertos, vecinos de La Orotava.

Nº 313. Juan González de Albelo, viudo de Catalina Pérez, casó en 1685 en la iglesia parroquial de Nuestra Señora de la Concepción del Realejo Bajo con

Eugenia Palenzuela de la Cruz Alfonso, hija de Marcos Rodríguez Palenzuela y de María Rodríguez Alfonso.

Nº 364. Lázaro González López, viudo de Beatriz González, casó en 1685 en la iglesia parroquial de Nuestra Señora de la Concepción del Realejo Bajo con Sebastiana Francisca del Álamo, hija de Sebastián González y de Francisca María.

Nº 75. Custodio González, hijo de Bartolomé González y de Isabel González, casó en 1685 en la iglesia parroquial de Nuestra Señora de la Concepción del Realejo Bajo con Isabel María, hija de Francisco Mendoza y de Catalina Delgado.

Nº 113. Diego González, hijo de Bartolomé González y de Ana González, casó en 1685 en la parroquia de Nuestra Señora de la Concepción del Realejo Bajo con Nicolasa María, hija de Juan Agustín Mesías y de Inés Pérez, naturales de Santa Cruz.

Nº 171. Francisco González, hijo de Juan González Reyes y de Juana Domínguez, casó en 1685 en la iglesia parroquial de Nuestra señora de la Santísima

Concepción del Realejo Bajo con Agustina de los Reyes, hija de Nicolás González Llanos y de María de los Reyes. Con parentesco en cuarto grado de consanguinidad.

Nº. 216. Gregorio González Espinosa, hijo de Matías González Espinosa, y de Francisca del Rosario, casó en 1685 con Lutgarda Díaz, hija de Amaro González y de Antonia Díaz.

Nº 34. Ambrosio González, hijo de Pascual Suárez y de Juana Francisca, casó en 1686 en la iglesia parroquial de Nuestra Señora de la Concepción del Realejo Bajo con María Francisca, hija Salvador López y de María Francisca.

Nº 117. Dionisio González, hijo de Bartolomé González de Tío y de María Pérez, casó en 1686 en la parroquia de Nuestra Señora de la Concepción del Realejo Bajo con Luisa Mendoza, hija de Francisco Luis Dávila y de María Mendoza.

Nº 34. Ambrosio González, hijo de Pascual Suárez y de Juana Francisca, casó en 1686 en la iglesia parroquial de nuestra señora de la Concepción del

Realejo Bajo con María Francisca, hija de Salvador López y de María Francisca.

Nº 119. Domingo González de Tío, hijo de Gabriel González de Tío y de María Rodríguez, casó en 1687 en la parroquia de Nuestra Señora de la Concepción del Realejo Bajo con Melchora Francisca, hija de Antonio González Moreno y de Sebastiana Francisca.

Nº 483. Salvador González de Tío, hijo de Benito González de Tío y de María Pérez, casó en 1687 en la iglesia parroquial de Nuestra Señora de la Concepción del Realejo Bajo con Catalina de Abreu y Delgado, hija de Alejo de Abreu y de Lucía Delgado.

Nº 122. Domingo González, hijo de Blas González y de María Rodríguez, casó en 1688 en la parroquia de Nuestra Señora de la Concepción del Realejo Bajo con María Luis, hija de Francisco Yanes y de Isabel Sánchez.

Nº 174. Florentín González, hijo de Nicolás González y de María Magdalena, casó en 1689 en la iglesia parroquial de Nuestra señora de la Santísima Concepción del Realejo Bajo con Jacinta Francisca, hija de

Fernando Pérez y de Catalina Francisca.

Nº 321. José González de Albelo, hijo de Juan González y de Margarita Jácome de Albelo, casó en 1689 en la iglesia parroquial de Nuestra Señora de la Concepción del Realejo Bajo con María Francisca de Abreu, hija de Diego González de Abreu y de María Francisca.

Nº 489. Sebastián González Delgado, hijo de Francisco González y de Nicolasa Delgado, casó en 1689 en la iglesia parroquial de Nuestra Señora de la Concepción del Realejo Bajo con Juana Mendoza, hija de Pedro Lorenzo y de Catalina Mendoza.

Nº 123. Diego González, del Sauzal, hijo de Diego González y de Susana Martín, casó en 1690 en la parroquia de Nuestra Señora de la Concepción del Realejo Bajo con Gracia María Barroso, hija de Juan González Carranzo y de Catalina López Barroso.

Nº 491. Sebastián González Tosta, hijo de Manuel González Tosta y de Ana Pérez, casó en 1690 en la iglesia parroquial de nuestra señora de la Concepción del Realejo Bajo con Lucía Francisca, hija de

Francisco Martín y de Catalina.

Nº 175. Francisco González, hijo de Gaspar González y de Ana Borges, casó en 1691 en la iglesia parroquial de Nuestra señora de la Santísima Concepción del Realejo Bajo con Leonor Francisca, hija de Manuel González y de Ana Francisca.

Nº 494. Sebastián González Bello, hijo de Lucas Hernández Bello y de María Francisca, casó en 1692 en la iglesia parroquial de nuestra señora de la Concepción del Realejo Bajo con Lucía Díaz, hija de Alfonso González Díaz de la Guarda y de ... Fernández de Chaves.

Nº 366. Luis González, hijo de Juan de la Cruz y de Isabel González, natural de El Tanque, casó en 1693 en la iglesia parroquial de Nuestra Señora de la Concepción del Realejo Bajo con Elena Francisca, hija de Juan González y de Sebastiana Francisca.

Nº 410. Marcos González Cabedo, hijo de Simón González Cabedo y de Catalina González de San Juan, casó en 1693 en la iglesia parroquial de Nuestra Señora de la Concepción del Realejo Bajo con Catalina

Díaz, hija de Pedro Díaz y de María Luis.

N° 494. Sebastián González Bello, hijo de Lucas Hernández Bello y de María Francisca, casó en 1692 en la iglesia parroquial de nuestra señora de la Concepción del Realejo Bajo con Lucía Díaz, hija de Alfonso González Díaz de la Guarda y de ... Fernández de Chaves.

N°. 409. Manuel González Lozano, hijo de Salvador González y de Catalina González, casó en 1693 en la parroquia de Nuestra Señora de la Concepción del Realejo Bajo con Juana Francisca, hija de Marcos González y de Clara Francisca.

N° 77. Cristóbal González, hijo de Miguel Correa y de María Hernández, naturales del Tanque, casó en 1694 en la iglesia parroquial de Nuestra Señora de la Concepción del Realejo Bajo con Josefa Luis, hija de Pedro Hernández de Abreu y de María Francisca.

N° 411. Manuel González, hijo de Tomás González y de Emerencia Gutiérrez, casó en 1694 en la iglesia parroquial de Nuestra Señora de la Concepción del Realejo Bajo con Andrea Yanes, hija de Nicolás

Francisco y de Inés González

Nº 444. Pablo González, hijo de Matías González y de Francisca del Rosario, casó en 1695 en la iglesia parroquial de nuestra señora de la Concepción del Realejo Bajo con Ana Perera, hija de José Perera y de Ana Pérez.

Nº 177. Francisco González de Chaves, hijo de Juan González de Chaves y de Lucía Sánchez, casó en 1695 en la iglesia parroquial de Nuestra Señora de la Concepción del Realejo Bajo con Juliana Lorenzo de Oliva, hija de José Hernández y de Ana Lorenzo.

Nº 331. Juan González, hijo de Blas González y de María Rodríguez, casó en 1696 en la iglesia parroquial de Nuestra Señora de la Concepción del Realejo Bajo con Eufemia María, hija de José González y de María Marquesa.

Nº 333. Juan González Cancela, hijo de Juan González Cancela y de María Pérez, casó en 1696 en la iglesia parroquial de Nuestra Señora de la Concepción del Realejo Bajo con Andrea Francisca, hija de Amaro Francisco Pérez Bento y de Gracia María. Con cuarto grado de consanguinidad.

Nº 499. Sebastián González Toste, viudo de Lucía Martín, casó en 1696 en la iglesia parroquial de Nuestra Señora de la Concepción del Realejo Bajo con María Francisca, hija de Salvador González y de Catalina Francisca.

Blas González hijo de Blas González y de María Rodríguez, casó en 1697 en la iglesia parroquial de Nuestra Señora de la Concepción del Realejo Bajo con Águeda Francisca Barroso, hija de Francisco Yanes Barroso y de Juana María.

Nº 180. Francisco González Chaurero, hijo de Francisco González Chaurero y de Beatriz Hernández, casó en 1697 con Tomasina Francisca, hija de Ángel Domínguez y de Beatriz Francisca. Con dispensa por impedimento de tercero con cuarto grado.

Nº. 67. Blas González, hijo de Blas González y de María Rodríguez, casó en 1697 en la iglesia parroquial de Nuestra Señora de la Concepción del Realejo Bajo con Águeda Francisca, Barroso, hija de Francisco Yanes Barroso y de Juana María.

Nº 447. Pedro González Socas del Álamo, viudo de Inés Pérez de San Juan, casó en 1699 en la iglesia parroquial de nuestra señora de la Concepción del Realejo Bajo con Francisca Hernández de Albelo, viuda de Miguel Francisco.

Nº 41. Ambrosio González, hijo de Margarita Francisca, casó en 1700 en la iglesia parroquial de Nuestra Señora de la Concepción del Realejo Bajo con Ángela Francisca, hija de Salvador Acosta y de Ángela de Jesús.

Nº 227. Isidro González de Mesa, hijo de Lorenzo González Pablo y Lucía de Mesa y Hoyo, casó en 1700 en la parroquia de Nuestra Señora de la Concepción del Realejo Bajo con María Miranda de Abreu, hija del alférez Gonzalo de Abreu y de Isabel Miranda.

Nº 513. Tomás González del Rosario, esclavo blanco del alférez Felipe González, casó en 1700 en la iglesia parroquial de nuestra señora de la Concepción del Realejo Bajo con María Agustina Estévez, blanca, esclava de Simón Francisco.

Nº 609 L 2º. Ventura González, hijo de Lucas González y de María Benítez, casó en 1704 en la iglesia parroquial de Nuestra Señora de la Concepción del Realejo Bajo con María Francisca Bencomo, hija de Juan Lorenzo Vega y de Ana Francisca.

Nº 1121 L 2º. Manuel González, hijo de Sebastián González y de Andrea María, casó en 1704 en la iglesia parroquial de Nuestra Señora de la Concepción del Realejo Bajo con Juliana Francisca, hija de Marcos Hernández y de Juana Velázquez.

Nº 1280 L 2º. Silvestre González, hijo de Domingo González y de Juana de Santiago, naturales de La Guancha, casó en 1705 en la iglesia parroquial de Nuestra Señora de la Concepción del Realejo Bajo con Isabel María, hija de padres incógnitos.

Nº 667 L 2º. Diego González, hijo de Juan Machado y de María Siverio, casó en 1706 en la iglesia parroquial de Nuestra Señora de la Concepción del Realejo Bajo con Hipólita García, hija de Domingo García y de María Rodríguez.

Nº 893 L 2º. Isidro González, hijo de Salvador

Gaspar y de María Catalina, vecinos de La Guancha, casó en 1708 en la iglesia parroquial de Nuestra Señora de la Concepción del Realejo Bajo con Isabel Luis, hija de Francisco Luis Dávila y de María de la Candelaria.

Nº 1219 L 2º. Pedro González Corvo, hijo de Juan González Corvo y de Catalina Arbelo, casó en 1709 en la iglesia parroquial de Nuestra Señora de la Concepción del Realejo Bajo con María Rodríguez Casanova, hija de Juan Rodríguez y de Ana Rodríguez Casanova.

Nº 1281 L 2º. Silvestre González, viudo de Ana de Albelo, casó en 1706 en la iglesia parroquial de Nuestra Señora de la Concepción del Realejo Bajo con Andrea Fernández, viuda de Sebastián Fernández.

Nº 751 L 2º. Francisco González Chaves, hijo de Diego González de Abreu y de Isabel María Chaves, casó en 1709 en la iglesia parroquial de Nuestra Señora de la Concepción del Realejo Bajo con María Sánchez de Miranda, hija de Domingo García de Armas y de María Sánchez de Miranda.

Nº 1710 L 2º. Sebastián González Delgado, viudo

de Águeda Francisca, casó en 1710 en la iglesia parroquial de Nuestra Señora de la Concepción del Realejo Bajo con María de la O, hija de Cristóbal de Melo y de María Delgado.

Nº 1284 L 2º. Salvador González de Ledesma, hijo de Alonso González y de María de Ledesma, vecinos de Arona, casó en 1710 en la iglesia parroquial de Nuestra Señora de la Concepción del Realejo Bajo con María Francisca, hija de Francisco González Llanos y de Ángela Francisca.

Nº 1284 L 2º. Salvador González de Ledesma, hijo de Alonso González y de María de Ledesma, vecinos de Arona, casó en 1710 en la iglesia parroquial de Nuestra Señora de la Concepción del Realejo Bajo con María Francisca, hija de Francisco González Llanos y de Ángela Francisca.

Nº 644. Clemente González Héctor, hijo de Manuel González Héctor y de María Francisca, casó en 1711 en la iglesia parroquial de nuestra señora de la Concepción del Realejo Bajo con Gaspara Rodríguez Chaves, hija de Francisco Yanes y de María Rodríguez Chaves.

Nº 923 L 2º. Juan González Ávila, hijo de Manuel González Suárez y de María Luis Ávila, vecinos de La Guancha, casó en 1711 en la iglesia parroquial de Nuestra Señora de la Concepción del Realejo Bajo con Catalina Isabel Pérez, hija de la Iglesia.

Nº 614 L 2º. Bernabé González, viudo de Ángela Rodríguez, casó en 1712 en la iglesia parroquial de Nuestra Señora de la Concepción del Realejo Bajo con Ángela Francisca, hija de Francisco González Chaurero y de Beatriz Hernández.

Nº 759 L 2º. Francisco Jerónimo González, hijo de Baltasar González, vecino de La Palma, y de Margarita Fernández, natural de San Juan, casó en 1712 en la iglesia parroquial de Nuestra Señora de la Concepción del Realejo Bajo con Catalina Francisca Bernal, hija de Francisco Hernández y de María Margarita Bernal.

Nº 1129 L 2º. Matías González Perdomo, hijo de Baltasar Perdomo, natural de La Palma, y de Margarita Francisca, de la Rambla, casó en 1712 en la iglesia parroquial de Nuestra Señora de la Concepción del

Realejo Bajo con Ana Martín Herrera, hija de Francisco Martín y de María Herrera.

Nº 1130 L 2º. Melchor González Fajardo, hijo de Melchor González Fajardo y de Blasina Borges de Acevedo, vecinos de Buenavista, casó en 1713 en la iglesia parroquial de Nuestra Señora de la Concepción del Realejo Bajo con María Oramas, hija de José Figueredo y de Ana María.

Nº 616 L 2º. Bartolomé González, hijo de Gabriel González y de María Borges, naturales de los Silos, casó en 1714 en la iglesia parroquial de Nuestra Señora de la Concepción del Realejo Bajo con Francisca Borges Acevedo, hija de Melchor González Fajardo y de Blasina Borges Acevedo.

Nº 764 L 2º. Francisco González Gutiérrez, hijo de Domingo González y de María Gutiérrez, vecinos de La Orotava, casó en 1714 en la iglesia parroquial de Nuestra Señora de la Concepción del Realejo Bajo con Tomasa Rodríguez Casanova, hija de Juan Rodríguez y de Ana Rodríguez Casanova.

Nº 933 L 2º. Juan González de Acevedo, hijo de

Martín González y de Francisca de Acevedo Baeza, vecinos de Los Silos, casó en 1714 en la iglesia parroquial de Nuestra Señora de la Concepción del Realejo Bajo con Sebastiana Josefa de Chaves, hija de Jerónimo García de Chaves y de Tomasa Francisca de Chaves.

Nº 1332 L 2º. Tomás González, viudo de Agustina María, esclava de Simón Francisco –él esclavo de Silvestre González– casó en 1714 en la iglesia parroquial de Nuestra Señora de la Concepción del Realejo Bajo con Ana María, natural de Abona, hija de Dionisio Pérez y de Ana María, naturales y vecinos de San Miguel.

Nº 770 L 2º. Francisco González Héctor, hijo de Manuel González Héctor y de María Francisca, casó en 1715 en la iglesia parroquial de Nuestra Señora de la Concepción del Realejo Bajo con María Francisca, hija de Juan García y de Ángela Francisca.

Nº 1133 L 2º. Marcos González, hijo de Lázaro González y de Sebastiana Francisca, casó en 1715 en la iglesia parroquial de Nuestra Señora de la Concepción del Realejo Bajo con Ana García, hija de Mateo

Hernández y de Margarita Rodríguez.

Nº 618 L 2º. Bartolomé González de Abreu, viudo de María Francisca Rodríguez, casó en 1716 en la iglesia parroquial de Nuestra Señora de la Concepción del Realejo Bajo con Rosa María, hija de Francisca González Jerónimo y de María Domínguez.

Nº 939 L 2º. Juan González Héctor, hijo de Manuel González Héctor y de María Francisca Cuervo, casó en 1716 en la iglesia parroquial de Nuestra Señora de la Concepción del Realejo Bajo con Teodora Francisca, hija de Juan Luis y de Catalina Francisca.

Nº 680 L 2º. Domingo González, hijo de Nicolás González y de Juana Bello, natural de Tijoco en Adeje, casó en 1717 en la iglesia parroquial de Nuestra Señora de la Concepción del Realejo Bajo con Brígida Francisca, hija de Lucas Francisco y de Elena Francisca.

Nº 1104 L 2º. Lázaro González López, hijo de Lázaro González López y de Sebastiana Francisca, casó en 1717 en la iglesia parroquial de Nuestra Señora de la Concepción del Realejo Bajo con Catalina Francisca de Aguiar, hija de Bernardo Francisco de Aguiar y de Catalina Francisca.

Nº 949 L 2º. José González, hijo de Domingo González y de Melchora Francisca, casó en 1718 en la parroquia de Nuestra Señora de la Concepción del Realejo Bajo con Francisca Díaz, hija de Andrés Díaz y de Ángela Francisca.

Nº 1105 L 2º. Lázaro González, natural de La Gomera, hijo de Salvador García y de María de Frías, casó en 1718 en la iglesia parroquial de Nuestra Señora de la Concepción del Realejo Bajo con Catalina de San Mateo de la Concepción, hija de Benito de Benavides, de Portugal, y de Isabel de la Cruz.

Nº 950 L 2º. José González de Albelo, hijo de Mateo Hernández y de Magdalena Rodríguez de Albelo, casó en 1719 en la iglesia parroquial de Nuestra señora de la Santísima Concepción del Realejo Bajo con Jacinta López Barroso, hija de Tomás Francisco Hormiga y de Juliana López Barroso.

Nº 780 L 2º. Francisco González de Abreu, hijo de Francisco González y de Francisca Díaz, casó en 1721 en la iglesia parroquial de Nuestra Señora de la Concepción del Realejo Bajo con Isabel Francisca de Albelo, hija de Antonio Jácome de Albelo y de Eufemia García Barroso.

Nº 1225 L 2º. Pedro González del Rosario, hijo de Catalina Francisca y de padre no conocido, casó en 1721 en la iglesia parroquial de Nuestra Señora de la Concepción del Realejo Bajo con María Josefa Bencomo, hija de Ventura González y de María Francisco Bencomo.

Nº 782 L 2º. Francisco González de Chaves, hijo de Francisco González de Chaves y de Juliana Lorenzo, casó en 1723 en la iglesia parroquial de Nuestra Señora de la Concepción del Realejo Bajo con María García, hija de Bernabé García y de Sebastiana Francisca.

Nº 1107 L 2º. Lázaro González Machado, viudo de Águeda María, casó en 1723 en la iglesia parroquial de Nuestra Señora de la Concepción del Realejo Bajo con Catalina Miranda y Chaves, hija de Domingo Fernández de Chaves y de Mariana Ferrero de Acevedo.

Nº 960 L 2º. José González, hijo de Antonio

González y de Blasina Márquez, vecinos de El Tanque, casó en 1724 en la iglesia parroquial de Nuestra Señora de la Concepción del Realejo Bajo con Ana Miranda de Chaves, hija de Domingo Fernández Chaves y de Isabel María de Chaves.

Nº 962 L 2º. Juan González de Ledesma, hijo de Juan Alonso y de María de Ledesma, casó en 1724 en la iglesia parroquial de Nuestra Señora de la Concepción del Realejo Bajo con Ana Francisca, hija de Juan Luis y de Catalina Francisca.

Nº 1139 L 2º. Manuel González Héctor, hijo de Manuel González Héctor y de María Francisca, casó en 1724 en la iglesia parroquial de Nuestra Señora de la Concepción del Realejo Bajo con María Francisca, hija de Juan Luis y de Catalina Francisca. Consanguíneos de 3º con 4º grado.

Nº 785 L 2º. Francisco González Casanova, hijo de Manuel González Espínola[25] y de Micaela Rodríguez Casanova, casó en 1725 en la iglesia parroquial de Nuestra Señora de la Concepción del Realejo Bajo con

---

[25] Espíndola en el original.

Clara García de Arvelo, hija de Antonio Jácome de Arvelo y de Eufemia García Barroso.

N° 975 L 2°. José González Casanova, hijo de Manuel González Espínola[26] y de Micaela Rodríguez Casanova, casó en 1726 en la iglesia parroquial de Nuestra Señora de la Concepción del Realejo Bajo con Ana Delgado, hija de Manuel Hernández Correa y de Francisca Delgado, vecinos de Adeje.

N° 1231 L 2°. Pedro González Chaurero, hijo de francisco González y de Tomasina Francisca, casó en 1727 en la iglesia parroquial de Nuestra Señora de la Concepción del Realejo Bajo con Isabel Márquez de Chaves.

N° 622 L 2°. Ventura José González, hijo de Ventura González y de María Francisca, casó en 1728 en la iglesia parroquial de Nuestra Señora de la Concepción del Realejo Bajo con Beatriz Francisca Molina, hija de Gaspar Rodríguez y de Francisca Molina.

N° 553. Mateo González, casó en 1729 en la iglesia

---

[26] Espíndola, en el original.

parroquial de Nuestra Señora de la Concepción del Realejo Bajo con Águeda González[27] hija de Blasina González y de padre no conocido. Donde se celebró la ceremonia representado por el alférez Agustín Hernández.

Nº 867 L 2º. Gerónimo González, hijo de Juan González Felipe y de Eufemia María, casó en 1730 en la iglesia parroquial de Nuestra Señora de la Concepción del Realejo Bajo con María Rodríguez, hija de Juan Martín y de Ana Rodríguez.

Nº 898 L 2º. Ignacio González Chaves, hijo de Francisco González Chaves y de Juliana Lorenzo, casó en 1731 en la iglesia parroquial de Nuestra Señora de la Concepción del Realejo Bajo con María Pérez, hija de Jerónimo Amador y de Rosa Francisca.

Nº 987 L 2º. Juan González, hijo de Gaspar González y de Elena Rodríguez, vecinos de La Orotava, casó en 1731 en la iglesia parroquial de Nuestra Señora de la Concepción del Realejo Bajo con Isabel de la Encarnación, hija de Clemente Hernández y

---

[27] Remite al número 553 de la página 56.

Águeda de la Encarnación.

Nº 795 L 2º. Francisco González Dávila, hijo de Dionisio González y de Lucía Luis Dávila, casó en 1732 en la iglesia parroquial de Nuestra Señora de la Concepción del Realejo Bajo con Catalina Muñoz Ramos, hija de Juan González Barbadillo y de Catalina Muñoz, ambos naturales de El Hierro.

Nº 695 L 2º. Domingo González, hijo de Antonio González, vecino de El Tanque, y de María Marquesa, casó en 1733 en la iglesia parroquial de Nuestra Señora de la Concepción del Realejo Bajo con Josefa de la Guardia Barroso, hija de Félix Antonio Barroso y de Leonor de la Guardia.

Nº 996 L 2º. Juan González Chaurero, hijo de Francisco González Chaurero y de Tomasa Francisca, casó en 1733 en la iglesia parroquial de Nuestra Señora de la Concepción del Realejo Bajo con María Francisca, hija de Juan Díaz y de Francisca Márquez.

Nº 798 L 2º. Francisco González, hijo de Luis González y de Isabel González, casó en 1734 en la iglesia parroquial de Nuestra Señora de la Concepción del

Realejo Bajo con Águeda Yanes, hija de Juan de Plasencia y de Catalina Yanes.

Nº 1001 L 2º. José González, hijo de Luis González y de Isabel González, casó en 1734 en la iglesia parroquial de Nuestra Señora de la Concepción del Realejo Bajo con Catalina García, hija de Juan Rodríguez de la Cruz y de Ana García.

Nº 804 L 2º. Fernando González Bencomo, hijo de Andrés González Bencomo y de Beatriz González, casó en 1735 en la iglesia parroquial de Nuestra Señora de la Concepción del Realejo Bajo con María Margarita de Albelo, hija de Margarita Lorenzo y de padre no conocido.

Nº 1017 L 2º. Juan González Acevedo, hijo de Juan Rodríguez Acevedo y de Sebastiana Francisca de Chaves, casó en 1738 en la iglesia parroquial de Nuestra Señora de la Concepción del Realejo Bajo con Ana María Abreu, hija de Francisco Pérez y de María Ana de Abreu.

Nº 812 L 2º. Francisco González Llanos, hijo de Antonio González Llanos y de Beatriz Francisca, casó en 1740 en la iglesia parroquial de Nuestra Señora de la Concepción del Realejo Bajo con Bernarda Francisca Suárez, hija de Antonio Domínguez y de María Suárez.

Nº 1026 L 2º. José González Moreno, hijo de Felipe González Moreno y de Catalina Francisca, casó en 1742 en la iglesia parroquial de Nuestra Señora de la Concepción del Realejo Bajo con María Francisca López, hija de José López Barroso y de María Francisca.

Nº 815 L 2º. Francisco González Chaurero, hijo de Francisco González Chaurero y de Tomasa Francisca, casó en 1743 en la iglesia parroquial de Nuestra Señora de la Concepción del Realejo Bajo con Inés Francisca Suárez, hija de Diego Suárez y de María Francisca. Consanguíneos en tercer grado.

Nº 1028 L 2º. José González Chapín, viudo de Catalina García Cuarenta[28], casó en 1743 en la iglesia parroquial de Nuestra Señora de la Concepción del Realejo Bajo con Luisa Barroso, hija de Pablo Manuel Carballo y de Isabel María Barroso.

---

[28] Del número 1001.

Nº 1308 L 2º. Salvador Manuel González, hijo de José González y de Blasina Hernández, casó en 1744 en la iglesia parroquial de Nuestra Señora de la Concepción del Realejo Bajo con María de Abreu Llanos, hija de Francisco de Abreu y de Juana Francisca de los Reyes.

Nº 1249 L 2º. Pedro González Héctor, hijo de Juan González Héctor y de Teodora Francisca, casó en 1744 en la iglesia parroquial de Nuestra Señora de la Concepción del Realejo Bajo con María Francisca Chaves, viuda de Ignacio López.

Nº 1162 L 2º. Miguel González Delgado, hijo de Juan González Delgado y de Isabel Francisca Barroso, casó en 1744 en la iglesia parroquial de Nuestra Señora de la Concepción del Realejo Bajo con Francisca García, hija de Juan Fernández y de María García.

Nº 654 L 2º. Cayetano González Corvo, hijo de Luis Hernández y de Francisca Javier Corvo, casó en 1745 en la iglesia parroquial de nuestra señora de la Concepción del Realejo Bajo con Ana del Carmen Acevedo, hija del alférez José Antonio de Acevedo, vecino del

Puerto de la Orotava y de María Rosa de Fuentes.

Nº 1164 L 2º. Miguel González de Acevedo, hijo de Juan González de Acevedo y de Sebastiana Francisca de Chaves, casó en 1745 en la iglesia parroquial de Nuestra Señora de la Concepción del Realejo Bajo con Francisca Lorenzo Chaves, hija de Francisco González de Chaves y de Juliana Lorenzo

Nº 709 L 2º. Domingo González Estévez, hijo de Marcos González y de Clara Francisca Corvo, casó en 1748 en la iglesia parroquial de Nuestra Señora de la Concepción del Realejo Bajo con Francisca Delgado, viuda de Domingo Rodríguez Tío.

Nº 821 L 2º. Francisco González, viudo de Águeda Yanes, casó en 1748 en la iglesia parroquial de Nuestra Señora de la Concepción del Realejo Bajo con Elena Francisca, hija de Luis González y de Elena Francisca.

Nº 822 L 2º. Felipe González de Fuentes, vecino de La Orotava, viudo de Catalina de los Reyes, casó en 1748 en la iglesia parroquial de Nuestra Señora de la Concepción del Realejo Bajo con Micaela Antonia

Siverio, hija de Francisco Siverio y de Ana María de León.

Nº 1252 L 2º. Pedro González, hijo de José González y de Blasina Hernández, casó en 1748 en la iglesia parroquial de Nuestra Señora de la Concepción del Realejo Bajo con María Concepción, hija de Manuel Martín y de María Pérez.

Nº 571 L 2º. Antonio González, natural del Puerto, hijo de Felipe González y de Rosa Felipa de Fuentes, casó en 1749 con María Delgado, hija de Salvador Quintero y de María Delgado Mendoza.

Nº 827 L 2º. Francisco González Acevedo, hijo de Juan González Acevedo y de Sebastiana Chaves, casó en 1752 en la iglesia parroquial de Nuestra Señora de la Concepción del Realejo Bajo con Isabel Molina, hija de Ventura López y de Beatriz Francisca Molina.

Nº 1315 L 2º. Salvador González, hijo de Isidro González y de Ángela Francisca, casó en 1752 en la iglesia parroquial de Nuestra Señora de la Concepción del Realejo Bajo con Josefa Francisca, viuda de Salvador Lorenzo.

Nº 1168 L 2º. Manuel González de Chaves, hijo de Francisco González de Chaves y de María García, casó en 1752 en la iglesia parroquial de Nuestra Señora de la Concepción del Realejo Bajo con Andrea Francisca, hija de Juan Luis Moreno y de María Francisca. Consanguíneos en cuarto grado.

Nº 1169 L 2º. Marcos González, viudo de Lutgarda Francisca de Abreu, casó en 1752 en la iglesia parroquial de Nuestra Señora de la Concepción del Realejo Bajo con Juana María Rodríguez, hija de Francisco Hernández y de María Rodríguez.

Nº 581 L 2º. Asencio González de la Loma, hijo de Alejandro González de la Loma y de Andrea María Carmenatis, casó en 1753 en la iglesia parroquial de Nuestra Señora de la Concepción del Realejo Bajo con Josefa Rodríguez de la Concepción, hija de Antonio García de Abreu y de María Rodríguez Casanova.

Nº 1172 L 2º. Manuel González Héctor, hijo de Juan González Héctor y de Teodora Francisca, casó en 1753 en la iglesia parroquial de Nuestra Señora de la Concepción del Realejo Bajo con Margarita Francisca

Chaves, hija de Amaro Hernández Chaves y de Isidora Francisca López.

Nº 712 L 2º. Domingo González Héctor, hijo de Francisco González Héctor y de María Francisca García, casó en 1754 en la iglesia parroquial de Nuestra Señora de la Concepción del Realejo Bajo con Francisca Dávila, hija de Domingo González Dávila y de María Francisca Díaz.

Nº 881 L 2º. Gonzalo González de Abreu, hijo de Francisco González de Abreu y de Isabel Francisca Jácome Barroso, casó en 1755 en la iglesia parroquial de Nuestra Señora de la Concepción del Realejo Bajo con Isabel Regalado Barroso, hija de José Yanes Regalado y de Jerónima Delgado Barroso.

Nº 1175 L 2º. Manuel González Héctor, hijo de Manuel González Héctor y de María Francisca, casó en 1755 en la iglesia parroquial de Nuestra Señora de la Concepción del Realejo Bajo con Francisca Álvarez, hija de Hilario Lorenzo y de Catalina Francisca.

Nº 1066 L 2º. José González Héctor, hijo de Clemente González Héctor y de Gaspara Rodríguez de

Chaves, casó en 1756 en la iglesia parroquial de Nuestra Señora de la Concepción del Realejo Bajo con María García, hija de Juan Díaz Ventura y de Luisa García.

Nº 1068 L 2º. Joaquín González Oramas, hijo de José González y de María Rodríguez, casó en 1756 en la iglesia parroquial de Nuestra Señora de la Concepción del Realejo Bajo con Juana Francisca Lozano, hija de Antonio Francisco de Armas y de María Francisca Lozano.

Nº 1319 L 2º. Salvador González Lozano, hijo de Manuel González Lozano y de Laurencia Francisca, vecinos de la Guancha, casó en 1756 en la iglesia parroquial de Nuestra Señora de la Concepción del Realejo Bajo con Isabel María de la Cámara y Abreu, hija de Cristóbal de la Cámara y de Gracia María de Abreu.

Nº 593 L 2º. Antonio José González, hijo de José Felipe y de Josefa Lorenzo, casó en 1759 en la iglesia parroquial de Nuestra Señora de la Concepción del Realejo Bajo con Catalina Juana de Castro, hija de Felipe Yanes y Francisca Hernández de Castro.

Nº 844 L 2º. Fernando González, hijo de Juan González y de Eugenia Francisca, vecina de La Orotava, casó en 1762 en la iglesia parroquial de Nuestra Señora de la Concepción del Realejo Bajo con Rosalía María Espinosa, viuda de Miguel Pérez Olivero, vecina de La Orotava.

Nº 890 L 2º. Jerónimo González de Chaves, hijo de Ignacio González Chaves y de María Francisca Amador casó en 1763 en la iglesia parroquial de Nuestra Señora de la Concepción del Realejo Bajo con Clara Francisca Álvarez, hija de Hilario Lorenzo y de Catalina Francisca Álvarez.

Nº 602 L 2º. Antonio González de Chaves, viudo de María García, casó en 1764 en la iglesia parroquial de Nuestra Señora de la Concepción del Realejo Bajo con Catalina de la Guarda y Villar, hija de Manuel Villar y de María Rodríguez de Chaves.

Nº 1091 L 2º. José González Chaves, hijo de Francisco González y de María García, casó en 1764 en la iglesia parroquial de Nuestra Señora de la Concepción del Realejo Bajo con Rafaela Francisca Martínez, hija de Juan Pérez Martínez y de María Estéfana Álvarez.

Nº 1183 L 2º. Manuel González Héctor, hijo de Clemente González Héctor y de Gaspara Rodríguez, casó en 1764 en la iglesia parroquial de Nuestra Señora de la Concepción del Realejo Bajo con Ana Díaz Barcelos, hija de Nicolás Díaz Moreno y de Josefa Barcelos.

Nº 853 L 2º. Francisco González de Ávila, hijo de Francisco González de Ávila y de Catalina Muñoz, casó en 1765 en la iglesia parroquial de Nuestra Señora de la Concepción del Realejo Bajo con Ana María de León, hija de Francisco Siverio y de Ana María de León.

Nº 1093 L 2º. José González Ruiz, hija de José González Ruiz y de Blasa Francisca de Ávila, casó en 1765 en la iglesia parroquial de Nuestra Señora de la Concepción del Realejo Bajo con Margarita Suárez, hija de Sebastián Hernández Guerra y de Margarita Suárez, vecinos de San Juan de la Rambla.

Nº 1185 L 2º. Matías González Corvo, viudo de María Francisca, casó en 1765 en la iglesia parroquial de Nuestra Señora de la Concepción del Realejo Bajo con

Inés Francisca, hija de José López y de María Francisca.

Nº 1186 L 2º. Miguel González, hijo de Cayetano González Corvo y de María del Carmen Acevedo, vecinos del Puerto de la Orotava, casó en 1765 en la iglesia parroquial de Nuestra Señora de la Concepción del Realejo Bajo con Manuela María León y Rojas, hija de Manuel de León y de Juliana de Rojas.

Nº 639 L 2º. Ventura José González, hijo de Ventura José González y de Beatriz Francisca Molina, casó en 1766 en la iglesia parroquial de Nuestra Señora de la Concepción del Realejo Bajo con Ana Rodríguez Casanova, hija de Feliciano Rodríguez Casanova y de Francisca Martín[29].

Nº 1275 L 2º. Pedro González, hijo de Miguel González y de Francisca Palenzuela, casó en 1766 en la iglesia parroquial de Nuestra Señora de la Concepción del Realejo Bajo con Ana Cayetana de la Cruz, natural de Santa Cruz, hija de José Antonio de Mesa y Miranda y de María Antonia González Miranda, del

---

[29] Solo se lee: Mar…

Puerto.

Nº 1277 L 2º. Pedro González, hijo de Pedro González y de Isabel Luis Márquez, casó en 1767 en la iglesia parroquial de Nuestra Señora de la Concepción del Realejo Bajo con Lucía Suárez, hija de Ignacio López y de María Francisca Suárez. Consanguíneos en cuarto grado.

Nº 1359 L 3º. Andrés González Llanos, hijo de Francisco Antonio Llanos y de Bernarda Suárez, casó en 1768 Con Francisca García Héctor, hija de Jerónimo García Héctor y de Josefa Francisca.

Nº 1461 L 3º. Cristóbal González Fagundo, hijo de Matías González Fagundo y de Josefa Antonia de Oliva, casó en 1768[30] en la parroquia de la Concepción del Realejo Bajo con Antonia Margarita de la Concepción y Ávila, hija de Francisco Rodríguez Regalado de la Curia y Luisa Francisca de Ávila.

Nº 1462 L 3º. Cayetano González Corvo, hijo de Cayetano Corvo y de María Ana del Carmen Acevedo,

---

[30] Esta fecha es aproximada, por las sucesivas, ya que no consta.

casó en 1768[31] en la parroquia de la Concepción del Realejo Bajo con Andrea Francisca Casanova, hija de Juan de León y de Micaela Fernández Casanova.

Nº 1592 L 3º. Juan González Perera, viudo de María González de Chaves, casó en 1768 en la parroquia de la Concepción del Realejo Bajo con en la parroquia de la Concepción del Realejo Bajo con María Francisca, viuda de Antonio Donis.

Nº 1594 L 3º. José González de la Cruz, hijo de Andrés González de la Cruz y de Luisa Francisca Gil, natural de la Rambla, casó en 1768 en la parroquia de la Concepción del Realejo Bajo con Jerónima Francisca López, hija de José López Moreno y de María Francisca. Consanguíneos en 3º.

Nº 1795 L 2º. Pedro González de Abreu, hijo de Domingo González de Abreu, casó en 1768 en la parroquia de la Concepción del Realejo Bajo con Isabel Francisca González, hija de Miguel González y de María Francisca.

---

[31] Fecha aproximada.

Nº 1362 L 3º. Andrés González Yanes, hijo de Juan González Yanes y de María Rodríguez, casó en 1769 en la parroquia de la Concepción del Realejo Bajo con Antonia Quevedo de Albelo, hija de Pedro Hernández de Albelo[32] y de Ana Quevedo.

Nº 1796 L 3º. Pablo González Delgado, hijo de José González Delgado y de Ana María, casó en 1769 en la parroquia de la Concepción del Realejo Bajo con Ana María Yanes y Barroso, hija de Francisco Yanes y de Luisa María Barroso.

Nº 1730 L 3º. Luis González de Chaves, hijo de Ignacio González de Chaves y de María Francisca Amador, casó en 1770 en la parroquia de la Concepción del Realejo Bajo con Isabel Domínguez Barroso, hija de Antonio Domínguez Barroso y de María de Fuentes.

Nº 1363 L 3º. Andrés González Llanos, viudo de María Gil[33], casó en 1772 en la parroquia de la Concepción del Realejo Bajo con Rosalía Suárez, hija de Domingo Suárez y de Catalina Francisca. Consanguíneos en tercer grado.

---

[32] Arbelo en el original.
[33] En el número 1359 de orden alfabético.

Nº 1734 L 3º. Lorenzo Agustín González Barroso y Chaves, hijo de José González Barroso y de Catalina González de Chaves, casó en 1772 en la parroquia de la Concepción del Realejo Bajo con María Rodríguez Casanova, viuda de Marcos Díaz, hija de Isidro González Casanova y de María Catalina de San Marqueztín[34].

Nº 1735 L 3º. Luis González Chaurero, hijo de Pedro González Chaurero y de Isabel Márquez, casó en 1772 en la parroquia de la Concepción del Realejo Bajo con Ana Josefa de la Concepción Zamora, hija de Francisco Lorenzo Zamora y de Andrea Martín.

Nº 1799 L 3º. Pedro González Acevedo, hijo de Juan González Acevedo y de Ana María de Abreu, casó en 1774 en la parroquia de la Concepción del Realejo Bajo con Josefa María Domínguez, de Chaves, hija de Domingo González Chaves y de María de la Candelaria. Consanguíneos de 3 con 4º.

Nº 1617 L 3º. Juan González, hijo de Juan

---

[34] No se lee sino el comienzo del apellido Mar...

González y de Ana González, natural de Arico, casó en 1775 en la parroquia de la Concepción del Realejo Bajo con Ana Francisca, hija de Manuel Díaz y de Ana Francisca.

Nº 1626 L 3º. José Antonio González, natural de Taganana, hijo de José Antonio González y de María Antonia Chaves, casó en 1776 en la parroquia de la Concepción del Realejo Bajo con Isabel Rodríguez del Álamo Miranda, hija de Miguel Rodríguez del Álamo y de María Manuela Miranda.

Nº 1755 L 3º. Manuel González Labrador, viudo de Flora Francisca, natural de La Rambla, hija de Salvador González y de Josefa Francisca Bautista, casó en 1755 en la parroquia de la Concepción del Realejo Bajo con María de Jesús Perdomo, hija de Andrés Perdomo y de Catalina Francisca Álvarez, natural de Lanzarote.

Nº 1763 L 3º. Matías González Fagundo, natural de La Orotava, viudo de Josefa Antonio Olivero, hijo de Matías González y de María Candelaria, casó en 1791 en la parroquia de la Concepción del Realejo Bajo con Antonia Pérez, viuda de Felipe Regalado, hijo de Salvador Pérez y de Agustina de León.

Nº 1484 L 3º. Diego González Chaurero, hijo de Francisco González Chaurero y de Inés Suárez, casón en 1778 en la parroquia de la Concepción del Realejo Bajo con Josefa Delgado Suárez, hija de Gonzalo Suárez y de María Delgado.

Nº 1544 L 3º. Francisco González, natural de Buenavista, hijo de Francisco González y de Rita Francisca, casó en 1778 en la parroquia de la Concepción del Realejo Bajo con Margarita Francisca Melo, hija de José Díaz y Rosa María de la Concepción.

Nº 1636 L 3º. Juan González, hijo de Domingo González y de María Francisca de la Guarda, casó en 1778 en la parroquia de la Concepción del Realejo Bajo con María de la Concepción, hija de Antonio Díaz y de Antonia Padrón.

Nº 1805 L 3º. Pedro González Llanos, hijo de Francisco Antonio Llanos y de Bernarda Suárez, casó en 1779 en la parroquia de la Concepción del Realejo Bajo con Antonia Suárez, hija de Diego Suárez y de Juana Francisca Díaz. Consanguíneos de tercero con cuarto grado.

Nº 1647 L 3º. José González Moreno, hijo de José González Moreno y de María de Mesa, casó en 1781 en la parroquia de la Concepción del Realejo Bajo con Josefa Gil, hija de Marcos González Fariña y de María Tejera, natural de Arico.

Nº 1382 L 3º. Antonio González García, hijo de Antonio González García y de María Ana Martín, casó en 1782[35] en la parroquia de la Concepción del Realejo Bajo con Ana María Rodríguez, hija de Jerónimo González y de María Rodríguez.

Nº 1493 L 3º. Domingo González Chaurero, hijo de Pedro González Chaurero y de María Vizcaíno, casó en 1783 en la parroquia de la Concepción del Realejo Bajo con Bernarda Domínguez Barroso, hija de Antonio Domínguez Barroso Aldama y de María Fuentes Barroso.

Nº 1649 L 3º. Juan González de Ara, natural de La Orotava, hijo de Juan González de Ara y de María

---

[35] La fecha puede ser entre 1777 y 1784, por estar borrada.

Francisca de la Concepción, casó en 1782 en la parroquia de la Concepción del Realejo Bajo con Juana María Nepomuceno, hija de Gregorio Hernández de Abreu y de Ana Rodríguez Casanova.

Nº 1811 L 3º. Pedro González Carmenatis, hijo de Asencio González Carmenatis y de Josefa del Carmen Casanova, casó en 1783 en la parroquia de la Concepción del Realejo Bajo con Antonia Florencia Pérez de Albelo, hija de Nicolás Pérez Bento y de María del Castillo Albelo.

Nº 1812 L 3º. Pedro González, hijo de Pedro González Héctor y de María Francisca Suárez, casó en 1783 en la parroquia de la Concepción del Realejo Bajo con Manuela González, hija de Domingo González Héctor y de Lucía Francisca.

Nº 1785 L 3º. Antonio González, hijo de José González y de Ana Josefa Delgado, casó en 1785 en la parroquia de la Concepción del Realejo Bajo con Teresa Domínguez Barroso, hija de Antonio Domínguez Barroso y de María de Fuentes.

Nº 1667 L 3º. Juan González Regalado, viudo de

Juana Rosalía Regalado, hija de Diego González Regalado y de Josefa Perera, casó en 1786 en la parroquia de la Concepción del Realejo Bajo con Antonia Yanes Regalado, viudo de Diego Manuel Machado, hijo de José Yanes Regalado y de Jerónima Delgado.

Nº 1397 L 3º. Antonio González Toste, hijo de Fernando González Toste y de Ángela Margarita del Castillo, casó en 1787 en la parroquia de la Concepción del Realejo Bajo con María García Palenzuela, hija de Antonio de Amarante y de Rafaela García Palenzuela.

Nº 1816 L 3º. Pedro González, hijo de Pedro González Chapín y de María Josefa Martín, casó en 1787 en la parroquia de la Concepción del Realejo Bajo con Antonia Catalina de la Guardia Barroso, hija de Antonio Jácome Barroso y de Rafaela de la Guardia.

Nº 1498 L 3º. Domingo González Herrera, hijo de Domingo González Herrera y de Manuela Padrón, casó en 1790 en la parroquia de la Concepción del Realejo Bajo con Isabel Machado, hijo de Diego Machado y de Isabel Casanova.

Nº 1588 L 3º. Ildefonso González Fagundo, hijo de

Matías González Fagundo y de Josefa Olivero, casó en 1790 en la parroquia de la Concepción del Realejo Bajo con María Antonio de Fuentes, hija de Domingo de Fuentes Barroso y de María de León y Rojas.

Nº 1682 L 3º. Juan Antonio González, hijo de José Antonio González y de María Pérez, casó en 1790 en la parroquia de la Concepción del Realejo Bajo con Manuela Antonia Morales, hija de Fernando Morales y de Petronila Plasencia.

Nº 1685 L 3º. José González Ravelo, hijo de José González Ravelo y de Francisca Lozano, casó en 1791 en la parroquia de la Concepción del Realejo Bajo con María Francisca de Ávila, hija de Francisco Siverio y de María Francisca de Ávila.

Nº 1558 L 3º. Francisco González Héctor, hijo de José González Héctor y de María García, casó en 1792 en la parroquia de la Concepción del Realejo Bajo con Rosalía García Zamora, hija de José Lorenzo Zamora y de Lucía Andrea García.

Nº 1408 L 3º. Antonio González de Chaves, hijo de Jerónimo González Chaves y de Clara Francisca de la

Concepción, casó en 1793 en la parroquia de la Concepción del Realejo Bajo con Josefa Rodríguez Regalado, hija de Francisco Rodríguez Regalado y de Lucía Luis de Ávila.

Nº 1698 L 3º. José González, hijo de Antonio González y de Manuela Francisca de Abreu, casó en 1793[36] en la parroquia de la Concepción del Realejo Bajo con Josefa Díaz de Chaves, hija de Fernando Díaz de Chaves y de Catalina Rodríguez Delgado.

Nº 1701 L 3º. José González Cosme, hijo de Francisco González Cosme y de Isabel Romero, casó en 1793[37] en la parroquia de la Concepción del Realejo Bajo con María Luis Llanos, hija de Salvador Luis Llanos y de Ana Rodríguez del Álamo.

Nº 1414 L 3º. Antonio González Chaves, hijo de Luis González Chaves y de Isabel Domínguez, casó en 1794 en la parroquia de la Concepción del Realejo Bajo con Juana Rodríguez Regalado, hija de Tomás Regalado y de Manuela de Albelo.

---

[36] Puede ser 1793 o 1794 porque está borrado en mi copia.
[37] O 1794.

Nº 1455 L 3º. Bernardo González Cano, hijo de Cristóbal González Cano y de Isabel Francisca García, casó en 1794 en la parroquia de la Concepción del Realejo Bajo con Josefa Ferraz, hija de Francisco Ferraz y de Antonia García Chaurero.

Nº 1508 L 3º. Domingo González Chaves, hijo de Manuel González Chaves y de Andrea Francisca Moreno de la Cruz, casó en 1794 en la parroquia de la Concepción del Realejo Bajo con Antonia Regalado, hija de Gaspar de Mesa y de Andrea Regalado.

Nº 1560 L 3º. Francisco González Héctor, hijo de Manuel González Héctor y de Margarita Francisca Chaves, casó en 1794 en la parroquia de la Concepción del Realejo Bajo con Rosalía Rodríguez Suárez, hija de Juan Rodríguez del Álamo y de Rita Suárez.

Nº 1710 L 3º. Juan González Chaurero, hijo de Pedro González Chaurero y de Lucía Suárez, casó en 1794 en la parroquia de la Concepción del Realejo Bajo con Francisca González Héctor, hija de Domingo González Héctor y de Luisa Francisca Rodríguez.

Nº 1768 L 3º. Miguel González, hijo de Fernando

González y de Rosalía Espinosa, casó en 1794 en la parroquia de la Concepción del Realejo Bajo con Eugenia Hernández, hija de Manuel Hernández y de Tomasa Machado.

Nº 1792 L 3º. Nicolás González Carmenatis, hijo de Asencio González Carmenatis y de Josefa del Carmen Casanova, casó en 1794 en la parroquia de la Concepción del Realejo Bajo con Francisca de la Concepción Martín, hija de Francisco Martín de Albelo y de María de la Encarnación.

Nº 1515 L 3º. Domingo González, viudo de María Estévez, hija de Luis González y de María Flores de los Santos, casó en 1795 en la parroquia de la Concepción del Realejo Bajo con Francisca Dionisia Morales, natural de La Gomera, hija de Fernando Morales y de Petronila Francisca Palenzuela.

Nº 1828 L 3º. Pedro González, hijo de Manuel González y de Catalina Lorenzo Zamora, casó en 1795 en la parroquia de la Concepción del Realejo Bajo con Juana González Héctor, hija de Bartolomé Dorta y de Isabel González. Consanguíneos en tercero con cuarto grado.

Nº 1539 L 3º. Francisco González Héctor, hijo de Domingo González Héctor y de Lucía Francisca, casó en 1796 en la parroquia de la Concepción del Realejo Bajo con Margarita Díaz, hija de Diego Suárez y de Juana Díaz.

Nº 1829 L 3º. Pedro González Yanes, hijo de Andrés González Yanes y de Antonia Luis Quevedo. Casó en 1796 en la parroquia de la Concepción del Realejo Bajo con Antonia Luis de Ávila, hija de Manuel Luis de Ávila y de María Yanes.

Nº 1540 L 3º. Felipe Antonio González, hijo de Tomás Antonio González y de Catalina Francisca, casó en 1797 en la parroquia de la Concepción del Realejo Bajo con Beatriz Rodríguez Chaves, hija de Nicolás Díaz Moreno y de María Rodríguez de Chaves.

Nº 1493 L 3º. Antonio González Regalado, hijo de Manuel González Regalado y de Juana Díaz Moreno, casó en 1798 en la parroquia de la Concepción del Realejo Bajo con Josefa Regalado González hija de Manuel González Regalado y de Josefa Márquez de Chaves. Consanguíneos tercer grado simple con tercero con cuarto grado.

Nº 1858 L 3º. Silvestre González de Chaves, hijo de Jerónimo González de Chaves y de Clara Lorenzo Pesca, casó en 1798 en la iglesia parroquial de Nuestra Señora de la Concepción del Realejo Bajo con María Pérez de Chaves, hija de Juan Antonio Pérez de Abreu y de Lutgarda Guillerma.

Nº 1569 L 3º. Fernando González de Tío, hijo de Salvador González de Tío y de Isabel Ana de Rojas, casó en 1799 en la parroquia de la Concepción del Realejo Bajo con Juana Rodríguez Guillama, hija de Benito Rodríguez Guillama y María González.

Nº 1570 L 3º. Felipe González Tavío, hijo de Domingo González Tavío y de Josefa Micaela de Ávila, casó en 1799 en la parroquia de la Concepción del Realejo Bajo con María Martín Bautista Barroso, hija de Blas Martín Bautista Barroso, y de Clara Márquez de Chaves.

Familia Gonzalo:

Nº 223. Gonzalo, viudo de Catalina Francisca, casó

en 1695 en La Orotava con María de los Reyes, viuda de Francisco Pérez. Inscritos en la parroquia de la Concepción del Realejo Bajo[38].

Familia Gómez:

Nº 226. Ignacio Gómez, hijo de Juan Gómez y de Catalina Pérez, casó en 1696 en la parroquia de Nuestra Señora de la Concepción del Realejo Bajo con María Luis, hija de Juan González y de María Rodríguez.

Nº 742 L 2º. Francisco Gómez de la Sierra, hijo de Domingo Pérez y de María de la Rosa, casó en 1704 en la iglesia parroquial de Nuestra señora de la Santísima Concepción del Realejo Bajo con María Perera, hija de Pascual Francisco y de Sebastiana Pérez

Nº 642 L 2º. Cristóbal Gómez, hijo de Juan Gómez y de Catalina Pérez, casó en 1705 en la iglesia parroquial de nuestra señora de la Concepción del Realejo Bajo con Ana González López, hija de Lázaro González López y de Beatriz Hernández.

---

[38] Nº 223 de dicho año.

Nº 697 L 2º. Diego José Gómez, hijo de Cristóbal Gómez y de Ana López, casó en 1735 en la iglesia parroquial de Nuestra Señora de la Concepción del Realejo Bajo con María Francisca, hija de Blas Martín y de María Francisca.

Nº 1056 L 2º. José Gómez, hijo de Julián Gómez y de María Florencia, natural de Vallehermoso, en La Gomera, casó en 1754 en la iglesia parroquial de Nuestra Señora de la Concepción del Realejo Bajo con María Acevedo, hija de José Acevedo y de María Rodríguez, natural de los Silos.

Nº 1400 L 3º. Agustín José Gómez, hijo de José Gómez y de María Rodríguez Oropesa, casó en 1787 en la iglesia parroquial de Nuestra Señora de la Concepción del Realejo Bajo con Antonia González Espinosa, hija de Fernando González y de Rosa María de Espinosa.

Familia Gordejuela:

Nº 211. El capitán don Jerónimo de Gordejuela y Alarcón, hijo del capitán Salvador de Alarcón y de doña Francisca Sáez de Gordejuela, casó en 1677 en la iglesia parroquial de Nuestra Señora de la Concepción del Realejo Bajo con doña Ana Pérez Silva, hija de Gaspar Pérez y de Catalina Pérez de Silva.

Familia de la Guarda:

Nº 354. Leonardo de la Guarda, hijo de Juan Alonso y de Ana Díaz, casó en 1658 en la iglesia parroquial de Nuestra Señora de la Concepción del Realejo Bajo con Ángela María, hija de Andrés Hernández y de Catalina Gaspar.

Familia Guardia:

Nº 1386 L 3º. Antonio Agustín de la Guardia, hijo de Gonzalo Francisco de la Guardia y de Teresa de Mesa Beltrán, casó en 1784[39] en la parroquia de Nuestra Señora de la Concepción del Realejo Bajo con Joaquina de la Concepción Abreu, hija de Salvador González y de María Josefa de Abreu.

Familia Grijalba:

---

[39] Esta fecha no es precisa, va aproximada por faltar en el original.

Nº 1760 L 3º. Miguel de Grijalba, se veló en 1785 en la iglesia parroquial de Nuestra Señora de la Concepción del Realejo Bajo con doña Ana de la Porta.

Familia Guerra:

Nº 592 L 2º. Antonio Guerra, vecino de Santa Úrsula, hijo de Domingo Patricio Guerra y de Ana de la Cruz, casó en 1759 en la iglesia parroquial de Nuestra Señora de la Concepción del Realejo Bajo con María Francisca Regalado, hija de Pedro Yanes Regalado y de Isabel Francisca.

Nº 1350 L 2º. Tomás Guerra, hijo de Patricio Guerra y de Ana de la Cruz, vecina de Santa Úrsula, casó en 1763 en la iglesia parroquial de Nuestra Señora de la Concepción del Realejo Bajo con Isabel Francisca Moreno, hija de Juan Luis Moreno y de María de la Cruz.

Nº 1541 L 3º. Felipe Guerra, hijo de Juan Guerra y de Ana Herrera, natural de La Orotava, casó en 1777 en la iglesia parroquial de Nuestra Señora de la Concepción del Realejo Bajo con Paula Manuela de los

Remedios, hija de Agustín Delgado y de María Rodríguez Albelo, natural de La Orotava.

Nº 1713 L 3º. José Guerra Regalado, hijo de Antonio Guerra y de María Regalado, casó en 1795 en la iglesia parroquial de Nuestra Señora de la Concepción del Realejo Bajo con Juana López Regalado, hija de Salvador López y de Ana Regalado. Consanguíneos en tercer con cuarto grado duplicado.

Nº 1870. Tomás Guerra hijo de Antonio Guerra y de María Regalado, casó en 1799 en la iglesia parroquial de Nuestra Señora de la Concepción del Realejo Bajo con Juana Méndez, hija de Manuel Méndez y de Andrea Francisca Regalado. Tercer grado de consanguinidad.

Familia Guillermo:

Nº 1212 L 2º. Nicolás Guillermo de Jesús, vecino de La Laguna, hijo de Luis Pérez Corona, natural de Los Sauces, en la isla de La Palma, y de Juana García de las ... casó en 1765 en la iglesia parroquial de Nuestra Señora de la Concepción del Realejo Bajo con Catalina María del Carmen, hija de Cristóbal Nicolás de la Cámara y de Gracia María de Rivera.

Familia Gutiérrez:

Nº 459. Salvador Gutiérrez, hijo de Antonio Gutiérrez y de María de las Nieves, casó en 1661 en la iglesia parroquial de nuestra señora de la Concepción del Realejo Bajo con Ana Francisca, hija de Lorenzo Hernández y de Isabel Francisca.

H.

Familia Hernández:

Nº 80. Diego Hernández, hijo de Francisco Hernández y de Francisca Díaz, casó en 1508 en la iglesia parroquial de Nuestra Señora de la Concepción del Realejo Bajo con Inés Hernández, hija de Antonio Hernández Mercenario y de Ana Jorge.

Nº 45. Blas Hernández, hijo de Jorge Hernández y de Leonor Luis, casó en 1590 en la iglesia parroquial de Nuestra Señora de la Concepción del Realejo Bajo con … hija de Francisco Tenorio.

Nº 369. Manuel Hernández, hijo de Jorge Hernández y de Paula Martín, casó en 1590 en la iglesia parroquial de Nuestra Señora de la Concepción del Realejo Bajo con Catalina Ravelo, hija de Gonzalo Ravelo, tonelero.

Nº 371. Marcos Hernández, casó en 1603 en la iglesia parroquial de Nuestra Señora de la Concepción del Realejo Bajo con Catalina Pérez, viuda, hija de Antonio Hernández Martín y de Ana Jorge.

Nº 189. Gaspar Hernández, hijo de Domingo Hernández y de Catalina García, vecinos de Garachico, casó en 1605 en la parroquia de Nuestra Señora de la Concepción del Realejo Bajo con Catalina Rodríguez, hija de Luis Hernández y de Catalina Rodríguez.

Nº 191. Gonzalo Hernández, hijo de Gonzalo Hernández de las Toscas, casó en 1605 en la iglesia parroquial de Nuestra Señora de la Concepción del Realejo Bajo con Clara Martín, hijo de Pedro y Bárbara Martín.

Nº 425. Pedro Hernández, casó en 1637 en la iglesia parroquial de Nuestra Señora de la Concepción del

Realejo Bajo con María Jácome, hija de Lázaro Hernández, carpintero.

Nº 3. Alonso Hernández hijo de José Hernández, vecino de La Orotava, casó en 1643 en la parroquia de la Concepción del Realejo Bajo con María Pérez, hija de Francisco Beltrán y de María Pérez Govea.

Nº 81. Diego Hernández, hijo de Diego Hernández y de Isabel Martín, vecinos de El Tanque, casó en 1648 en la iglesia parroquial de Nuestra Señora de la Concepción del Realejo Bajo con Catalina Martín, hija de Antonio Yanes y de Damiana Pérez.

Nº 193. Gonzalo Hernández casó en 1649 en la parroquia de Nuestra Señora de la Concepción del Realejo Bajo con María Margarita, hija de Benito Delgado y de Margarita de Chaves.

Nº 194. Gerónimo Hernández Quintero, hijo de Manuel Hernández Quintero y de María de Albelo, casó en 1649 Gonzalo Hernández casó en 1649 en la parroquia de Nuestra Señora de la Concepción del Realejo Bajo con Catalina Hernández Bello, hija de Manuel Hernández Bello y de María Martín.

Nº 83. Domingo Hernández, hijo de Pedro Hernández y de María Cosme, casó en 1650 en la iglesia parroquial de Nuestra Señora de la Concepción del Realejo Bajo con María del Rosario.

Nº 53. Bartolomé Hernández, hijo de Manuel Hernández Bello y de María Martín, casó en 1651 en la iglesia parroquial de Nuestra Señora de la Concepción del Realejo Bajo con María Sánchez, hija de Juan Sánchez y de Clara Francisca.

Nº. 418. Nicolás Hernández, hijo de Marcos Hernández y de Leonor Francisca, casó en 1651 en la iglesia parroquial de Nuestra Señora de la Concepción del Realejo Bajo con Inés González, hija de Andrés Yanes y de Catalina González.

Nº 454. Sebastián Hernández, hijo de Lázaro Hernández y de Beatriz Domínguez, casó en 1651 en la iglesia parroquial de nuestra señora de la Concepción del Realejo Bajo con María Álvarez de Castro, hija de ... y de Catalina González.

Nº 353. Lucas Hernández, hijo de Alonso de

Zamora y de Catalina González, vecinos del Hierro, casó en 1654 en la iglesia parroquial de Nuestra Señora de la Concepción del Realejo Bajo con María Francisca, hija de Lorenzo Hernández Bueno y de Isabel Francisca.

Nº 456. Simón Hernández, casó en 1654 en la iglesia parroquial de nuestra señora de la Concepción del Realejo Bajo con Melchora de los Reyes, hija de Antonio González y de María González, vecinos de Santa Cruz de La Palma.

Nº 148. Francisco Hernández, hijo de Manuel Hernández y de Margarita Pérez, casó en 1661 en la parroquia de Nuestra Señora de la Concepción del Realejo Bajo con Isabel Francisca, hija de Salvador Hernández y de María Díaz.

Nº 201. Gregorio Hernández, hijo de Domingo Martín y de María Hernández, casó en 1661 en la iglesia parroquial de Nuestra Señora de la Concepción del Realejo Bajo con Francisca Núñez, hija de Francisco Yanes y de María Núñez.

Nº 457. Salvador Hernández, hijo de Andrés

Hernández y de Inés Francisca, casó en 1661 en la iglesia parroquial de nuestra señora de la Concepción del Realejo Bajo con Isabel María, hija de Marcos Luis.

Nº 458. Sebastián Hernández, hijo de Marcos Hernández y de María Hernández, vecinos de Puntallana, en La Palma, casó en 1661 en la iglesia parroquial de nuestra señora de la Concepción del Realejo Bajo con Juana Luis, hija de Juan Amador y de Ana María.

Nº 88. Diego Hernández casó en 1663 en la iglesia parroquial de nuestra señora de la Concepción del Realejo Bajo con Blasina Pérez, hija de Diego Pérez Lozano y de María López.

Nº 150. Francisco Hernández Llanos, hijo de Juan Hernández, casó en 1664 en la parroquia de Nuestra Señora de la Concepción del Realejo Bajo con Agustina Francisca, hija de Sebastián Luis y de Inés Francisca.

Nº 203. Gregorio Hernández, hijo de Miguel Hernández y de Bárbara de la O, casó en 1664 en la iglesia parroquial de Nuestra Señora de la Concepción del

Realejo Bajo con Quiteria, natural de Garachico, y vecina de La Rambla.

Nº 90. Domingo Hernández, hijo de Domingo Hernández y de María Francisca, naturales de La Palma, casó en 1667 en la iglesia parroquial de nuestra señora de la Concepción del Realejo Bajo con Luisa Hernández, hija de Melchor Hernández y de María de la Cruz.

Nº 153. Francisco Hernández, hijo de Domingo Hernández Aguadero y de María Rodríguez, casó en 1667 en la parroquia de Nuestra Señora de la Concepción del Realejo Bajo con Ana Brito, hija de Juan González y de Ana Brito, vecinos de El Hierro.

Nº 266. José Hernández, hijo de Diego Hernández y de Isabel Francisca, casó en 1668 en la iglesia parroquial de nuestra señora de la Concepción del Realejo Bajo con Ana Lorenzo, hija de Juan Lorenzo de Oliva y de María Jorge.

Nº 15. Asencio Hernández, hijo de Diego Hernández Cuervo y de Catalina Luis, casó en 1669 en la parroquia de la Concepción del Realejo Bajo con Ana

Márquez, hija de Marcos Luis y de María Susana.

Nº 428. Pedro Hernández, hijo de Pedro Hernández y de Francisca del Rosario, casó en 1670 en la iglesia parroquial de nuestra señora de la Concepción del Realejo Bajo con María Rivero, hija de Gaspar Rivero y de María Luis.

Nº 269. Juan Hernández, hijo de Gonzalo Hernández y de Ana Francisca, casó en 1671 en la iglesia parroquial de nuestra señora de la Concepción del Realejo Bajo con María de la Cruz, hija de Simón Díaz y de Ángela María.

Nº 384. Matías Hernández, hijo de Blas Hernández y de María Díaz, casó en 1671 en la iglesia parroquial de Nuestra Señora de la Concepción del Realejo Bajo con María Gaspar, hija de Pedro González y de María Gaspar.

Nº 97. Domingo Hernández Villalba, hijo de Marcos Hernández y de María Rodríguez, casó en 1674 en la parroquia de Nuestra Señora de la Concepción del Realejo Bajo con María Lorenzo, hija de Juan González Reyes y de María Domínguez.

Nº 99. Domingo Hernández, hijo de Domingo López y de María Gaspar, casó en 1674 en la parroquia de Nuestra Señora de la Concepción del Realejo Bajo con María de Candelaria, hija de Pascual Gómez y de María Gaspar.

Nº 388. Matías Hernández, hijo de Melchor Hernández y de María Magdalena, casó en 1675 en la iglesia parroquial de Nuestra Señora de la Concepción del Realejo Bajo con María Lorenzo, hija del alférez Manuel Hernández y de Ana García.

Nº 104. Domingo Hernández, hijo de Salvador Hernández y de María Hernández, casó en 1677 en la parroquia de Nuestra Señora de la Concepción del Realejo Bajo con María Candelaria, hija de Manuel Hernández y de Juana María.

Nº 25. Andrés Hernández Pérez, viudo de María Francisca, casó en 1678 en la parroquia de la Concepción del Realejo Bajo con Francisca Díaz hija de Salvador Díaz y de Catalina González, vecinos de San Juan de la Rambla.

N° 164. Francisco Hernández, hijo de Francisco Hernández y de Inés López, vecinos de San Juan, casó en 1680 en la iglesia parroquial de Nuestra señora de la Santísima Concepción del Realejo Bajo con Ana Luis, hija de Gaspar Luis y de María Luis.

N° 299. Juan Hernández, hijo de Domingo Hernández y de Ana Cabrera, vecinos de La Palma, casó en 1680 en la iglesia parroquial de Nuestra Señora de la Concepción del Realejo Bajo con Margarita Francisca, hija de Pedro Lorenzo y de Catalina Mendoza.

N° 360. Lucas Hernández, hijo de Baltasar Luis y de María Andresa, vecinos de San Juan, casó en 1680 en la iglesia parroquial de Nuestra Señora de la Concepción del Realejo Bajo con Ángela Mendoza, hija de Francisco Rojas y de Catalina Mendoza.

N° 475. Salvador Hernández, hijo de Sebastián Hernández y de Águeda María, casó en 1680 en la iglesia parroquial del Realejo Bajo con Juana de Herrera, hija de Cristóbal Domínguez y de Ana de Herrera.

N° 108. Domingo Hernández, hijo de Pedro

Hernández y de María Martín, casó en 1681 en la parroquia de Nuestra Señora de la Concepción del Realejo Bajo con María Francisca Delgado, hija de Diego González de Abreu y de Ana Francisca.

Nº 435. Pedro Hernández de la Carrera, viudo de Francisca María, casó en 1681 en la iglesia parroquial de nuestra señora de la Concepción del Realejo Bajo con Tomasina María, hija de Juan Montesino y de Águeda María.

Nº 306. Juan Hernández Santos, hijo de Diego Santos y de Francisca María, naturales de La Gomera, casó en 1683 en la iglesia parroquial de Nuestra Señora de la Concepción del Realejo Bajo con Ana Hernández, hija de Bartolomé Hernández y de Constanza Carrillo.

Nº 215. Gabriel Hernández de Albelo, hijo de Bartolomé González de Abreu y de Magdalena Jerónima, casó en 1684 en la iglesia parroquial de Nuestra Señora de la Concepción del Realejo Bajo con Damiana González Borges, hija de Lázaro González y de Beatriz Hernández.

Nº 400. Matías Hernández, viudo de María Gaspar, casó en 1684 en la iglesia parroquial de Nuestra Señora de la Concepción del Realejo Bajo con Andrea Díaz, hija de Baltasar Díaz y de Catalina López.

Nº 438. Pedro Hernández, hijo de Luis González y de Margarita Hernández, vecinos de La Orotava, casó en 1684 en la iglesia parroquial de nuestra señora de la Concepción del Realejo Bajo con María Concepción, hija de Nicolás de la Rosa y de Ana de la Sierra, vecinos de La Orotava.

Nº 63. Bartolomé Hernández, hijo de Guillermo Barbosa y de María de Fleitas, todos de Santa María de los Ter... casó en 1686 con Clara de Abreu, hija de Antonio Dorta y de Ana Borges, vecinos de Buenavista.

Nº 116. Domingo Hernández, hijo de Salvador Hernández y de Águeda Rodríguez, naturales de La Palma, casó en 1686 en la parroquia de Nuestra Señora de la Concepción del Realejo Bajo con Francisca Rivero de Abreu, hija de Gaspar Rivero y de María Luis.

Nº 317. Juan Hernández Ascanio, hijo de Juan González Acosta y de Catalina Pérez, naturales de La Orotava, casó en 1686 en la iglesia parroquial de Nuestra Señora de la Concepción del Realejo Bajo con Ana María, hija del ayudante Manuel de Torres y de Ana María.

Nº 402, Mateo Hernández, hijo de Marcos Rivero y de Águeda Pérez, casó en 1686 en la iglesia parroquial de Nuestra Señora de la Concepción del Realejo Bajo con Magdalena Rodríguez de Albelo, hija de Amador García y de Águeda de Albelo.

Nº 439. Pedro Hernández del Álamo, hijo de Pedro Hernández del Álamo y de Ana Francisca, vecinos de Icod, casó en 1686 en la iglesia parroquial de nuestra señora de la Concepción del Realejo Bajo con Luisa Delgado, hija de Francisco Pérez Zampote y de María Abreu.

Nº 35. Andrés Hernández de Albelo, hijo de Andrés Hernández y de María Luis, casó en 1688 con Luisa Francisca, hija de Francisco Días y de Ana de la Cruz.

Nº 365. Luis Hernández, hijo de Francisco Hernández y de Inés López, natural de San Juan, casó en 1691 en la iglesia parroquial de Nuestra Señora de la Concepción del Realejo Bajo con Catalina Márquez de Chaves, hija de Marcos Hernández y de María Francisca.

Nº 78. Clemente Hernández de Toledo, hijo de Sebastián Hernández Casañas y de María Toledo, de Agulo en La Gomera, casó en 1694 en la iglesia parroquial de Nuestra Señora de la Concepción del Realejo Bajo con Águeda de la Encarnación Béthencourt, hija de Francisco Álvarez y de María de Béthencourt, naturales guanches.

Nº 367. Lázaro Hernández Cuervo, hijo de Sebastián Hernández Cuervo y de María Álvarez, casó en 1694 en la iglesia parroquial de Nuestra Señora de la Concepción del Realejo Bajo con Flora Rodríguez Casanova, hija de Juan Rodríguez Casanova y de María Hernández.

Nº 500. Sebastián Hernández, viudo de Ángela Yanes, casó en 1697 en la iglesia parroquial de Nuestra Señora de la Concepción del Realejo Bajo con

Feliciana Francisca, hija de Manuel Márquez y de Ángela Francisca.

N° 181 bis. Félix Hernández, hijo de Andrés Hernández Corcovado y de Juana María, casó en 1698 en la parroquia de Nuestra Señora de la Concepción del Realejo Bajo con María Morales, hija de Antonio Hernández y de Lucía Morales, naturales de El Hierro.

N° 182. Francisco Hernández Cuervo, hijo de Pedro Hernández Cuervo y de María Francisca, casó en 1698 en la parroquia de Nuestra Señora de la Concepción del Realejo Bajo con Inés Francisca, hija de Francisco Hernández Llanos y de Ángela Francisca. Consanguíneos en tercero con cuarto grado.

N° 42. Antonio Hernández de la Cruz, hijo de Juan de la Cruz y de Catalina Hernández, casó en 1700 en la iglesia parroquial de Nuestra Señora de la Concepción del Realejo Bajo con Catalina Hernández de Castro, hija de Juan Romero Coello[40] y de Lucía Pérez.

N° 187. Francisco Hernández de Albelo, hijo de

---

[40] Cuello en el original.

Bartolomé Francisco y de Juana Hernández, naturales de La Guancha, casó en 1700 en la parroquia de Nuestra Señora de la Concepción del Realejo Bajo con María Francisca de Ávila, hija de Cristóbal Domínguez de Ávila y de Ana Francisca[41].

Nº 423. El ayudante Nicolás Hernández, viudo de Lorenza Pérez Oramas, casó en 1700 en la iglesia parroquial de Nuestra Señora de la Concepción del Realejo Bajo con Ana Josefa Román, hija del alférez Pedro Noble e Inés García Román.

Nº 909 L 2º. Juan Hernández Cuervo, hijo de Pedro Hernández Cuervo y de María Francisca, casó en 1704 en la iglesia parroquial de Nuestra Señora de la Concepción del Realejo Bajo con Beatriz Francisca, hija de Asencio Pérez y de María Francisca.

Nº 668 L 2º. Diego Hernández Barroso, hijo de Domingo Hernández Barroso y de María Francisca Delgado, casó en 1706 en la iglesia parroquial de Nuestra Señora de la Concepción del Realejo Bajo con Clara Lorenzo Chaves, hija de Marcos Hernández de Chaves

---

[41] Remite a la página 73 del original.

y de María Francisca.

Nº 670 L 2º. Diego Hernández Cuervo, hijo de Pedro Hernández Cuervo y de María Francisca, casó en 1706 en la iglesia parroquial de Nuestra Señora de la Concepción del Realejo Bajo con María Francisca, hija de Salvador López y de María Francisca.

Nº 913 L 2º. Juan Hernández Merín, viudo de Isabel Pérez Martín, casó en 1706 en la iglesia parroquial de Nuestra Señora de la Concepción del Realejo Bajo con Ángela Francisca de Abreu, hija de Matías González y de Damiana Francisca.

Nº 1192 L 2º. Nicolás Hernández de la Cruz, viudo de María del Rosario, hijo de Francisco Hernández de la Cruz y de María Magdalena, casó en 1706 en la iglesia parroquial de Nuestra Señora de la Concepción del Realejo Bajo con Sebastiana Francisca, hija de Miguel González Albertos y de Antonia Francisca.

Nº 917 L 2º. Juan Hernández de Mesa, viudo de María de Mena, vecinos de Vilaflor, casó en 1708 en la iglesia parroquial de Nuestra Señora de la Concepción del Realejo Bajo con Micaela Francisca, hija de

Asencio Pérez y de María Francisca.

Nº 1193 L 2º. Nicolás Hernández, hijo de Juan Hernández y de María de la Concepción, naturales de Tacoronte, casó en 1708 en la iglesia parroquial de Nuestra Señora de la Concepción del Realejo Bajo con Inés María Oramas, hija del alférez Pedro Pérez Oramas y de Inés María, vecina de La Rambla.

Nº 674 L 2º. Diego Hernández Calderón, hijo de Diego Hernández Calderón y de María Barcelos, casó en 1709 en la iglesia parroquial de Nuestra Señora de la Concepción del Realejo Bajo con Dominga Hernández Llanos, hija de Juan González Llanos y de Melchora Francisca.

Nº 573 L 2º. Francisco Hernández, hijo de Diego Hernández y de María Barcelos, casó en 1710 en la iglesia parroquial de Nuestra Señora de la Concepción del Realejo Bajo con Casimira Francisca, viuda de Juan González e hija de Manuel González y de María Francisca.

Nº 760 L 2º. Francisco Hernández, hijo de Asencio Hernández y de Ana Márquez, casó en 1712 con

Dominga María, hija de Juan Díaz y de Ángela María.

Nº 928 L 2º. Juan Hernández Martín, viudo de Ángela Francisca, casó en 1713 en la iglesia parroquial de Nuestra Señora de la Concepción del Realejo Bajo con Luisa González de Ávila, hija de Dionisio González de Tío y de Lucía Mendoza de Ávila

Nº 931 L 2º. Juan Hernández Barroso, hijo de Domingo Hernández Barroso y de María Delgado, casó en 1713 en la iglesia parroquial de Nuestra Señora de la Concepción del Realejo Bajo con Andrea Domínguez Sebastián, hija de Juan Domínguez y de Isabel de Aldana.

Nº 769 L 2º. Francisco Hernández Capote, viudo de María de los Reyes, casó en 1715 en la iglesia parroquial de Nuestra Señora de la Concepción del Realejo Bajo con Catalina Padrón, viuda de Marcos Padrón.

Nº 645 L 2º. Cristóbal Hernández de Mendoza, hijo de Antonio de Guya y de María de Acevedo, naturales de La Gomera, casó en 1716 en la iglesia parroquial de nuestra señora de la Concepción del Realejo Bajo con Juana de Villalba, natural de La Palma hija de Domingo Hernández Villalba y de María Lorenza de los Reyes.

Nº 941 L 2º. José Hernández de Albelo y Barroso, hijo de Felipe Hernández y de Gregoria de Albelo, casó en 1716 en la iglesia parroquial de Nuestra Señora de la Concepción del Realejo Bajo con Francisca Lorenzo de la Cruz, hija de Manuel Hernández de Torres y de María Lorenzo de la Cruz.

Nº 942 L 2º. José Hernández, hijo de Marcos Hernández y de Tomasa Borges, natural de Icod, casó en 1716 en la iglesia parroquial de Nuestra Señora de la Concepción del Realejo Bajo con Catalina Rodríguez Casanova, hija de Juan Rodríguez Francisco y de Ana Rodríguez Casanova.

Nº 682 L 2º. Domingo Hernández Morante, hijo de Domingo Hernández Morante y de Ana Rodríguez, natural de La Palma, casó en 1717 en la iglesia parroquial de Nuestra Señora de la Concepción del Realejo Bajo con Nicolasa María de Albelo, hija de Nicolás Pérez de Oliva y de Catalina Pérez de Albelo.

Nº 946 L 2º. Juan Hernández Correa, hijo de Simón Hernández Correa y de María Lorenzo de Oliva, vecinos de La Orotava, casó en 1717 en la iglesia parroquial de Nuestra Señora de la Concepción del Realejo Bajo con Magdalena Rodríguez, hija de Felipe de la Cruz y de Ana Valladares.

Nº 947 L 2º. José Antonio Hernández, hijo de Clemente Hernández y de Águeda de la Concepción, casó en 1717 en la iglesia parroquial de Nuestra señora de la Santísima Concepción del Realejo Bajo con Luisa Yanes, hija de Juan Plasencia y de Catalina Yanes.

Nº 951 L 2º. José Hernández, hijo de Nicolás Hernández y de Polonia Francisca, casó en 1719 en la iglesia parroquial de Nuestra Señora de la Concepción del Realejo Bajo con María de la Cruz, hija de Juan Pérez Martínez y de Juana García

Nº 1334 L 2º. Tomás Hernández, hijo de Pedro Hernández y de Tomasa Rodríguez, vecinos de Vilaflor, casó en 1719 en la iglesia parroquial de Nuestra Señora de la Concepción del Realejo Bajo con María Mena, hija de Juan Hernández y de María de Mena.

Nº 956 L 2º. José Hernández de Oliva, hijo de Juan Hernández y de Margarita Rodríguez, casó en 1721 en la iglesia parroquial de Nuestra Señora de la Concepción del Realejo Bajo con Luisa Rodríguez, viuda de José Oropesa.

Nº 1290 L 2º. Salvador Hernández de Llarena, hijo de Juan Hernández y de Margarita Llarena, natural de Tijoco en Adeje, casó en 1721 en la iglesia parroquial de Nuestra Señora de la Concepción del Realejo Bajo con Josefa Catalina de la Cruz, hija de Guillermo Jácome y de Tomasa Pérez de la Cruz, vecina de La Orotava.

Nº 684 L 2º. Domingo Hernández Martínez, hijo de Lázaro Martínez y de María Lorenzo, de Tejina de Guía, casó en 1722 en la iglesia parroquial de Nuestra Señora de la Concepción del Realejo Bajo con María Luis Padrón, hija de padres incógnitos, de El Hierro.

Nº 957 L 2º. José Hernández, hijo de Pablo Hernández y de Feliciana García, casó en 1723 en la iglesia parroquial de Nuestra Señora de la Concepción del Realejo Bajo con Gabriela Francisca, hija de Domingo y de Francisca María.

Nº 786 L 2º. Francisco Hernández Felipe, hijo de Sebastián Hernández y de Feliciana Rodríguez, casó en 1726 en la iglesia parroquial de Nuestra Señora de la Concepción del Realejo Bajo con Francisca Rodríguez, hija de Juan Martín y de Ángela Rodríguez.

Nº 971 L 2º. Juan Hernández, hijo de Nicolás Hernández y de Polonia Francisca, casó en 1726 en la iglesia parroquial de Nuestra Señora de la Concepción del Realejo Bajo con María Mederos, hija de Manuel Mederos y de María Camacho.

Nº 974 L 2º. Juan Hernández, viudo de Beatriz Francisca, caso en 1726 en la iglesia parroquial de Nuestra Señora de la Concepción del Realejo Bajo con Juana González, natural de Vilaflor, hija de Alonso González y de María de Ledesma

Nº 1336 L 2º. Tomás Hernández, hijo de Domingo Hernández y de María Luis, casó en 1727 en la iglesia parroquial de Nuestra Señora de la Concepción del Realejo Bajo con Gracia Hernández, hija de Gaspar González y de Beatriz Hernández.

Nº 1197 L 2º. Nicolás Hernández de la Rosa, viudo de María Francisca de Castro, casó en 1727 en la iglesia parroquial de Nuestra Señora de la Concepción del Realejo Bajo con María Francisca Josefa, hija de Nicolás Ventura Bethencourt y de Josefa Francisca Bethencourt, vecinos de Icod.

Nº 549 L 2º. Andrés Hernández Correa, hijo de Manuel Hernández Correa y de Francisca Delgado, casó en 1728 en la iglesia parroquial de Nuestra Señora de la Concepción del Realejo Bajo con María Francisca Yanes, viudo de Cristóbal de Abreu.

Nº 1233 L 2º. Pedro Hernández Corvo, hijo de Francisco Hernández Corvo y de Inés Francisca, casó en 1729 en la iglesia parroquial de Nuestra Señora de la Concepción del Realejo Bajo con María Francisca, hija de Juan Domínguez y de María Francisca. Consanguíneos en cuarto grado.

Nº 689 L 2º. Diego Hernández, hijo de Domingo Díaz y de Sebastiana Francisca, casó en 1728 en la iglesia parroquial de Nuestra Señora de la Concepción del Realejo Bajo con Catalina Francisca, hija de Salvador López y de María Francisca. Consanguíneos en tercer con cuarto grado doble.

Nº 980 L 2º. Juan Hernández, hijo de Manuel Hernández y de Francisca Delgado, casó en 1728 en la iglesia parroquial de Nuestra Señora de la Concepción del Realejo Bajo con Ventura Ana Francisca, hija de Juan Rodríguez de la Sierra y de María Francisca.

Nº 1337 L 2º. Tomás Hernández Acevedo, viudo de Bernarda Francisca, vecinos de la Guancha, casó en 1733 en la iglesia parroquial de Nuestra Señora de la Concepción del Realejo Bajo con Catalina Díaz, hija de Manuel Francisco y de Margarita Díaz. Tercer grado de consanguinidad con cuarto de afinidad.

Nº 1150 L 2º. Manuel Hernández, hijo de Juan Hernández Corvo y de Beatriz Francisca, casó en 1733 casó en 1733 en la iglesia parroquial de Nuestra Señora de la Concepción del Realejo Bajo con Catalina Francisca, hija de Antonio Francisco y de Águeda Francisca.

Nº 803 L 2º. Francisco Hernández Corvo, hijo de Francisco Hernández Corvo y de Inés Francisca, casó en 1735 en la iglesia parroquial de Nuestra Señora de la Concepción del Realejo Bajo con Josefa Francisca, hija de Domingo Díaz y de Sebastiana Francisca.

Nº 1152 L 2º. Marcos Hernández, hijo de Luis Hernández y de Catalina Márquez, vecinos de La Rambla, casó en 1735 en la iglesia parroquial de Nuestra Señora de la Concepción del Realejo Bajo con Gracia María, hija de Francisco Hernández y de Inés Francisca. Consanguíneos en 4 grado.

Nº 1007 L 2º. José Hernández, hijo de Francisco Hernández Capote y de Isabel Luis Chavasca, casó en 1736 en la iglesia parroquial de Nuestra Señora de la Concepción del Realejo Bajo con Rosa de la Luz Suárez, hija de Antonio Baptista Suárez y de María Francisca Salgado.

Nº 807 L 2º. Francisco Hernández, hijo de Luis Hernández y de Catalina Márquez, casó en 1737 en la iglesia parroquial de Nuestra Señora de la Concepción del Realejo Bajo con María de Mesa, hija de Pedro Suárez y de Ana de Mesa.

Nº 1157 L 2º. Manuel Hernández Regalado, hijo de Luis Hernández y de María Regalado, casó en 1737 en la iglesia parroquial de Nuestra Señora de la Concepción del Realejo Bajo con Ana Josefa de Oliva, hija de Bartolomé Pérez Conde y de Ángela María.

Nº 656 L 2º. Clemente Hernández, hijo de Diego Hernández y de María Francisca, casó en 1741 en la iglesia parroquial de nuestra señora de la Concepción del Realejo Bajo con Ángela García, hija de Pedro Afonso y de Úrsula García.

Nº 1027 L 2º. Juan Hernández Albelo, hijo de Pedro Hernández Albelo y de Juana María Barroso, casó en 1743 en la iglesia parroquial de Nuestra Señora de la Concepción del Realejo Bajo con Ángela Antonia de Oliva, hija de José Hernández Oliva y de Luisa Rodríguez de Acosta.

Nº 1307 L 2º. Salvador Hernández, hijo de Juan Hernández y de Micaela Francisca, casó en 1743 en la iglesia parroquial de Nuestra Señora de la Concepción del Realejo Bajo con Manuela Yanes, hija de Clemente Hernández y de Luisa Yanes.

Nº 1032 L 2º. José Hernández, hijo de Francisco Hernández y de Inés Francisca, casó en 1744 en la iglesia parroquial de Nuestra Señora de la Concepción del Realejo Bajo con Josefa García, hija de Francisco Díaz y de Josefa García.

Nº 1309 L 2º. Salvador Hernández Corvo, hijo de Diego Hernández Corvo y de María Francisca, casó en 1744 en la iglesia parroquial de Nuestra Señora de la Concepción del Realejo Bajo con María Francisca Domínguez, hija de Hilario Lorenzo y de María Francisca.

Nº 705 L 2º. Domingo Hernández, hijo de Luis Hernández y de Catalina Márquez, casó en 1745 en la iglesia parroquial de Nuestra Señora de la Concepción del Realejo Bajo con Leonor Francisca Suárez, viuda de Salvador López. Cuarto grado consanguíneo doble y cuarto afinidad.

Nº 1042 L 2º. Juan Hernández Oliva, hijo de José Hernández Oliva y de Luisa de Acosta, casó en 1750 en la iglesia parroquial de Nuestra Señora de la Concepción del Realejo Bajo con María Baptista de la Cruz, hija de Diego de la Cruz y de Sebastiana Baptista, vecinos de San Juan de la Rambla.

Nº 1256 L 2º. Pedro Hernández Chaves, hijo de Amaro Hernández Chaves y de Isidora Francisca, casó en 1750 en la iglesia parroquial de Nuestra Señora de la Concepción del Realejo Bajo con María Francisca Chaves, hija de Luis Hernández y de Águeda Francisca Chaves.

Nº 831 L 2º. Francisco Hernández Albelo, hijo de Juan Domínguez y de María Luis, casó n 1754 en la iglesia parroquial de Nuestra Señora de la Concepción del Realejo Bajo con María Rodríguez, hija de Asencio Hernández y de María Rodríguez del Álamo.

Nº 882 L 2º. Jerónimo Miguel Hernández, hijo de Francisco Hernández y de Francisca Rodríguez, casó en 1755 en la iglesia parroquial de Nuestra Señora de la Concepción del Realejo Bajo con Dominga Francisca de Paz, natural de Garachico, hija de Ciprián de Paz y de María Francisca.

Nº 1064 L 2º. José Hernández Ravelo, hijo de Juan Hernández Ravelo y de Catalina Luis, casó en 1756 en la iglesia parroquial de Nuestra Señora de la Concepción del Realejo Bajo con Isabel Agustina de Ávila, hija de Salvador González Delgado y de Josefa María de Ávila, vecinos de Icod.

Nº 589 L 2º. Agustín Hernández Espinosa, hijo de José Hernández Espinosa y de Gabriela Morales, casó en 1757 en la iglesia parroquial de Nuestra Señora de la Concepción del Realejo Bajo con María Ruiz del Álamo, hija de Pedro Ruiz del Álamo y de Agustina Ruiz.

Nº 1069 L 2º. José Hernández Correa, vecino de La Orotava, hijo de Juan Hernández Correa y de Magdalena Rodríguez, casó en 1757 en la iglesia parroquial de Nuestra Señora de la Concepción del Realejo Bajo con Josefa de Abreu, hija de Francisco de Abreu y de Francisca Albelo.

Nº 721 L 2º. Diego Hernández Dávila, hijo de Asencio Hernández Dávila y de María Francisca Rodríguez, casó en 1759 en la iglesia parroquial de Nuestra Señora de la Concepción del Realejo Bajo con Eugenia Francisca Dávila, hija de Francisco Domínguez Dávila e Isabel Francisca. Consanguíneos en cuarto grado.

Nº 1079 L 2º. Juan Hernández, hijo de Juan

Hernández y de Micaela Francisca Pérez, casó en 1759 en la iglesia parroquial de Nuestra Señora de la Concepción del Realejo Bajo con Isabel Francisca, hija de Pedro Luis y de Ángela Francisca.

N° 1118 L 2°. Luis Hernández de Chaves, hijo de Amaro Hernández de Chaves y de Isidora Francisca, casó en 1760 en la iglesia parroquial de Nuestra Señora de la Concepción del Realejo Bajo con Antonia Suárez, hija de Domingo Suárez Barroso y de Lucía Francisca. Consanguíneos en tercer grado.

N° 600 L 2°. Asencio Hernández Dávila, hijo de Diego Hernández Dávila y de Catalina Francisca de Arbelo, casó en 1764 en la iglesia parroquial de Nuestra Señora de la Concepción del Realejo Bajo con Margarita López Moreno, hija de José López Moreno y de María Francisca.

N° 601 L 2°. Antonio Hernández de Fuentes, hijo de José Hernández de Fuentes y de Ana Rodríguez, vecinos de La Orotava, casó en 1764 en la iglesia parroquial de Nuestra Señora de la Concepción del Realejo Bajo con Isabel de Rojas, hija de Manuel León y de Juliana de Rojas.

Nº 1189 L 2º. Manuel Hernández Perera, hijo de Miguel Hernández Perera y de Josefa Perera, casó en 1766 en la iglesia parroquial de Nuestra Señora de la Concepción del Realejo Bajo con María del Carmen, hija de Juan Francisco Estévez y de Luisa María. Todos vecinos de El Sauzal.

Nº 608 L 2º. Antonio Hernández de Melo, vecino de Tacoronte, hijo de Francisco Hernández de Melo y de Juana Francisca Cabrera, casó en 1767 en la iglesia parroquial de Nuestra Señora de la Concepción del Realejo Bajo con María Antonia Pérez Oliva, hija de Juan Pérez Oliva y de Lutgarda de Abreu.

Nº 1191 L 2º. Miguel Hernández de Abreu, hijo de Antonio José Hernández y de Tomasa de Abreu, casó en 1767 en la iglesia parroquial de Nuestra Señora de la Concepción del Realejo Bajo con Sebastiana Rosaría Barroso y Lozano, hija del ayudante Domingo Manuel Barroso y de Josefa Francisca Lozano.

Nº 1524 L 3º. Francisco Hernández Borges, hijo de Juan Martín Borges y de Lorenza Perera, casó en 1767 en la iglesia parroquial de Nuestra Señora de la

Concepción del Realejo Bajo con Sebastiana de Jesús Rodríguez, hija de Domingo Rodríguez y de Josefa María Merino, natural del Sauzal. Consanguíneos de tercer con cuarto grado.

Nº 1597 L 3º. José Hernández Corvo, hijo de Pedro Hernández y de María Francisca Domínguez, casó en 1769 en la parroquia de la Concepción del Realejo Bajo con Beatriz Francisca Domínguez, hija de Salvador Hernández y de María Francisca Domínguez.

Nº 1363 L 3º. Antonio Hernández, hijo de Salvador Hernández y de María Francisca, casó en 1770 en la parroquia de la Concepción del Realejo Bajo con Isabel Francisca Díaz, hija de Diego Suárez Barroso y de Juana Francisca Díaz.

Nº 1478 L 3º. Domingo Hernández, hijo de Domingo Hernández y de Rosa Estrada Escobar, natural de La Orotava, casó en 1770[42] en la parroquia de la Concepción del Realejo Bajo con Juana Francisca de Albelo y Viera, hija de Juan de Albelo y Viera y de Antonia Rodríguez del Castillo.

---

[42] Puede ser otra fecha hasta 1778, porque está borrado.

Nº 1527 L 3º. Francisco Hernández Corvo, hijo de Francisco Hernández Corvo y de Josefa Francisca de Ávila, casó en 1771 en la iglesia parroquial de Nuestra Señora de la Concepción del Realejo Bajo con Margarita Francisca Díaz, hija de Francisco Domínguez y de Jerónima Francisca Díaz.

Nº 1442 L 2º. Blas Hernández, hijo de Santiago Arnaiz y de María García de Abienzo, natural de Fonseca, casó en 1772 en la parroquia de la Concepción del Realejo Bajo con Josefa María Miranda y Rojas, hija de Antonio Javier de Asoca y de Isabel Miranda de Rojas.

Nº 1528 L 3º. Francisco Hernández de Chaves, hijo de Amaro Hernández y de Isidora Francisca, casó en 1772 en la parroquia de la Concepción del Realejo Bajo con María Estévez Chaves, hija de Sebastián Reyes y de Josefa Francisca Chaves.

Nº 1615 L 3º. José Hernández Corvo, hijo de José Hernández Corvo y de Josefa García, casó en 1773 en la parroquia de la Concepción del Realejo Bajo con Águeda Márquez, hija de Pedro González Chaurero y de Isabel Márquez de Chaves.

Nº 1371 L 3º. Antonio Hernández de Abreu, hijo de Agustín Hernández de Abreu y de Josefa Martín Bautista Lozano, casó en 1775 en la parroquia de la Concepción del Realejo Bajo con Blasina Cipriana Rodríguez, hija de Marcos Díaz y de María Rodríguez Casanova.

Nº 1776 L 3º. Pedro Hernández Amaro, viudo de María francisca de Chaves, casó en 1776 en la parroquia de la Concepción del Realejo Bajo con Ana María Zamora, hija de José Lorenzo Zamora y de Lucía Andrea.

Nº 1375 L 3º. Antonio Hernández, hijo de Tomás Hernández y de Josefa García, casó en 1777 en la parroquia de la Concepción del Realejo Bajo con Rosalía Gil, natural de la Rambla, hija de Andrés González de la Cruz y de Lucía Gil.

Nº 1376 L 3º. Agustín José Hernández Molinao, hijo de Gregorio Hernández Milinao y de Isabel Fernández del Castillo, casó en 1777 en la parroquia de la Concepción del Realejo Bajo con María Ana de la

Concepción del Álamo, hija de Sebastián Ruiz del Álamo y de Gregoria Luisa Garcés.

Nº 1378 L 3º. Andrés Hernández, hijo de Salvador Hernández y de María Francisca, natural de San Juan, casó en 1777[43] en la parroquia de la Concepción del Realejo Bajo con María Francisca Rodríguez, hija de Mateo Rodríguez del Álamo y de Josefa Francisca.

Nº 1628 L 3º. Julián Hernández, hijo de Pedro Amaro y de María Francisca de Chaves, casó en 1777 en la parroquia de la Concepción del Realejo Bajo con Margarita Aldana, hija de Francisco Suárez y de Beatriz Aldana.

Nº 1632 L 3º. José Hernández, hijo de Salvador Hernández y de María de la Cruz, casó en 1777 en la parroquia de la Concepción del Realejo Bajo con Juana López de la Concepción, hija de Manuel López y de María Francisca. Consanguíneos en tercer grado.

Nº 1804 L 3º. Pedro Hernández de Chaves, hijo de Pedro Hernández de Chaves y de María Francisca de

---

[43] Puede ser hasta 1784.

Chaves, casó en 1778 en la parroquia de la Concepción del Realejo Bajo con Antonia Márquez Domínguez, hija de Francisco Domínguez Suárez y de Estéfana Márquez.

Nº 1841 L 3º. Salvador Hernández, hijo de Salvador Hernández y de María Francisca de la Cruz, casó en 1783 en la parroquia de la Concepción del Realejo Bajo con María Francisca de la Concepción López, hija de Manuel López y de María Francisca.

Nº 1664 L 3º. José Agustín Hernández, hijo de Agustín Hernández Espinosa y de María Luis del Álamo, casó en 1785 en la parroquia de la Concepción del Realejo Bajo con María Antonia de Acosta, hija de José Márquez y de Antonia María de Acosta.

Nº 1671 L 3º. José Hernández Corvo, viudo de Águeda Márquez de Chaves, hijo de José Hernández y de Josefa García, casó en 1787 en la parroquia de la Concepción del Realejo Bajo con María González Molina, hija de Felipe González y de Isabel Molina.

Nº 1788 L 3º. Nicolás Hernández Correa, natural de La Rambla, hija de Felipe Hernández Correa y de

Margarita Bautista, casó en 1787 en la parroquia de la Concepción del Realejo Bajo con Elena Josefa de la Concepción, hija de Francisco Lorenzo y de Isabel de la Cruz.

Nº 1453 L 3º. Blas Hernández de Abreu, hijo de Agustín Hernández de Abreu y de Josefa Martín Lozano, casó en 1788 en la parroquia de la Concepción del Realejo Bajo con Tomasa García de Albelo, hija de Damián García y de Isabel Jacinta Albelo.

Nº 1847 L 3º. Santiago Agustín[44], hijo de Alejo Hernández y de María Nicolasa Rodríguez, casó en 1789 en la iglesia parroquial de Nuestra Señora de la Concepción del Realejo Bajo con Gabriela Gertrudis Yanes, hija de José Yanes y de Micaela Regalado.

Nº 1819 L 3º. Pedro Hernández del Dedo, hijo de Salvador Hernández del Dedo y de María Francisca Moreno, casó en 1790 en la parroquia de la Concepción del Realejo Bajo con Paula de Fuentes Aldana, hija de Pedro Domínguez Aldana y de Antonia de Fuentes.

---

[44] Santiago Agustín a todas luces es un nombre compuesto, por lo que lo pongo en Hernández, apellido de su padre.

Nº 1684 L 3º. José Hernández, hijo de Juan Hernández Barroso y de Ángela Antonia de Oliva, casó en 1791 en la parroquia de la Concepción del Realejo Bajo con Rosalía de Abreu y Acosta, hija de Francisco de Abreu y de Isabel de Acosta.

Nº 1740 L 3º. Miguel José Hernández de Abreu, viudo de Sebastiana Toste y Barroso, caso en 1791[45] en la parroquia de la Concepción del Realejo Bajo con María de la Ascensión Oramas y Sánchez, hija del teniente capitán Lorenzo Agustín Oramas y de María del Rosario Sánchez.

Nº 1686 L 3º. José Hernández, hijo de José Hernández Díaz y de María Mena, casó en 1792 en la parroquia de la Concepción del Realejo Bajo con Bernarda Francisca Hernández, hija de Antonio García de Abreu y de Catalina Francisca Hernández.

Nº 1690 L 3º. José Hernández Corvo, viudo de María González, casó en 1792 en la parroquia de la Concepción del Realejo Bajo con Rosalía Rodríguez, hija

---

[45] Fecha borrosa.

de José Rodríguez y de Antonia Francisca Díaz.

Nº 1413 L 3º. El capitán don Antonio Hernández Castro, hijo del capitán don Sebastián Méndez de Lugo y de doña Isabel Ruiz Peraza, viudo de doña Clara Oramas, casó en 1794 en la parroquia de la Concepción del Realejo Bajo con doña Josefa Fernández Verau y Machado, hija de don Juan Fernández Ruiz Machado y de doña María Margarita Verau.

Nº 1770 L 3º. Manuel Hernández Correa, natural de La Rambla, hijo de Felipe Hernández Correa y de Margarita Bautista, casó en 1794 en la parroquia de la Concepción del Realejo Bajo con Catalina de la Cruz Albelo, hija de Francisco Lorenzo Albelo y de Isabel de la Cruz.

Nº 1773 L 3º. Miguel Hernández Domínguez, hijo de Francisco Hernández de Abreu y de María Francisca del Álamo, casó en 1794 en la parroquia de la Concepción del Realejo Bajo con Jorgina Francisca Corvo, hija de Salvador Díaz y de Josefa Francisca Corvo.

Nº 1854 L 3º. Salvador Hernández Ravelo[46], natural de la Rambla, hijo de Silvestre Hernández y de Rita Antonia Ravelo, casó en 1795 en la iglesia parroquial de Nuestra Señora de la Concepción del Realejo Bajo con Catalina Tavío de Cabrera, hija de Domingo de Tavío y de Josefa Agustina Cabrera.

Nº 1778 L 3º. Manuel Hernández Ravelo, hijo de Tomás Hernández Ravelo y de Josefa Agustina Chaves, casó en 1797 en la parroquia de la Concepción del Realejo Bajo con en la parroquia de la Concepción del Realejo Bajo con Antonia Pérez de Chaves, hija de Manuel Pérez del Castillo y de María Ana Pérez de Chaves. Consanguíneos en tercer grado.

Nº 1523 L 3º. Estanislao Hernández Abreu, hijo de Antonio Hernández Abreu y de Blasina Rodríguez Casanova, casó en 1798 en la parroquia de la Concepción del Realejo Bajo con Bárbara Regalado, hija de Juan Regalado y de Rosa Pérez de Rojas.

Nº 1729 L 3º. José Hernández de la Cruz, viudo de María García Ravelo, hija de Pedro Hernández de la

---

[46] Rabelo en el original.

Cruz y de María Francisca Ravelo, casó en 1798 en la parroquia de la Concepción del Realejo Bajo con Luisa Díaz, hija de Felipe Díaz Oramas y de Isabel Francisca Hernández.

Nº 1437 L 3º. Agustín Hernández, hijo de Manuel Hernández y de Tomasa Machado, casó en 1799 en la parroquia de la Concepción del Realejo Bajo con Sabina Delgado, hija de Manuel Delgado y de Andrea Delgado.

Nº 1794 L 3º. Nicolás Hernández Chacón, viudo de Elena de la Cruz[47], hija de Felipe Hernández Chacón y de Margarita Bautista, natural de San Juan, casó en 1799 en la parroquia de la Concepción del Realejo Bajo con Isabel de la Cruz, hija de Francisco Lorenzo de Albelo y de Isabel de la Cruz. Consanguíneos en tercer grado.

Familia Herrera:

Nº 1564 L 3º. Francisco Herrera, natural de La Orotava, hijo de Simón Herrera y de Rosa de Silva,

---

[47] Nº 1787 del orden alfabético de nombres propios.

casó en 1797 en la parroquia de la Concepción del Realejo Bajo con María Pérez de Abreu, hija de Domingo Pérez de Abreu y de Ana Hernández.

Familia Hormiga:

N° 511. Tomás Francisco Hormiga, hijo de Francisco Abreu Hormiga y de María González, casó en 1690 en la iglesia parroquial de nuestra señora de la Concepción del Realejo Bajo con Juliana Francisca, hija de Francisco López Barroso y de María Martín.

J.

Familia Jácome:

N° 196. Gaspar Jácome, hijo de Juan Hernández y de María Hernández, casó en 1650 en la iglesia parroquial de Nuestra Señora de la Concepción del Realejo Bajo con Catalina Francisca, hija de Matías Domínguez y de Ana Francisca.

N° 22. Ángel Jácome hijo del alférez Gaspar Jácome Godínez y de María Hernández de la Cruz, casó en 1673 en la parroquia de la Concepción del Realejo

Bajo con Mariana García Oramas, hija de Sebastián García Oramas y de Leonor Francisca.

Nº 29. Antonio Jácome Hernández hijo de Jácome Hernández y de María de Leonor, casó en 1684 en la iglesia parroquial de Nuestra Señora de la Concepción del Realejo Bajo con Eufemia García, hija de Pedro Hernández Barroso y de Clara García.

Nº 648 L 2º. Don Carlos Jácome de Albelo, hijo de Antonio Jácome de Albelo y de doña Eugenia García, casó en 1721 en la iglesia parroquial de nuestra señora de la Concepción del Realejo Bajo con María de la Guarda, hija de don Félix Antonio Barroso y de doña Leonor de la Guarda.

Nº 829 L 2º. Francisco Antonio Jácome, hijo de Antonio Jácome y de Isabel Josefa de Albelo, casó en 1752 en la iglesia parroquial de nuestra señora de la Concepción del Realejo Bajo con María de la Concepción y Castro, viuda de Domingo Rodríguez de las Casas.

Nº 850 L 2º. Felipe Jácome, hijo de Antonio Jácome y de Isabel Josefa, casó en 1765 en la iglesia parroquial de Nuestra Señora de la Concepción del Realejo Bajo con Luisa Francisca de Ascanio, hija de Esteban Francisco Ascanio y de Inés Josefa Estrada.

Nº 1276 L 2º. Pedro Jácome, hijo de Antonio Jácome y de Isabel Josefa, casó en 1766 en la iglesia parroquial de Nuestra Señora de la Concepción del Realejo Bajo con Juana Josefa Domínguez, hija de Juan Pérez y de Eufemia Josefa Domínguez.

Familia Jaques:

Nº 358. El capitán don Lorenzo Jaques Ange Mesa y Espínola, hijo del capitán don Juan Jaques Ange y de doña María de Casa Espínola, vecinos de La Laguna, casó en 1677 en la iglesia parroquial de Nuestra Señora de la Concepción del Realejo Bajo con doña Antonia de Castro Fiesco y Salvatierra, viuda de Alonso Viñater.

Familia Jara:

Nº 1696 L 3º. José Raimundo Jara, hijo de Pablo Jara y de María Azucena, casó en 1793 en la iglesia parroquial de Nuestra Señora de la Concepción del

Realejo Bajo con María del Rosario, hija de Agustín Sebastián de León y de María Brito.

Familia Jerónimo:

Nº 374. Manuel Jerónimo, viudo, casó en 1649 en la iglesia parroquial de Nuestra Señora de la Concepción del Realejo Bajo con María Luis, hija de Fabián Luis y de María Hernández.

Familia Jorge:

Nº 415. Miguel Jorge, hijo de Miguel Jorge y de María de los Reyes, naturales de La Matanza, casó en 1700 en la iglesia parroquial de Nuestra Señora de la Concepción del Realejo Bajo con Bárbara Francisca, hija de Juan Godínez y de Isabel Francisca.

Nº 789 L 2º. Francisco Jorge, hijo de Lorenzo Jorge y de Blasina Francisca, casó en 1729 en la iglesia parroquial de nuestra señora de la Concepción del Realejo Bajo con Catalina Francisca de la Cruz, hija de Felipe Álvarez y Bethencourt y de Águeda de la Cruz.

Nº 1235 L 2º. Pedro Jorge, viudo de Blasina Cabrera, natural de Gáldar, casó en 1731 en la iglesia parroquial de Nuestra Señora de la Concepción del Realejo Bajo con Andrea Díaz de la Peña, hija de Luis Díaz y de María García, natural de la Rambla.

Nº 1272 L 2º. Pablo Jorge, hijo de Miguel Jorge y de Ángela Francisca, casó en 1764 en la iglesia parroquial de Nuestra Señora de la Concepción del Realejo Bajo con Josefa García, hija de Francisco García y de Margarita López.

Nº 1771 L 3º. Miguel Jorge de Abreu, hijo de Pablo Jorge de Abreu y de Ana Francisca Domínguez, casó 1794 en la iglesia parroquial de Nuestra Señora de la Concepción del Realejo Bajo con Marcela del Rosario García, hija de José García y de María Francisca Hernández.

Familia José:

Nº 31. Alejandro José, liberto natural de la isla de Santo Tomé, casó en 1685 en la iglesia parroquial de Nuestra Señora de la Concepción del Realejo Bajo con Esperanza María, liberta, hija de María García, esclava que fue de Juan García y de padre incógnito.

Nº 1274 L 2º. Pedro José, hijo de Josefa Gabriela y de padre incógnito, natural de La Matanza, casó en 1765 en la iglesia parroquial de Nuestra Señora de la Concepción del Realejo Bajo con Rita Francisca Domínguez, hija de Miguel Domínguez y de Catalina Perera.

Familia Juan:

Nº 130. Diego Juan casó en 1696 en la parroquia de San Juan de La Orotava con María Estévez.

Nº 855 L 2º. Francisco Juan, hijo de Francisco Juan y de María Francisca Mena, vecinos de San Juan de la Rambla, casó en 1767 en la iglesia parroquial de Nuestra Señora de la Concepción del Realejo Bajo con Andrea Francisca de la Concepción, hija de José Rodríguez del Álamo y de Ana Francisca de la Concepción.

L.

Familia Lazo:

Nº 241. Jacinto Lazo, hijo de Juan Perera y de Nicolasa Lazo de la Vega, vecinos de La Laguna, casó en 1651 en la iglesia parroquial de Nuestra Señora de la Concepción del Realejo Bajo con Ana Sánchez, hija de Juan Sánchez Saavedra y de Clara Francisca.

Nº 281. José Lazo, hijo de Jacinto Lazo y de Ana Francisca, casó en 1675 en la iglesia parroquial de Nuestra Señora de la Concepción del Realejo Bajo con María Matoso, hija de Pedro Matoso y de Catalina de Sena, vecinos de Santa Cruz.

Nº 940 L 2º. Jacinto Lazo de la Vega, hijo de don ... Lazo de la Vega y de María Francisca de la Cruz, casó en 1716 en la parroquia de Nuestra Señora de la Concepción del Realejo Bajo con María Inés Oramas, viuda de Nicolás Hernández, hija del alférez Pedro Pérez Oramas y de Inés María.

Nº 1339 L 2º. Tomás Lazo de la Vega, hijo de Jacinto Lazo de la Vega y de Inés María, casó en 1742 en la iglesia parroquial de Nuestra Señora de la Concepción del Realejo Bajo con Andrea Bárbara de Aguiar, hija del alférez Juan Carlos de los Santos y de doña Eufemia Fernández.

Nº 1254 L 2º. Pedro Lazo de la Vega y Oramas, hijo de Jacinto Lazo de la Vega y de Isabel María Oramas, casó en 1749 en la iglesia parroquial de Nuestra Señora de la Concepción del Realejo Bajo con Francisca Antonia de Albelo, hija de Francisco González Abreu y de Isabel Francisco de Albelo.

Nº 1496 L 3º. Diego Lazo, hijo de Pedro Lazo y de Francisca Antonia de Albelo, casó en 1785 en la iglesia parroquial de Nuestra Señora de la Concepción del Realejo Bajo con Paula Petra de la Concepción, hija de Gonzalo Francisco de la Guardia y de Teresa Beltrán.

Nº 1718 L 3º. Juan Lazo García, natural de La Orotava, hijo de Juan José García y de Isabel de Rivero, casó en 1796 en la iglesia parroquial de Nuestra Señora de la Concepción del Realejo Bajo con Ángela María de la Concepción Rodríguez Márquez, hija de Luis Antonio Rodríguez y de Rita Márquez.

Familia Leal:

Nº 322. José Leal, viudo de María Ana Rodríguez,

vecinos del Puerto de la Cruz, casó en 1690 en la iglesia parroquial de Nuestra Señora de la Concepción del Realejo Bajo con Ángela Pérez Oramas, viuda de Juan Pérez Capriño.

Familia León:

N° 676 L 2°. Domingo de León, hijo de Custodio de León y de Agustina Leonor, casó en 1712 en la iglesia parroquial de Nuestra Señora de la Concepción del Realejo Bajo con Josefa Miranda de Rojas, hija de Juan Manuel Yanes y de María Josefa Rodríguez.

N° 1136 L 2°. Manuel de León, hijo de Custodio de León y de Agustina Leonor, casó en 1720 en la iglesia parroquial de Nuestra Señora de la Concepción del Realejo Bajo con Juliana Miranda de Rojas, hija de Juan Manuel Yanes y de Josefa de Rojas.

N° 652 L 2°. Custodio de León, hijo de Custodio de León y de Agustina Leonor, casó en 1734 con María Rodríguez Casanova, hija de Pablo García Perera y de Juan García Casanova.

N° 1342 L 2°. Tomás de León y Cabrera, hijo de

Juan de León Cabrera y de María Fernández Carrillo, vecinos de Vallehermoso en La Gomera, casó en 1746 en la iglesia parroquial de Nuestra Señora de la Concepción del Realejo Bajo con María del Rosario y Cámara, hija de Cristóbal Nicolás y Cámara y de Gracia María.

Nº 1043 L 2º. Juan José de León, se veló en 1751 en la iglesia parroquial de Nuestra Señora de la Concepción del Realejo Bajo con Micaela Francisca Jerónimo, con la que se había casado en la parroquia de Santiago Apóstol del Realejo Alto.

Nº 664 L 2º. Custodio de León, viudo de Catalina Francisca, casó en 1767 con Lucía Josefa Trujillo, hija de Juan Francisco Trujillo y de María Magdalena, vecinos de El Tanque.

Nº 1449 L 3º. Buenaventura de León y Rojas, hija de Juan de León y Rojas y de Micaela Fernández Lozano, casó en 1779 en la iglesia parroquial de Nuestra Señora de la Concepción del Realejo Bajo con Josefa Lean y Espinosa, natural de La Orotava, hija de Antonio Leal y de María Espinosa.

Familia Linares:

Nº 925 L 2º. José Linares, hija de Cristóbal Linares y de María Guillama, natural de Vilaflor, casó en 1712 en la iglesia parroquial de Nuestra Señora de la Concepción del Realejo Bajo con Leonor Hernández, hija de Juan de Castro y de Juliana Hernández.

Nº 594 L 2º. Agustín Antonio Linares, hijo de Juan Linares, vecino de Buenavista, y de Josefa Francisca, casó en 1759 casó en 1799 en la iglesia parroquial de Nuestra Señora de la Concepción del Realejo Bajo con Jerónima Francisca, hija de José Yanes Corvo y de María Francisca, natural de Vilaflor de Chasna.

Familia Llanos:

Nº 1016 L 2º. José Antonio Llanos, hijo de Antonio González Llanos y de Beatriz Francisca, casó en 1738 en la iglesia parroquial de Nuestra Señora de la Concepción del Realejo Bajo con Isabel Rodríguez, hija de Domingo González Tacoronte y de Polonia Rodríguez, natural de La Rambla.

Nº 1534 L 3º. Francisco Simón Llanos, hijo de

Domingo Francisco Llanos y de Isabel Francisca, casó en 1775 en la iglesia parroquial de Nuestra Señora de la Concepción del Realejo Bajo con Isabel Francisca Rodríguez, hija de Domingo Rodríguez del Álamo y de Margarita Díaz.

Nº 1642 L 3º. Juan Leonardo Llanos, hijo de José Antonio Llanos y de Isabel Rodríguez, casó en 1779 en la iglesia parroquial de Nuestra Señora de la Concepción del Realejo Bajo con Andrea Francisca Ravelo, hija de Francisco Gil y de Lucía Ravelo.

Nº 1679 L 3º. Juan Diego Llanos, hijo de Domingo Simón Llanos y de Isabel Francisca, casó en 1789 en la iglesia parroquial de Nuestra Señora de la Concepción del Realejo Bajo con Josefa María Donis, hija de Antonio Donis y de María Francisca Díaz.

Familia López:

Nº 1. Antonio López casó en 1583 en la parroquia de la Concepción del Realejo Bajo con María Oramas[48], hija de Mencía Gómez.

---

[48] Doramas en el original.

Nº 82. Domingo López, hijo de Juan López y de María Pérez, vecinos de La Guancha, casó en 1650 en la iglesia parroquial de Nuestra Señora de la Concepción del Realejo Bajo con María Gaspar, hija de Andrés Hernández Cencerra y de Catalina Gaspar.

Nº 257. Juan López Barroso, hijo de Diego Hernández y de Ana de Torres, casó en 1661 en la iglesia parroquial de Nuestra Señora de la Concepción del Realejo Bajo con Marquesa López, hija de Pedro Estévez y de Catalina González.

Nº 159. Francisco López Barroso, hijo de Francisco Pérez Barroso y de Agustina María, casó en 1675 en la iglesia parroquial de Nuestra señora de la Santísima Concepción del Realejo Bajo con Beatriz González, hija de Pascual Álvarez y de Catalina Francisca. Con consanguinidad en segundo grado.

Nº 356. Lucas López Barroso, hijo de Isabel María, casó en 1675 en la iglesia parroquial de Nuestra Señora de la Concepción del Realejo Bajo con Leonor Francisca, viuda de Sebastián García Oramas.

Nº 482. Salvador López, hijo de Salvador López y de María Francisca, casó en 1686 en la iglesia parroquial de Nuestra Señora de la Concepción del Realejo Bajo con María Francisca, hija de Matías Felipe y de Catalina Francisca.

Nº 332. Juan López de Albelo, hijo de Salvador López y de María Francisca, casó en 1696 con María Suárez, hija de Francisco Gil y de Lucía Pérez.

Nº 350. José López Barroso, hijo de Francisco López Barroso y de Beatriz González, casó en 1700 en la iglesia parroquial de Nuestra Señora de la Concepción del Realejo Bajo con María Francisca de Mesa, hija de Gaspar de Mesa y de María Francisca.

Nº 749 L 2º. Félix López Barroso, hijo de Francisco López Barroso y de Beatriz González, casó en 1709 en la iglesia parroquial de nuestra señora de la Concepción del Realejo Bajo con Josefa Martín de Chaves, hija de Marcos Hernández de Chaves y de María Francisca.

Nº 771 L 2º. Felipe López de Rojas y León, viudo de Leonor Isabel López, hija del teniente de caballos

Antonio López y de Isabel de Rojas, vecina del Puerto de la Orotava, casó en 1715 en la iglesia parroquial de nuestra señora de la Concepción del Realejo Bajo con Jerónima Bautista de Ardueza, hija de José de Ardueza y de Juana Bautista.

Nº 937 L 2º. José López Oropesa, hijo de José López Oropesa y de María Ana de la Luz, natural del Puerto de la Orotava, casó en 1715 en la parroquia de Nuestra Señora de la Concepción del Realejo Bajo con Luisa Rodríguez Acosta, hija de Jerónimo de Acosta y de Ángela Viera.

Nº 681 L 2º. Domingo López, hijo de Francisco López y de Ana Gómez, vecinos de La Orotava, casó en 1717 en la iglesia parroquial de Nuestra Señora de la Concepción del Realejo Bajo con Paula María del Corral, hija de Juan Bautista del Corral y Mérida y de María Acosta de Albelo.

Nº 952 L 2º. José López, hijo de Ambrosio González y de Margarita Francisca, casó en 1720 en la parroquia de Nuestra Señora de la Concepción del Realejo Bajo con María Francisca, hija de Francisco Hernández Corvo y de Isabel Francisca.

Nº 734 L 2º. Esteban López, hijo de Felipe López y de María Ramos, casó en 1726 en la parroquia de Nuestra Señora de la Concepción del Realejo Bajo con Sebastiana Rodríguez Oramas, hija de Esteban García y de María Rodríguez.

Nº 1298 L 2º. Salvador López Albelo, hijo de Salvador López Albelo y de María Francisca, casó en 1730 en la iglesia parroquial de Nuestra Señora de la Concepción del Realejo Bajo con Leonor Francisca de Chaves, hija de Francisco González Chaves y de Francisca Xuárez. Con cuarto grado de consanguinidad.

Nº 653. Cristóbal López Barroso, hijo de Félix López Barroso y de Josefa Márquez de Chaves, casó en 1735 en la iglesia parroquial de nuestra señora de la Concepción del Realejo Bajo con María Ramos, hija natural de Bárbara Ramos Fonseca.

Nº 900 L 2º. Ignacio López, hijo de Salvador López y de María Francisca, casó en 1736 en la iglesia parroquial de Nuestra Señora de la Concepción del Realejo Bajo con María Francisca Suárez, hija de Francisco González Chaves y de Lucía Francisca

Suárez.

Nº 1155 L 2º. Mateo López, hijo de Juan López y de María Francisca, vecinos de la Rambla, casó en 1736 en la iglesia parroquial de Nuestra Señora de la Concepción del Realejo Bajo con Águeda Francisca Barroso, hija de Diego Hernández Barroso y de Clara Lorenzo.

Nº 1013 L 2º. Juan López Moreno, viudo de Micaela Agustina, casó en 1737 en la iglesia parroquial de Nuestra Señora de la Concepción del Realejo Bajo con María Francisca Díaz, hija de Domingo Diaz y de Sebastiana Francisca.

Nº 1158 L 2º. Matías López hijo de Juan López de Arbelo y de María Gil, casó en 1737 en la iglesia parroquial de Nuestra Señora de la Concepción del Realejo Bajo con María Francisca de Chaves, hija de Félix López Barroso y de Josefa Martín.

Nº 1306 L 2º. Salvador López, hijo de Juan López y de Micaela Francisca, casó en 1743 en la iglesia parroquial de Nuestra Señora de la Concepción del Realejo Bajo con Manuela Yanes, hija de Clemente

Hernández y de Luisa Yanes.

Nº 1165 L 2º. Manuel López, hijo de Juan López y de Micaela Díaz, casó en 1746 en la iglesia parroquial de Nuestra Señora de la Concepción del Realejo Bajo con María Francisca, hija de José González y de Josefa Díaz.

Nº 575 L 2º. Agustín López Moreno, hijo de José López Moreno y de María Francisca, casó en 1751 en la parroquia de la Concepción del Realejo Bajo con Isabel García, hija de Juan Díaz Moreno y de Luisa García.

Nº 1318 L 2º. Salvador López Barroso y Aldana, hijo de Pascual López Barroso y de Margarita de Aldana, casó en 1753 en la iglesia parroquial de Nuestra Señora de la Concepción del Realejo Bajo con Ana Rodríguez Regalado, hija de Clemente González Héctor y de Gaspara Rodríguez Regalado.

Nº 836 L 2º. Fernando Antonio López, hijo de Nicolás Díaz López y de Josefa Estévez, casó en 1755 en la iglesia parroquial de nuestra señora de la Concepción del Realejo Bajo con Rosa María Vergara, hija de

Felipe Agustín de Aguiar y Vergara, y de Rita María del Corral.

Nº 1078 L 2º. José de la Concepción López, hijo de Juan López y de Micaela Díaz, casó en 1759 en la iglesia parroquial de Nuestra Señora de la Concepción del Realejo Bajo con Bárbara Padrón Quintero, naturales de La Oliva, en la isla de Fuerteventura, hija de José Antonio Quintero y de María Ramos.

Nº 1326 L 2º. Salvador López Moreno, hijo de José López Moreno y de María Francisca Corvo, casó en 1763 en la parroquia de Nuestra Señora de la Concepción del Realejo Bajo con Josefa Francisca Dávila, hija de Diego Domínguez Dávila y de Catalina Francisca.

Nº 606 L 2º. Antonio López, hijo de José López de Albelo y de María Hernández de León, casó en 1765 en la iglesia parroquial de Nuestra Señora de la Concepción del Realejo Bajo con Margarita Francisca del Álamo, hija de Domingo Rodríguez del Álamo y de María Francisca.

Nº 640 L 2º. Bartolomé López Barroso, hijo de Francisco López Barroso y de Juana Francisca, vecina de San Juan, casó en 1766 en la iglesia parroquial de Nuestra Señora de la Concepción del Realejo Bajo con María Francisca de la Concepción y Acevedo, hija de Sebastián Méndez Acevedo y de Elena Francisca.

Nº 1329 L 2º. Salvador López de Albelo, hijo de Salvador López de Albelo y de Leonor Francisca, casó en 1766 en la parroquia de Nuestra Señora de la Concepción del Realejo Bajo con Manuela Francisca de Chaves, hija de Manuel Hernández Corvo y de Catalina Francisca de Chaves.

Nº 731 L 2º. Diego López, hijo de Salvador López y de Leonor Francisca Suárez casó en 1767 en la parroquia de Nuestra Señora de la Concepción del Realejo Bajo con Lorenza Gil, hija de Juan Reyes y de María Gil. Consanguíneos de 3 con 4º grado.

Nº 1591 L 3º. Juan López de Albelo, hijo de Juan López de Albelo y de Jerónima Francisca, casó en 1767 en la iglesia parroquial de Nuestra Señora de la Concepción del Realejo Bajo con María Francisca del Álamo, hija de Julián Rodríguez del Álamo y de Lucía Francisca.

Nº 1619 L 3º. José López, hijo de José López y de Rita Francisca Suárez, casó en 1775 en la iglesia parroquial de Nuestra Señora de la Concepción del Realejo Bajo con Josefa Francisca de Chaves, hija de Mateo López de Albelo y de María Márquez de Chaves.

Nº 1620 L 3º. José López de Arbelo, hijo de Matías López de Arbelo y de María Márquez de Chaves, casó en 1775 en la iglesia parroquial de Nuestra Señora de la Concepción del Realejo Bajo con Josefa Francisca de Chaves, hija de Mateo López y de Águeda Francisca de Chaves.

Nº 1488 L 3º. Domingo López de Albelo, natural de San Juan, hijo de Juan López de Albelo y de Isabel María, casó en 1780 en la iglesia parroquial de Nuestra Señora de la Concepción del Realejo Bajo con Rosalía Delgado, hija de Gonzalo Suárez y de María Delgado.

Nº 1646 L 3º. Juan Antonio López, hijo de Antonio López y de Gracia Suárez, casó en 1780 en la iglesia parroquial de Nuestra Señora de la Concepción del Realejo Bajo con Rita Suárez, hija de José López

Barroso y de Rita Francisca Suárez.

Nº 1843 L 3º. Salvador López, viudo de María Francisca, casó en 1785 en la iglesia parroquial de Nuestra Señora de la Concepción del Realejo Bajo con María Francisca Hernández, hija de Manuel Hernández y de Juana Francisca, natural de La Rambla.

Nº 1880 L 3º. Vicente López Albelo, hijo de Matías López y de María Márquez de Chaves, casó en 1785 en la iglesia parroquial de Nuestra Señora de la Concepción del Realejo Bajo con Catalina López, hija de Agustín López Moreno y de Isabel García.

Nº 1676 L 3º. José López, hijo de Antonio López y de Margarita Francisca, casó en 1789 en la iglesia parroquial de Nuestra Señora de la Concepción del Realejo Bajo con María de las Mercedes Díaz, natural de Arico, hija de Juan Díaz y de Catalina Delgado.

Nº 1405 L 3º. Antonio López, hijo de Salvador López y de Josefa Domínguez, casó en 1792 en la iglesia parroquial de Nuestra Señora de la Concepción del Realejo Bajo con Isabel Márquez de Chaves, hija de Tomás Domínguez Regalado y de Antonia Márquez de

Chaves.

Nº 1708 L 3º. José López Barroso, viudo de Josefa Francisca de Chaves, casó en 1794 en la iglesia parroquial de Nuestra Señora de la Concepción del Realejo Bajo con María Rodríguez del Álamo y Mena, hija de Francisco Rodríguez Mena y de Andrea Rodríguez del Álamo.

Nº 1423 L 3º. Antonio López Moreno, hijo de Antonio López Moreno y de María Rodríguez, casó en 1796 en la parroquia de Nuestra Señora de la Concepción del Realejo Bajo con Sebastiana González Perera, hija de Juan González Perera y de María Díaz.

Nº 1427 L 3º. Antonio López, viudo de Isabel Márquez, hijo de Salvador López y de Josefa Domínguez, casó en 1796 en la parroquia de Nuestra Señora de la Concepción del Realejo Bajo con Estéfana García, hija de Francisco García Linares y de Águeda Francisca Hernández. Consanguíneos en cuarto grado.

Familia Lorenzo:

Nº 231. Juan Lorenzo Rivero, viudo de Isabel Díaz,

vecinos de La Orotava, casó en 1642 en la iglesia parroquial de Nuestra Señora de la Concepción del Realejo Bajo con Catalina Hernández, hija de Melchor Hernández Grillo y de Inés Estévez, vecinos del Tanque.

Nº 450. Salvador Lorenzo, hijo de Hernando Pérez y de Ana Rivero, casó en 1648 en la iglesia parroquial de nuestra señora de la Concepción del Realejo Bajo con Eufrasia María, hija de Miguel de Cabrera y de Catalina Díaz, vecinos de las Bandas de Abona.

Nº 453. Salvador Lorenzo, casó en 1651 en la iglesia parroquial de nuestra señora de la Concepción del Realejo Bajo con María Francisca, hija de Gaspar Pérez y de Francisca Méndez.

Nº 85. Domingo Lorenzo, alférez, hijo de Francisco Díaz y de Asencia María, casó en 1658 en la iglesia parroquial de nuestra señora de la Concepción del Realejo Bajo con María Aldana[49], hija de Jofre Andrés y de María Aldana.

---

[49] Solo figura el apellido Aldana.

Nº 468. Salvador Lorenzo, hijo de Lucas Pedro y de Victoria Hernández, casó en 1673 en la iglesia parroquial de nuestra señora de la Concepción del Realejo Bajo con Dionisia Bello, hija de Juan Bello y de María Francisca.

Nº 102. Domingo Lorenzo, hijo de Fabián Lorenzo y de María Delgado, casó en 1676 en la parroquia de Nuestra Señora de la Concepción del Realejo Bajo con Juana Rodríguez, hija de Juan Rodríguez Casanova y de María Hernández.

Nº 287. Juan Lorenzo, hijo de Salvador Lorenzo y de María Francisca, casó en 1677 en la iglesia parroquial de Nuestra señora de la Santísima Concepción del Realejo Bajo con María Hernández, hija de Baltasar Luis y de María Andresa.

Nº 293. Juan Lorenzo, hijo de Francisco Lorenzo y de Isabel de Sosa, casó en 1678 en la iglesia parroquial de Nuestra señora de la Santísima Concepción del Realejo Bajo con Catalina Pérez, hija de Marcos Díaz y de Inés Pérez.

Nº 165. Francisco Lorenzo, hijo de Juan Lorenzo y

de Fabiana Oramas, casó en 1681 en la iglesia parroquial de Nuestra señora de la Santísima Concepción del Realejo Bajo con María Luis, hija de Antonio Yanes y de Gracia Luis[50].

Nº 478. Salvador Lorenzo de la Guardia, viudo de Petronila de Mesa, casó en 1681[51] en la iglesia parroquial de Nuestra Señora de la Concepción del Realejo Bajo con Úrsula Martín de Aguiar, hija de Bartolomé Martín y de Leonor Lorenzo de Aguiar.

Nº 303. Juan Lorenzo Oliva, hijo de Juan Lorenzo Oliva y de María Pérez Albertos, vecinos de La Orotava, casó en 1682 en la iglesia parroquial de Nuestra Señora de la Concepción del Realejo Bajo con Isidora Francisca, hija de Jerónimo Rodríguez y de María Francisca.

Nº 395. Manuel Lorenzo, hijo de Bartolomé Lorenzo y de María López, vecinos de La Guancha, casó en 1682 en la iglesia parroquial de Nuestra Señora de la Concepción del Realejo Bajo con Ana Luis, hija de

---

[50] Gracia viene G. en el original.
[51] En los apuntes aparece sin fecha, por lo que es aproximada, pero sí es correcto el nº de orden parroquial 478.

Marcos Luis y de Lucrecia María.

Nº 219. Jerónimo Lorenzo de Oliva, hijo de Juan Lorenzo de Oliva, natural de La Orotava, y de María Albelo, casó en 1691 en la iglesia parroquial de Nuestra Señora de la Concepción del Realejo Bajo con María Rodríguez de Abreu, hija de Juan de Melo y de María de Abreu.

Nº 126. Domingo Lorenzo de Oramas, hijo de Gaspar González Esteban y de Juana Lorenzo, casó en 1693 en la parroquia de Nuestra Señora de la Concepción del Realejo Bajo con Juana Bautista, hija de Álvaro López y de Juana Bautista, de la Fuente de la Guancha.

Nº 334. José Lorenzo, hijo de Pedro Lorenzo y de Catalina Mendoza, casó en 1697 en la iglesia parroquial de Nuestra Señora de la Concepción del Realejo Bajo con Úrsula de Albelo, hija de Cristóbal de Albelo y de María de la O.

Nº 504. Sebastián Lorenzo, hijo de padres no conocidos, a quien cuidó el alférez Marcos Hernández, casó en 1700 en la iglesia parroquial de nuestra señora de la Concepción del Realejo Bajo con María Jerónima de Albelo, hija de Francisco Hernández y de María López.

Nº 641 L 2º. Cayetano Lorenzo, hijo de Pedro Zamora y de Ana Francisca Márquez, casó en 1704 en la iglesia parroquial de nuestra señora de la Concepción del Realejo Bajo con Ana Márquez, hija de Asencio Hernández Cuervo y de Ana Márquez.

Nº 745 L 2º. Fernando Lorenzo, hijo de Marcos Hernández y de María Luis, casó en 1706 en la iglesia parroquial de Nuestra Señora de la Concepción del Realejo Bajo con Francisca Luis, hija de Juan Luis y de Micaela Francisca.

Nº 894 L 2º. Hilario Lorenzo, hijo de Marcos Hernández y de Marta Luis, casó en 1708 en la iglesia parroquial de nuestra señora de la Concepción del Realejo Bajo con María Francisca, hija de Juan Luis y de Micaela Francisca.

Nº 755 L 2º. Felipe Lorenzo Díaz, hijo de Juan Lorenzo y de María Francisca, casó en 1711 en la iglesia parroquial de nuestra señora de la Concepción del

Realejo Bajo con Margarita Francisca, hija de Francisco Hernández y de Catalina Francisca.

Nº 765 L 2º. Francisco Lorenzo, hijo de Jerónimo Lorenzo y de María de Abreu, casó en 1714 en la iglesia parroquial de nuestra señora de la Concepción del Realejo Bajo con Francisca de Albelo, hija de Cristóbal de Albelo y de María de la O.

Nº 1222 L 2º. Pedro Lorenzo, viudo de Francisca Antonia, vecina de La Orotava, casó en 1716 en la iglesia parroquial de Nuestra Señora de la Concepción del Realejo Bajo con María Francisca, viuda de Mateo Martín.

Nº 1134 L 2º. Miguel Lorenzo, hijo de Juan Lorenzo y de Catalina Pérez, casó en 1717 en la iglesia parroquial de Nuestra señora de la Concepción del Realejo Bajo con Josefa Pérez de la Sierra, hija de Bartolomé de la Sierra y Antonia Pérez.

Nº 1288 L 2º. Salvador Lorenzo de la Guardia Villar, hijo de Domingo González Villar y de María Lorenzo de la Guarda, casó en 1721 en la iglesia parroquial de Nuestra Señora de la Concepción del Realejo

Bajo con Juana Josefa Llanos, hija del alférez Salvador de Abreu y de Francisca María Llanos.

Nº 1226 L 2º. Pablo Lorenzo Oramas, hijo de Francisco Lorenzo Oramas y de María Luis de la Guardia, casó en 1723 en la iglesia parroquial de Nuestra Señora de la Concepción del Realejo Bajo con María Francisca Bello, hija de Juan Pérez Martínez y de Inés Francisca Bello.

Nº 961 L 2º. Juan Lorenzo Centella y Barrios, hijo de Bartolomé de León y de Micaela Lorenzo, natural de Santa Úrsula, casó en 1724 en la iglesia parroquial de Nuestra señora de la Concepción del Realejo Bajo con Rosa Mayor de la Guarda, hija del alférez Felipe Pérez y de María de la Guarda.

Nº 982 L 2º. José Lorenzo de Cejas, hijo de Lucía Francisca y de padre no conocido, casó en 1729 en la iglesia parroquial de Nuestra señora de la Concepción del Realejo Bajo con Josefa Antonia, hija de Pascual Ramos y de Rosa Josefa.

Nº 992 L 2º. Joaquín Lorenzo, hijo de José Lorenzo y de Úrsula de Albelo, casó en 1733 en la iglesia parroquial de Nuestra señora de la Concepción del Realejo Bajo con María Francisca, hija de Sebastián Hernández y de María Francisca. Consanguíneos en tercer grado.

N° 805 L 2°. Fernando Lorenzo Héctor, hijo de Buenaventura Lorenzo Héctor y de Blasina Romero Coello, casó en 1736 en la iglesia parroquial de nuestra señora de la Concepción del Realejo Bajo con Isabel Rodríguez de Abreu Llanos, hija de José Rodríguez Barrios y de Francisca María de Abreu.

N° 810 L 2°. Francisco Lorenzo, hijo de Felipe Lorenzo y de Margarita Francisca, casó en 1739 en la iglesia parroquial de nuestra señora de la Concepción del Realejo Bajo con María García Chaves, hija de José Gregorio y de Juana Rodríguez.

N° 1310 L 2°. Salvador Lorenzo, hijo de Cayetano Lorenzo y de Ana Márquez, casó en 1744 en la iglesia parroquial de Nuestra Señora de la Concepción del Realejo Bajo con Josefa Francisca, hija de Juan Hernández y de Beatriz Francisca.

N° 817 L 2°. Felipe Lorenzo, viudo de Margarita

Francisca, casó en 1746 en la iglesia parroquial de nuestra señora de la Concepción del Realejo Bajo con María de la Luz, hija de Sebastián Hernández y de Josefa Francisca Dávila.

Nº 1312 L 2º. Salvador Lorenzo de la Guardia y Aguiar, viudo de Isabel Romero, casó en 1746 en la iglesia parroquial de Nuestra Señora de la Concepción del Realejo Bajo con Jerónima Francisca de Chaves, hija de Jerónimo García y de Tomasa Francisca de Chaves.

Nº 820 L 2º. Francisco Lorenzo de Oliva, hijo de Francisco Lorenzo de Oliva y de Francisca de Albelo[52], casó en 1747 en la iglesia parroquial de nuestra señora de la Concepción del Realejo Bajo con Isabel Rodríguez de Acosta, hija de José de la Cruz y de Isabel Rodríguez Acosta.

Nº 1040 L 2º. José Lorenzo, hijo de Hilario Lorenzo y de Micaela Francisca, casó en 1748 en la iglesia parroquial de Nuestra señora de la Concepción del Realejo Bajo con Lucía García, hija de Manuel García

---

[52] Del número 765.

y de María Andrea.

Nº 823 L 2º. Francisco Lorenzo, hijo de Cayetano Lorenzo y de Ana Márquez, casó en 1749 en la iglesia parroquial de nuestra señora de la Concepción del Realejo Bajo con Andrea Martín, hija de Diego Suárez y de María Martín.

Nº 588 L 3º. Don Antonio Lorenzo Oramas de la Guarda, hijo de Cristóbal Lorenzo Oramas y de doña Francisca Ana de la Guardia, casó en 1756 en la iglesia parroquial de Nuestra Señora de la Concepción del Realejo Bajo con doña Sebastiana de la Guarda Barroso, hija de don Carlos Tomás Jácome Barroso y de doña María de la Guardia.

Nº 1065 L 2º. José Lorenzo Albelo, hijo de Joaquín Lorenzo Albelo y de María Francisca, casó en 1756 en la iglesia parroquial de Nuestra señora de la Concepción del Realejo Bajo con Antonia de Abreu, viuda de Domingo Martín.

Nº 1752 L 3º. Manuel Lorenzo Hernández, hijo de Manuel Lorenzo y de Josefa Francisca, casó en 1775 en la iglesia parroquial de Nuestra Señora de la

Concepción del Realejo Bajo con María Suárez, hija de Francisco González Chaurero y de Inés Suárez.

Nº 1624 L 3º. José Lorenzo, hijo de José Lorenzo Zamora, y de Luisa Andrea, casó en 1776 en la iglesia parroquial de Nuestra Señora de la Concepción del Realejo Bajo con María Rodríguez, hija de Gaspar Rodríguez del Álamo y de Rita Francisca Héctor.

Nº 1809 L 3º. Pedro Lorenzo, hijo de José Lorenzo y de Lucía Andrea, casó en 1782 en la iglesia parroquial de Nuestra Señora de la Concepción del Realejo Bajo con María Suárez, hija de Ignacio López y de María Suárez.

Nº 1672 L 3º. José Antonio Lorenzo de Albelo, hijo de José Lorenzo de Albelo y de Antonia García de Abreu, casó en 1787 con Isabel Bernarda de la Concepción de Ávila, hija de Francisco Rodríguez Regalado y de Lucía Francisca de Ávila.

Nº 1826 L 3º. Pedro Lorenzo Zamora, viudo de María Francisca Suárez, hija de José Lorenzo y de Lucía Andrea García, casó en 1793 en la iglesia parroquial de Nuestra Señora de la Concepción del Realejo Bajo con María González Héctor, hija de Manuel González Héctor y de Margarita Francisca Chaves.

Familia Lugo:

N° 205. Jerónimo de Lugo Navarrete de Fleitas, hijo de Jerónimo de Lugo Navarrete de Fleitas y de María Francisca, vecinos de Daute, casó en 1668 en la iglesia parroquial de Nuestra Señora de la Concepción del Realejo Bajo con Ana Díaz, hija de Juan Izquierdo, natural de El Hierro y de Isabel Luis, de Icod.

Familia Luis:

N° 228. Juan Luis casó en 1599 en la iglesia parroquial de Nuestra Señora de la Concepción del Realejo Bajo con Constanza Martín, hija de Juan Beltrán y de María Hernández.

N° 197. Gaspar Luis, hijo de Gaspar Luis y de María Francisca, casó en 1651 en la iglesia parroquial de Nuestra Señora de la Concepción del Realejo Bajo con María Luis, hija de Blas Hernández y de María Luis.

N° 10. Antonio Luis, hijo de Salvador Luis y de

María Luis, vecino de la Guancha, casó en 1654 en la parroquia de la Concepción del Realejo Bajo con Isabel Francisca, hija de Domingo Viera y de María García.

Nº 11. Antonio Luis, hijo de Juan Amador y de Ana María, casó en 1661 en la parroquia de la Concepción del Realejo Bajo con María Pérez, hija de Baltasar Jácome y de Dominga María.

Nº 510. Tomás Luis, hijo de Matías Luis Ravelo y de Úrsula Jacinta, casó en 1673 en la iglesia parroquial de nuestra señora de la Concepción del Realejo Bajo con María Lorenzo, hija de Juan Lorenzo y de Francisca Rodríguez.

Nº 100. Domingo Luis, hijo de Marcos Luis y de Lucrecia María, casó en 1675 en la parroquia de Nuestra Señora de la Concepción del Realejo Bajo con Juana Díaz, hija de Bartolomé Hernández Cencerro y de Ana Díaz.

Nº 432. Pedro Luis, hijo de Pedro Luis y de Ana Méndez, vecinos de San Juan, casó en 1677 en la iglesia parroquial de nuestra señora de la Concepción del Realejo Bajo con María Pérez, hija de Gonzalo

Hernández y de María Díaz.

Nº 292. Juan Luis, hijo de Marcos Luis y de Juana María, casó en 1678 en la iglesia parroquial de Nuestra señora de la Santísima Concepción del Realejo Bajo con Micaela Francisca, hija de Asencio Domínguez y de María Luis.

Nº 296. Juan Luis, hijo de Sebastián Luis y de Inés Francisca, casó en 1680 en la iglesia parroquial de Nuestra señora de la Santísima Concepción del Realejo Bajo con Ángela Francisca, hija de Asencio Domínguez y de María Luis

Nº 213. Gaspar Luis, hijo de Marcos Luis y de Lucía María, casó en 1681 en la parroquia de Nuestra Señora de la Concepción del Realejo Bajo con María Francisca, hija de Andrés González y de Sebastiana Francisca.

Nº 214. Gaspar Luis, hijo de Gaspar Luis y de María Luis, casó en 1682 en la iglesia parroquial de Nuestra Señora de la Concepción del Realejo Bajo con Ana Francisca, hija de Diego Hernández del Lomo y de Isabel Francisca. Consanguíneos en tercer grado.

N° 120. Diego Luis, hijo de Baltasar Luis y de María Andresa, vecinos de San Juan de la Rambla, casó en 1687 en la parroquia de Nuestra Señora de la Concepción del Realejo Bajo con Agustina González López, hija de Lázaro González y de Beatriz Hernández.

N° 319. Juan Luis, hijo de Luis Hernández y de Ana, vecinos de San Juan[53] casó en 1688 en la iglesia parroquial de Nuestra Señora de la Concepción del Realejo Bajo con Catalina Francisca, hija de Diego Hernández Cuervo y de Catalina Luis.

N° 490. Salvador Luis Ravelo, hijo de Salvador Luis Ravelo y de Ana María, vecinos de Icod, casó en 1689 en la iglesia parroquial de Nuestra Señora de la Concepción del Realejo Bajo con María del Rosario, hija de Juan Vicente y de María de la O.

N° 141. Esteban Luis de Ávila, hijo de Francisco Luis de Ávila y de María Mendoza, casó en 1692 en la parroquia de Nuestra Señora de la Concepción del Realejo Bajo con María Francisca, hija de Matías

---

[53] San Juan del Reparo.

González Rajita y Damiana Francisca.

Nº 66. Bartolomé Luis, hijo de Miguel Luis y de María Pérez, casó en 1693 en la iglesia parroquial de Nuestra Señora de la Concepción del Realejo Bajo con Lucía Francisca.

Nº 336. Juan Luis, viudo de Catalina Francisca, casó en 1697 en la iglesia parroquial de Nuestra Señora de la Concepción del Realejo Bajo con María Francisca, hija de Mateo Rodríguez y de María Rodríguez, de la parroquia de San Juan en La Orotava.

Nº 183. Felipe Luis, hijo de Salvador Luis Chavasco y de Catalina Hernández, casó en 1698 en la parroquia de Nuestra Señora de la Concepción del Realejo Bajo con María Nicolasa, hija de Tomás González y de María Jerónima.

Nº 911 L 2º. José Luis, hijo de Juan Luis y de Micaela Francisca, casó en 1705 en la iglesia parroquial de Nuestra Señora de la Concepción del Realejo Bajo con Eufemia Francisca, hija de Manuel González Héctor y de María Francisca.

Nº 1124 L 2º. Marcos Luis, hijo de Francisco Luis y de Josefa de Acosta, natural de Icod, casó en 1707 en la iglesia parroquial de Nuestra señora de la Concepción del Realejo Bajo con María García, hija de Domingo García, natural de Santa Úrsula, y de Ángela Rodríguez.

Nº 747 L 2º. Francisco Luis Dávila, hijo de Francisco Luis Dávila y de María Candelaria, casó en 1708 en la iglesia parroquial de Nuestra señora de la Santísima Concepción del Realejo Bajo con María Luis, hija de Bartolomé González y de María Luis.

Nº 944 L 2º. Juan Luis, hijo de Gaspar Luis y de María Francisca, casó en 1716 en la iglesia parroquial de Nuestra Señora de la Concepción del Realejo Bajo con María Francisca, hija de Andrés Díaz y de Ángela Francisca.

Nº 775 L 2º. Francisco Luis Borges, hijo de Simón Díaz Borges, natural de Icod y de Beatriz Hernández, casó en 1717 en la iglesia parroquial de Nuestra Señora de la Concepción del Realejo Bajo con Dionisia Bello de Abreu, hija de Salvador Lorenzo de Abreu y de Dionisia Bello.

Nº 862 L 2º. Gaspar Luis, hijo de Francisco Hernández y de Ana Luis, casó en 1719 en la iglesia parroquial de Nuestra Señora de la Concepción del Realejo Bajo con Isabel Luis, hija de Juan Luis y de Ángela Domínguez.

Nº 1135 L 2º. Manuel Luis, hijo de Juan Luis y de Micaela Francisca, casó en 1719 en la iglesia parroquial de Nuestra Señora de la Concepción del Realejo Bajo con Francisca Llanos, hija de Juan González y de Melchora Francisca. Consanguíneos de tercer con cuarto grado.

Nº 1335 L 2º. Tomás Luis, hijo de Juan Luis y de Sebastiana Francisca, casó en 1721 en la iglesia parroquial de Nuestra Señora de la Concepción del Realejo Bajo con Clara Lorenzo, Francisco, viuda de Diego Hernández Barroso.

Nº 1195 L 2º. Nicolás Luis Estévez, hijo de Andrés Díaz y de Paula Damiana Francisca, casó en 1723 en la iglesia parroquial de Nuestra Señora de la Concepción del Realejo Bajo con María López Oropesa, hija de José López de Oropesa y de María Ana de la Luz.

Nº 966 L 2º. Juan Luis, hijo de Juan Luis y de Ángela Domínguez, casó en 1725 en la iglesia parroquial de Nuestra Señora de la Concepción del Realejo Bajo con Isabel Francisca, hija de Francisco Hernández Corvo y de Inés Francisca. Consanguíneos de segundo con tercer grado.

Nº 1230 L 2º. Pedro Luis, hijo de Juan Luis y de Sebastiana Francisca, casó en 1726 en la iglesia parroquial de Nuestra Señora de la Concepción del Realejo Bajo con Ángela Francisca, hija de Simón Francisco y de Ana de la Sierra. Consanguíneos en tercero con cuarto grado.

Nº 1002 L 2º. Juan Luis, hijo de Juan Luis y de María Francisca, vecinos de La Rambla, casó en 1734 en la iglesia parroquial de Nuestra Señora de la Concepción del Realejo Bajo con Josefa Luis, hija de José Luis y de Eufemia Francisca.

Nº 876 L 2º. Gaspar Luis, viudo de Isabel Francisca, casó en 1744 en la iglesia parroquial de Nuestra Señora de la Concepción del Realejo Bajo con Juana Manuela, hija de Manuel Francisco y de Margarita

Díaz.

Nº 1036 L 2º. José Luis Ravelo, hijo de Lorenzo Luis Ravelo y de Josefa Lorenzo, casó en 1747 en la iglesia parroquial de Nuestra Señora de la Concepción del Realejo Bajo con Agustina Jerónima de Ávila, hija de Salvador González Delgado y de Josefa María de Ávila.

Nº 1037 L 2º. Juan Luis Dávila, viudo de Isabel Llanos, casó en 1747 en la iglesia parroquial de Nuestra Señora de la Concepción del Realejo Bajo con Francisca Domínguez, hija de Tomás Domínguez y de Juana Rodríguez de Chaves. Consanguíneos de tercero con cuarto grado.

Nº 1048 L 2º. Juan Luis Moreno, hijo de Manuel Luis y de Francisca Díaz Moreno, casó en 1751 en la iglesia parroquial de Nuestra Señora de la Concepción del Realejo Bajo con María Francisca López, hija de José López y de María Francisca Corvo.

Nº 1316 L 2º. Sebastián Luis del Álamo, hijo de Pedro Luis del Álamo y de Agustina Francisca, casó en 1753 en la iglesia parroquial de Nuestra Señora de la Concepción del Realejo Bajo con Gregoria Lucía Guadarrama, hija de Andrea y de padre incógnito.

Nº 1278 L 2º. Rafael Luis de la Guarda, natural de La Orotava, hijo de Salvador Luis de la Guarda y de Isabel María, casó en 1754 en la iglesia parroquial de Nuestra Señora de la Concepción del Realejo Bajo con Marcela García, hija de Antonio Pérez del Castillo y de Josefa García.

Nº 713 L 2º. Diego Luis Chaves, hijo de Tomás Luis y de Clara Lorenzo de Chaves, casó en 1755 en la iglesia parroquial de Nuestra Señora de la Concepción del Realejo Bajo con María Aldana Barroso, hija de Pascual López Barroso y de Margarita Aldana. Consanguíneos en tercero con cuarto grado.

Nº 1061 L 2º. José Luis Méndez, hijo de Domingo Luis Méndez y de Micaela Francisca Méndez, casó en 1755 en la iglesia parroquial de Nuestra Señora de la Concepción del Realejo Bajo con Jerónima Francisca, viuda de Francisco Domínguez.

Nº 1063 L 2º. Juan Luis de Ávila, hijo de Juan Luis de Ávila y de Josefa Francisca, casó en 1756 en la iglesia parroquial de Nuestra Señora de la Concepción del Realejo Bajo con Marcela Francisca, hija de Juan Díaz y de Ana Francisca.

Nº 1320 L 2º. Salvador Luis Llanos, hijo de Pedro Luis y de Ángela Francisca de Vera, casó en 1756 en la iglesia parroquial de Nuestra Señora de la Concepción del Realejo Bajo con Ana Francisca Rodríguez, hija de Domingo Rodríguez del Álamo y de María Francisca Díaz.

Nº 887 L 2º. Gaspar Luis, hijo de Pedro Luis y de Ángela Francisca Llanos, casó en 1757 en la iglesia parroquial de Nuestra Señora de la Concepción del Realejo Bajo con Luisa Francisca Chaurero, hija de Juan Díaz y de Ana Francisca.

Nº 1269 L 2º. Patricio Luis, hijo de Pedro Luis Dávila y de María Francisca, vecinos de San Juan de la Rambla, casó en 1760 en la iglesia parroquial de Nuestra Señora de la Concepción del Realejo Bajo con Andrea Rodríguez, hija de Juan Hernández Correa y de Margarita Rodríguez, vecinos de La Orotava.

Nº 1210 L 2º. Nicolás Antonio Luis, hijo de

Salvador Luis y de Isabel María, vecinos de La Orotava, casó en 1760 en la iglesia parroquial de Nuestra Señora de la Concepción del Realejo Bajo con María González de la Parra y Chaves, hija de José de la Parra y de Ana Miranda de Chaves.

Nº 726 L 2º. Domingo Luis Dávila, hijo de Pedro Luis Dávila y de María Francisca, naturales de San Juan, casó en 1762 en la iglesia parroquial de Nuestra Señora de la Concepción del Realejo Bajo con María González Herrera, hija de Matías González y de Ana Herrera.

Nº 1086 L 2º. Juan Luis Pacheco, hijo de José Luis Pacheco y de Ana María Estrada, natural de La Orotava, casó en 1763 en la iglesia parroquial de Nuestra Señora de la Concepción del Realejo Bajo con Rosalía López García, hija de Francisco García y de María Margarita López.

Nº 1092 L 2º. José Luis Dávila, hijo de Juan Luis Dávila y de Josefa Francisca Héctor, casó en 1764 en la iglesia parroquial de Nuestra Señora de la Concepción del Realejo Bajo con Lucía Francisca Yanes Corvo, hija de Manuel Yanes Corvo y de Ana

Francisca González.

Nº 1098 L 2º. José Luis Donis, hijo de Salvador Luis y de Catalina María Donis, casó en 1767 en la iglesia parroquial de Nuestra Señora de la Concepción del Realejo Bajo con Antonia de la Concepción Regalado, hijo de Miguel Yanes Regalado y de Antonia Francisca de la Concepción. Consanguíneos en cuarto grado.

Nº 1459 L 3º. Cristóbal Luis, hijo de Pedro Luis y de Ángela Francisca, casó en 1768[54] en la iglesia parroquial de Nuestra Señora de la Concepción del Realejo Bajo con Manuela Díaz Rodríguez del Álamo, hija de Diego Rodríguez del Álamo y de Margarita Díaz.

Nº 1739 L 3º. Manuel Luis de Ávila, hijo de Juan Luis de Ávila y de Josefa Francisca, casó en 1771 en la iglesia parroquial de Nuestra Señora de la Concepción del Realejo Bajo con María Yanes, hija de Ignacio Francisco Yanes y de Josefa Yanes.

---

[54] Esta fecha proviene de la establecida por el número 1464 a sus anteriores en la letra C. La fecha exacta no consta.

Nº 1607 L 3º. Juan Luis José de Santo Tomás y Barato, hijo de Salvador Luis Barato y de Catalina Donis, casó en 1772 en la iglesia parroquial de Nuestra Señora de la Concepción del Realejo Bajo con Inés de la Concepción Pérez, hija de Mateo Pérez y de Juana Albelo.

Nº 1610 L 3º. Juan José Díaz, hijo de Sebastián Díaz y de María Antonia, natural de La Gomera, casó en 1772 en la iglesia parroquial de Nuestra Señora de la Concepción del Realejo Bajo con María Antonia González, hija de Pedro González y de María de la Concepción Martín.

Nº 1536 L 3º. Felipe Luis de Santiago Alonso, natural del Puerto de la Cruz, hijo de Cristóbal Luis Alonso y de María Casañas, casó en 1775 en la iglesia parroquial de Nuestra Señora de la Concepción del Realejo Bajo con Bernarda Delgado de Fuentes, hija de José Lorenzo y de María Delgado Fuentes, naturales de El Tanque.

Nº 1465 L 3º. Cristóbal Luis, natural del Puerto de La Orotava, hijo de Cristóbal Luis y de María Casañas, casó en 1778 en la iglesia parroquial de Nuestra

Señora de la Concepción del Realejo Bajo con Antonia Padrón, hija de Domingo González Herrera y de Manuela Padrón.

Nº 1482 L 3º. Domingo Nicolás Luis, hijo de José Nicolás y de María de los Reyes, natural de Icod, casó en 1778 en la iglesia parroquial de Nuestra Señora de la Concepción del Realejo Bajo con Lucía Lorenzo de Chaves, hija de Francisco Agustín de Albelo y de Antonia Lorenzo Chaves.

Nº 1448 L 3º. Blas Luis, hijo de José Luis y de Jerónima Francisca, casó en 1779 en la iglesia parroquial de Nuestra Señora de la Concepción del Realejo Bajo con Isabel María, hija de Clemente Hernández y de Ángela García.

Nº 1841 L 3º. Salvador Luis, hijo de Salvador Luis y de Ana Rodríguez, casó en 1781 en la iglesia parroquial de Nuestra Señora de la Concepción del Realejo Bajo con María Francisca Leal, hija de Tomás Domínguez y de Francisca Leal.

Nº 1577 L 3º. Gaspar Luis, hijo de Gaspar Luis de Ávila y de Ana María, natural de Arico, casó en 1784 en la iglesia parroquial de Nuestra Señora de la Concepción del Realejo Bajo con María García, hija de José Hernández Corvo y de María Francisca de Chaves.

Nº 1551 L 3º. Francisco Luis Jorge, natural de San Juan, hijo de Salvador Luis Jorge y de Josefa Francisca Oramas, casó en 1787 en la iglesia parroquial de Nuestra Señora de la Concepción del Realejo Bajo con Juliana Hernández, hija de Luis Hernández Chaves y de Antonia Hernández Suárez.

Nº 1865 L 3º.. Tomás Luis de Ávila, viudo de Juan Francisca de la Cruz, hija de Juan Luis de Ávila y de Francisca Regalado, casó en 1787 en la parroquia de Nuestra Señora de la Concepción del Realejo Bajo con María Francisca Alonso, de La Rambla, hija de Domingo Francisco y de María Francisca Rodríguez Alonso, también de la Rambla.

Nº 1675 L 3º. José Luis de Ávila, hijo de Juan Luis de Ávila y de Francisca Rodríguez de Chaves, casó en 1788 en la iglesia parroquial de Nuestra Señora de la Concepción del Realejo Bajo con Juana Reyes Corvo, hija de Juan Reyes Corvo y de María Francisca de

Chaves.

Nº 1867 L 3º. Tomás Luis de Chaves, hijo de Diego Luis de Chaves y de María Aldana, casó en 1789 en la parroquia de Nuestra Señora de la Concepción del Realejo Bajo con Lucía Hernández de Chaves, hija de Luis Hernández de Chaves y de Antonia Francisca Hernández Suárez.

Nº 1764 L 3º. Matías Luis de la Guardia, hijo de Vicente Luis de la Guardia y de María Francisca Corvo, casó en 1791 en la iglesia parroquial de Nuestra Señora de la Concepción del Realejo Bajo con Ana María Miranda, hija de Gaspar de Mesa y de Antonia Miranda.

Nº 1737 L 3º. Lorenzo Luis de Ávila, hijo de Patricio Luis de Ávila y de Andrea Rodríguez Valladares, casó en 1791 en la iglesia parroquial de Nuestra Señora de la Concepción del Realejo Bajo con María de la Asunción Vergara, hija de Vicente Vergara[55] y de Josefa Manuela del Carmen Hernández.

---

[55] Bergara en el original.

Nº 1706 L 3º. José Luis de Ávila, hijo de José Luis de Ávila y de Lucía Francisca Yanes, casó en 1793 en la iglesia parroquial de Nuestra Señora de la Concepción del Realejo Bajo con Francisca Yanes Quevedo, hija de Andrés González Yanes y de Antonia Luis Quevedo.

Nº 1510 L 3º. Domingo Luis, hijo de Vicente Luis y de María García, casó en 1794 en la iglesia parroquial de Nuestra Señora de la Concepción del Realejo Bajo con Isabel de Rojas, hija de Salvador González de Tío y de Isabel de Rojas.

Nº 1827 L 3º. Pedro Luis de la Guardia, hijo de Andrés Luis de la Guardia y de Antonia Delgado, casó en 1794 en la iglesia parroquial de Nuestra Señora de la Concepción del Realejo Bajo con Juana Nepomuceno Pérez de Abreu, hija de Domingo Pérez de Abreu y de Ana María Hernández.

Nº 1420 L 3º. Andrés Luis Moreno, hijo de Juan Luis Moreno y de María Francisca Suárez, casó en 1795 en la parroquia de Nuestra Señora de la Concepción del Realejo Bajo con Josefa de las Mercedes Moreno, hija de Miguel Francisco Moreno y de María

Francisca Suárez.

Nº 1516 L 3º. Domingo Luis de Ávila, hijo de Salvador Luis de Ávila y de Ana Rodríguez del Álamo, casó en 1795 en la iglesia parroquial de Nuestra Señora de la Concepción del Realejo Bajo con María Hernández de Ávila y Álamo, hija de Diego Hernández de Ávila y de Eugenia Domínguez. Consanguíneos en tercer grado.

Nº 1517 L 3º. Diego Luis de Chaves, hijo de Diego Luis de Chaves y de María Aldana, casó en 1795 en la iglesia parroquial de Nuestra Señora de la Concepción del Realejo Bajo con Jerónima María Rodríguez, hija de Diego José Rodríguez y de María Francisca de la Cruz. Consanguíneos en cuarto grado.

Nº 1715 L 3º. José Luis Moreno, hijo de Juan Luis Moreno y de María Gil, casó en 1795 en la iglesia parroquial de Nuestra Señora de la Concepción del Realejo Bajo con Francisca García Palenzuela, hija de Juan García Palenzuela y de Antonia de Febles.

Ll.

Familia Llarena:

N° 1403 L 3°. Alonso Lorenzo de Llarena y Mesa, hijo de Alonso de Llarena y Mesa y de doña Francisca Ponte y Suárez, vecinos de La Orotava, casó en 1788[56] en la iglesia parroquial de Nuestra Señora de la Concepción del Realejo Bajo con doña Lucía Jerónima de Ponte, vecina de La Laguna, hija de los señores don Pedro Antonio de Ponte y de doña Francisca Paula Peraza y Ayala, condes del Palmar.

M.

Familia Machado:

N° 274. Juan Machado, de padres no conocidos, casó en 1673 en la iglesia parroquial de Nuestra Señora de la Concepción del Realejo Bajo con María Siverio, hija de José González y de María Marquesa.

N° 163. El capitán don Francisco Machado, hijo del capitán don Joanes Hernández Machado y de doña María Lorenzo, vecinos de Garachico, casó en 1680 en

---

[56] O años próximos.

la iglesia parroquial de Nuestra señora de la Santísima Concepción del Realejo Bajo con doña Ana Machado, hija de Guillermo Baltasar y de Sebastiana Machado.

Nº 721 L 2º. Diego Machado, natural de San Pedro de Daute, hijo de Vicente Machado y de Ana Francisca Borges, casó en 1760 en la iglesia parroquial de Nuestra Señora de la Concepción del Realejo Bajo con Isabel María de la Concepción García, hija de Antonio García y de María Rodríguez Casanova.

Nº 1801 L 3º. Pedro Machado, hijo de Vicente Machado y de Ana Francisca Borges, casó en 1775 en la iglesia parroquial de Nuestra Señora de la Concepción del Realejo Bajo con María Antonia del Carmen Yanes, hija de Domingo Yanes de Oliva y de Josefa Ana Caputi.

Nº 1643 L 3º. José Vicente Machado, natural de Buenavista, hijo de Miguel Machado y de Francisca Ana Trujillo, casó en 1780 en la iglesia parroquial de Nuestra Señora de la Concepción del Realejo Bajo con Ana María de Abreu, hija de Juan González de Acevedo y de Ana María de Abreu.

Nº 1490 L 3º. Domingo Machado, hijo de Miguel Machado y de Francisca Martín, natural de Buenavista, casó en 1781 en la iglesia parroquial de Nuestra Señora de la Concepción del Realejo Bajo con Isabel María, hija de José Siverio y de Gracia Regalado.

Nº 1566 L 3º. Francisco Machado Carmenatis, hijo de Juan Antonio Machado Carmenatis y de Rita Alcalá, natural de Teguise, Lanzarote, casó en 1799 en la parroquia de la Concepción del Realejo Bajo con Juana González Acevedo, hija de Pedro González Acevedo y de Josefa Domínguez de Chaves.

Familia Manuel:

Nº 285. Juan Manuel, hijo de Juan Manuel, casó en 1677 en la iglesia parroquial de Nuestra señora de la Santísima Concepción del Realejo Bajo con María Josefa, hija de Bartolomé Rodríguez y de Catalina González.

Nº 440. Pablo Manuel, hijo de Francisco Manuel y de María de las Nieves, vecinos de El Tanque, casó en 1688 en la iglesia parroquial de nuestra señora de la

Concepción del Realejo Bajo con Isabel María Barroso, hija de Francisco Yanes Barroso y de Juana María.

Nº 224. Gregorio Manuel Hernández, hijo del alférez Matías Hernández y de María Lorenzo, casó en 1700 en la iglesia parroquial de Nuestra Señora de la Concepción del Realejo Bajo con María Teresa Miranda, hija de Juan Manuel Yanes y de María Josefa Rojas.

Nº 1282 L 2º. Salvador Manuel, hijo de Manuel Gómez y de María de los Ángeles, natural de Granadilla, casó en 1708 en la iglesia parroquial de Nuestra Señora de la Concepción del Realejo Bajo con Catalina Francisca, hija de Gaspar Luis y de María Francisca.

Nº 849 L 2º. Francisco Manuel de Amarante, hijo de José Manuel de Amarante y de María de Abreu y Casares, casó en 1765 en la iglesia parroquial de Nuestra Señora de la Concepción del Realejo Bajo con Rafaela Francisca Palenzuela, hija de Tomás García y de Ana Josefa Palenzuela.

Nº 1473 L 3º. Domingo Manuel Machado, natural de La Orotava, hijo de José Manuel Machado y de

Antonia Yanes Nuño, casó en 1770 en la iglesia parroquial de Nuestra Señora de la Concepción del Realejo Bajo con Antonia Yanes Regalado y Barroso, hija de José Yanes Regalado y de Jerónima Delgado Barroso.

<u>Familia Márquez</u>:

Nº 230. Juan Márquez, hijo de Juan Márquez y de María Pérez, casó en 1640 en la iglesia parroquial de Nuestra Señora de la Concepción del Realejo Bajo con Águeda Francisca, hija de Gonzalo Hernández y de María Martín.

Nº 12. Antonio Márquez, hijo de Ana Pérez, casó en 1666 en la iglesia parroquial de nuestra señora de la Concepción del Realejo Bajo con Margarita Vergara, natural de Buenavista.

Nº 229. Juan Márquez, hijo de Melchor Márquez y de Catalina González, casó en 1666 en la iglesia parroquial de Nuestra Señora de la Concepción del Realejo Bajo con María Pérez, hija de Francisco Pérez y de Catalina Pérez.

Nº 383. Manuel Márquez, hijo de Juan Márquez y

de Águeda Francisca, casó en 1670 en la iglesia parroquial de Nuestra Señora de la Concepción del Realejo Bajo con Ángela González, hija de Domingo González y de María de la O.

Nº 318. Juan Márquez, hijo de Pedro Márquez y de Ana Lorenzo, vecinos de Vilaflor, casó en 1687 en la iglesia parroquial de Nuestra Señora de la Concepción del Realejo Bajo con María Ramos, hija de Gaspar Izquierdo y de Catalina Díaz, vecinos de La Gomera.

Nº 1003 L 2º. José Márquez, viudo de María González, natural de La Orotava, casó en 1735 en la iglesia parroquial de Nuestra Señora de la Concepción del Realejo Bajo con Margarita Francisca Díaz Llanos, hija de Juan Díaz Llanos y de Ángela Leonor.

Nº. 1869. Tomás Manuel Márquez, hijo de Tomás Márquez y de Bárbara Barroso, casó en 1794 en la iglesia parroquial de Nuestra Señora de la Concepción del Realejo Bajo con Josefa Antonia González, hija de Antonio José González y de Catalina de Castro.

<u>Familia Martel</u>:

Nº 326. Juan Martel de León, hijo de Marcos Martel de León y de Ana Francisca, casó en 1693 en la iglesia parroquial de Nuestra señora de la Santísima Concepción del Realejo Bajo con Tomasina María, hija de Cristóbal García y de Andrea María, naturales de Icod.

Familia Martín:

Nº 370. Manuel Martín, casó en 1591 en la iglesia parroquial de Nuestra Señora de la Concepción del Realejo Bajo con Leonor de Castro, hija de Fernando de Castro y de Catalina González.

Nº 505. Tomé Martín, vecino de El Tanque, casó en 1650 en la iglesia parroquial de nuestra señora de la Concepción del Realejo Bajo con Sebastiana de Abreu, hija de Juan González Abreu y de Lucía Jucomar.

Nº 380. Melchor Martín, hijo de Melchor Martín y de Catalina Martín, casó en 1662 en la iglesia parroquial de Nuestra Señora de la Concepción del Realejo Bajo con Ana Gutiérrez, hija de Álvaro Gutiérrez y de María Martín.

Nº 151. Francisco Martín, hijo de Andrés Martín, casó en 1666 en la parroquia de Nuestra Señora de la Concepción del Realejo Bajo con Felipa Márquez, hija de Bartolomé Márquez.

Nº 21. Andrés Martín Hormiga, viudo de María Hernández, casó en 1673 en la parroquia de la Concepción del Realejo Bajo con María Hernández del Rosario, hija de Amaro Hernández y de Antonia Díaz.

Nº 157. Francisco Martín de Chaves, hijo de Tomás Martín de Chaves y de María Díaz, casó en 1673 en la parroquia de Nuestra Señora de la Concepción del Realejo Bajo con Ana Francisca, hija de Diego González de la Torre y de Inés González.

Nº 431. Pedro Martín, hijo de Andrés Martín y de Juana Pérez, casó en 1673 en la iglesia parroquial de nuestra señora de la Concepción del Realejo Bajo con Catalina Rodríguez, hija de Juan Francisco y de Francisca Rodríguez.

Nº 167. Francisco Martín, hijo de Domingo Francisco y Ana Benítez, casó en 1681 en la iglesia parroquial de Nuestra señora de la Santísima Concepción del Realejo Bajo con Catalina María, hija de Francisco de Niebla y María de las Nieves, naturales de La Gomera.

Nº 170. Francisco Martín, hijo de Blas Martín y de Isabel María, vecinos de San Juan, casó en 1684 en la iglesia parroquial de Nuestra señora de la Santísima Concepción del Realejo Bajo con María Herrera, hija de Cristóbal Domínguez y de Ana Herrera, naturales de La Gomera.

Nº 36. Asencio Martín de Orduña, hijo del capitán Juan Beltrán de Orduña y de María Ana Alfonso, casó en 1692 en la parroquia de la Concepción del Realejo Bajo con María Francisca de Chaves, hija de Francisco Martín de Chaves y de Ana Francisca de Sepúlveda.

Nº 65. Blas Martín, hijo de Blas Martín y de Isabel María, vecinos y naturales de La Rambla, casó en 1693 en la iglesia parroquial de Nuestra Señora de la Concepción del Realejo Bajo con María Francisca, hija de Juan Hernández y de María de la Cruz.

Nº 368. Lázaro Martín de Alayón, hijo de Andrés Martín de Alayón y de Juana Acevedo del Castillo, natural de Buenavista, casó en 1697 en la iglesia parroquial de Nuestra Señora de la Concepción del Realejo Bajo con Manuela de Aguilar, hija de Diego de Aguilar y de Antonia Hernández, natural de La Gomera.

Nº 351. Juan Martín, viudo de María Delgado, casó en 1700 en la iglesia parroquial de Nuestra Señora de la Concepción del Realejo Bajo con Ángela Rodríguez, hija de Domingo García y de María Rodríguez, vecinos de La Orotava.

Nº 640 L 2º. Blas Martín de Évora y Alzola, hijo del alférez Gonzalo Pérez de Évora Villavicencio y de Catalina Domínguez Machado, de San Juan de la Rambla, casó por poder en 1704 en la iglesia parroquial de Nuestra Señora de la Concepción del Realejo Bajo con doña Juana Peraza Ayala de la Torre, hija del alférez Lorenzo Fernández Leal y de doña Micaela Peraza Ayala de la Torre, hija del alférez Lorenzo Fernández Leal y de doña Micaela Peraza Ayala de la Torre. Fue apoderado don José Valenciano[57].

---

[57] Vide número 910.

Nº 752 L 2º. Francisco Martín, hijo de Francisco Martín y de María Herrera, casó en 1710 en la iglesia parroquial de nuestra señora de la Concepción del Realejo Bajo con Josefa Francisca Carmenatis y Padilla, hija de Tomás Reyes y de Francisca Carmenatis y Padilla.

Nº 766 L 2º. Francisco Martín Ravelo, hijo de Bernardo Martín y de Juana Bautista Ravelo, casó en 1714 en la iglesia parroquial de nuestra señora de la Concepción del Realejo Bajo con Francisca de los Santos, hija de Lucas Díaz y de María de Fuentes.

Nº 779 L 2º. Francisco Martín, hijo de ... Martín y de María Francisca, casó en 1720 en la iglesia parroquial de nuestra señora de la Concepción del Realejo Bajo con María Rodríguez, hija de Pedro Hernández y de Tomasa Rodríguez.

Nº 979 L 2º. Juan Martín, hijo de Francisco Martín y de María Herrera, casó en 1727 en la iglesia parroquial de Nuestra Señora de la Concepción del Realejo Bajo con Ana Lorenzo, hija de Juan Hernández Oliva y de Margarita Rodríguez.

Nº 797 L 2º. Francisco Martín Mayor, hijo del alférez Juan Martín de Alayón y de Josefa Jacobina, vecinos de Icod, casó en 1733 en la iglesia parroquial de nuestra señora de la Concepción del Realejo Bajo con Catalina Josefa, de padres no conocidos.

Nº 998 L 2º. Juan Martín, hijo de Juan Martín y de Ángela Rodríguez, casó en 1734 en la iglesia parroquial de Nuestra Señora de la Concepción del Realejo Bajo con Nicolasa Delgado, hija de Sebastián González Delgado y de María de la O.

Nº 1237 L 2º. Pedro Martín[58], hijo de Blas Martín y de María Francisca, casó en 1735 en la iglesia parroquial de Nuestra Señora de la Concepción del Realejo Bajo con Antonia Delgado, hija de Domingo Hernández y de María Francisca Delgado.

Nº 738 L 2º. Esteban Martín, hijo de José Martín y de Isabel Oliva, casó en 1742 en la iglesia parroquial de Nuestra señora de la Santísima Concepción del Realejo Bajo con María de Candelaria, hija de Manuel

---

[58] Abuelos 3º y 6º abuelos. M.G.M.

García y de María Andrea.

Nº 708 L 2º. Domingo Martín, hijo de Manuel Martí y de María de la Concepción, casó en 1747 en la iglesia parroquial de Nuestra Señora de la Concepción del Realejo Bajo con Antonia Rodríguez Casanova, hija de Antonio García de Abreu y de María Rodríguez Casanova.

Nº 1258 L 2º. Pedro Martín Bautista, viudo de Antonia Delgado Barroso, casó en 1752 en la iglesia parroquial de Nuestra Señora de la Concepción del Realejo Bajo con Isabel María Dávila, hija de Francisco Rodríguez Perdomo y de María Andrea de Ávila.

Nº 1075 L 2º. José Martín, natural de La Guancha, hijo de José Martín y de Ana Francisca, casó en 1758 en la iglesia parroquial de Nuestra Señora de la Concepción del Realejo Bajo con Josefa Francisca Domínguez, hija de Francisco Domínguez Dávila y de Isabel Francisca.

Nº 847 L 2º. Francisco Martín, hijo de Juan Martín y de Nicolasa de Albelo, casó en 1764 en la iglesia parroquial de Nuestra Señora de la Concepción del

Realejo Bajo con María Francisca de la Encarnación, hija de José de Mora y de Lucía Ana.

Nº 1331 L 2º. Salvador Martín, hijo de Esteban Martín y de María Andrea García, casó en 1767 en la parroquia de Nuestra Señora de la Concepción del Realejo Bajo con Josefa Francisca Suárez, hija de Lorenzo Francisco Suárez y de Andrea Francisca.

Nº 1360 L 3º. Antonio Martín Herrera, hijo de Francisco Martín y de María Herrera, viudo de María de la Rosa, casó en 1769 en la parroquia de la Concepción del Realejo Bajo con María del Rosario, hija de Manuel de Candelaria y de Beatriz Domínguez.

Nº 1798 L 3º. Pedro Martín Bautista de la Cruz, hijo de Pedro Martín Bautista de la Cruz y de Antonia Delgado Barroso, casó en 1772 en la iglesia parroquial de Nuestra Señora de la Concepción del Realejo Bajo con Damiana Francisca Hernández Rojas y Lozano, hijo de Juan de León y Rojas y de Micaela Francisca Fernández Lozano.

Nº 1445 L 3º. Blas Martín Bautista, hijo de Pedro Martín Bautista y de Antonia Delgado Barroso, casó en 1775 en la iglesia parroquial de Nuestra Señora de la Concepción del Realejo Bajo con Clara Francisca de Chaves, hija de Martín López de Albelo y de María Márquez de Chaves.

Nº 1618 L 3º. José Martín de los Santos, natural de Fuerteventura, hijo de Nicolás Bernardo Benítez y de Luisa Martín, casó en 1775 en la iglesia parroquial de Nuestra Señora de la Concepción del Realejo Bajo con Ángela Ruiz, hija de Manuel Rodríguez y de Lorenza Ruiz.

Nº 1751 L 3º. Matías Martín Fajardo, hijo de Andrés Martín Fajardo y de Jerónima María, casó en 1775 en la iglesia parroquial de Nuestra Señora de la Concepción del Realejo Bajo con Ana Josefa Díaz, hija de Francisco Díaz y de María Francisca Hernández.

Nº 1485 L 3º. Domingo Martín de la Cruz, hijo de Pedro Martín de la Cruz y de Francisca Rodríguez de Torres, natural de Icod, casó en 1778 en la iglesia parroquial de Nuestra Señora de la Concepción del Realejo Bajo con Rita Domínguez Rodríguez, hija de José Rodríguez Alonso y de Ángela Rodríguez Suriana, natural del Sauzal.

Nº 1806 L 3º. Pedro Martín de la Cruz, natural de Icod, hijo de Pedro Martín de la Cruz y de Francisca Rodríguez de Rojas, casó en 1779 en la iglesia parroquial de Nuestra Señora de la Concepción del Realejo Bajo con Josefa María de los Santos, hija de José Rodríguez y de Ángela Domínguez de los Santos, natural de El Sauzal.

Nº 1787 L 3º. Nicolás Martín Bautista Yanes, hijo de Pedro Martín y de María Yanes Regalado, casó en 1785 en la iglesia parroquial de Nuestra Señora de la Concepción del Realejo Bajo con Agustina Suárez Herrera, hija de Miguel de Barrios y de Micaela Suárez.

Nº 1697 L 3º. Juan Antonio Martín, hijo de José Martín y de Sebastiana Donis, casó en 1793 en la iglesia parroquial de Nuestra Señora de la Concepción del Realejo Bajo con Margarita González Héctor, hija de Manuel González Héctor y de Ana Barcelos de Chaves.

Nº 1823 L 3º. Pedro Martín, natural de Santa Úrsula, hijo de José Martín y de Magdalena Yanes, casó en 1793 en la iglesia parroquial de Nuestra Señora de la Concepción del Realejo Bajo con Antonia García, hija de José García.

Nº 1469 L 3º. Cristóbal Martín, hijo de José Martín y de Josefa Francisca Domínguez, casó en 1799 en la iglesia parroquial de Nuestra Señora de la Concepción del Realejo Bajo con Rosalía Andrea Llanos, hija de Salvador Francisco Llanos y de Manuela Andrea Martín.

Familia Martínez:

Nº 1714 L 3º. José Martínez de Albelo, hijo de Francisco Martínez de Albelo, y de María de la Encarnación de Albelo, casó en 1795 en la iglesia parroquial de Nuestra Señora de la Concepción del Realejo Bajo con Teresa de Aguiar, hija de Manuel de Aguiar y Vergara y de María de Albelo.

Familia Matos:

Nº 776 L 2º. Francisco Matos, hijo de Francisco Matos y de María Martel, natural de El Hierro, casó en 1718 en la iglesia parroquial de nuestra señora de la Concepción del Realejo Bajo con Ángela Rodríguez, viuda de Juan Martín.

Familia Medina:

Nº 965 L 2º. José Antonio de Medina, hijo de Gregorio Manuel de Medina y de María Ferrera de Miranda, casó en 1725 en la parroquia de Nuestra Señora de la Concepción del Realejo Bajo con Isabel María, hija de Pablo Perera y de Juana Rodríguez Casanova.

Nº 1196 L 2º. Narciso Tomás de Medina, hijo de Gregorio Manuel de Medina y de María Teresa de Miranda, casó en 1726 en la iglesia parroquial de Nuestra Señora de la Concepción del Realejo Bajo con Isabel Jacinta de Ávila, hija de Francisco Hernández Jacinto y de María Andrea, vecinos de La Guancha.

Familia Melo:

Nº 507. Tomás de Melo, hijo del alférez Felipe González Pardiña y de Potenciana de Melo, casó en 1668 con doña Juana Dávila y Orejón, hija del sargento mayor don Juan de Ávila y Orejón y de doña María Donfel.

Nº 1347 L 2º. Tomás Francisco Melo, hijo de Agustín Francisco de los Juncos y de María Francisca, casó en 1758 en la iglesia parroquial de Nuestra Señora de la Concepción del Realejo Bajo con Isabel Francisca Díaz Estévez, hija de Nicolás Días y de Josefa Estévez.

Familia Méndez:

Nº 496. Sebastián Méndez, hijo de Juan Pérez Carballo y de Catalina Méndez, de San Juan, casó en 1693 en la iglesia parroquial de Nuestra Señora de la Concepción del Realejo Bajo con Isabel María, hija de Francisco Yanes y de Isabel Sánchez.

Nº 859 L 2º. Gonzalo Méndez, hijo de Felipe Méndez y de María Isabel, casó en 1716 en la iglesia parroquial de Nuestra Señora de la Concepción del Realejo Bajo con Catalina Ángela Díaz, hija de Cristóbal González y de Luisa Ángela, vecinos de Masca, en Santiago del Teide.

Nº 1187 L 2º. Miguel Méndez de Rojas, hijo de Francisco Méndez de Acevedo y de Josefa Luis de Rojas, vecinos de La Rambla, casó en 1766 en la iglesia parroquial de Nuestra Señora de la Concepción del Realejo Bajo con Isabel Francisca Méndez, hija de Sebastián Méndez Acevedo y de Elena Francisca. Consanguíneos en tercer grado.

Nº 1190 L 2º. Manuel Méndez de Acevedo, vecino de La Rambla, hijo de Sebastián Méndez de Acevedo y de Elena Francisca, vecinos de La Rambla, casó en 1767 en la iglesia parroquial de Nuestra Señora de la Concepción del Realejo Bajo con Andrea Francisca Díaz, hija de Antonio Díaz y de María Francisca González.

Nº 1625 L 3º. Juan Méndez, hijo de Salvador Méndez y de Águeda González, natural de El Tanque, casó en 1776 en la iglesia parroquial de Nuestra Señora de la Concepción del Realejo Bajo con Cayetana Francisca de Rojas, hija de Salvador González de Tío y de Isabel Ana Francisca de Rojas.

La siguiente cláusula es repetida del anterior, que transcribo por no dejar sin el correlativo número al trabajo.

Nº 1627 L 3º. Juan Méndez, hijo de Salvador

Méndez y de Águeda González, natural de El Tanque, casó en 1776 en la iglesia parroquial de Nuestra Señora de la Concepción del Realejo Bajo con Cayetana Francisca de Rojas, hija de Salvador González de Tío e Isabel Ana Francisca de Rojas.

Nº 1845 L 3º. Salvador Méndez, natural de La Rambla, hijo de Salvador Méndez y de Isabel Antonia, casó en 1789 en la iglesia parroquial de Nuestra Señora de la Concepción del Realejo Bajo con Inés Susana Pérez hija de Bernardo Pérez y de María Francisca Díaz.

Nº 1691 L 3º. José Méndez, natural de Buenavista, hijo de José Méndez y de María Hernández Acevedo, casó en 1792 en la iglesia parroquial de Nuestra Señora de la Concepción del Realejo Bajo con Josefa Micaela de Ávila, hija de Domingo González Tavío y de Josefa Micaela de Ávila.

Nº 1769 L 3º. Manuel Méndez de Acevedo, hijo de Manuel Méndez de Acevedo y de Andrea Francisca Regalado, casó en 1794 en la iglesia parroquial de Nuestra Señora de la Concepción del Realejo Bajo con Josefa Hernández, hija de Antonio Hernández y de

Isabel Suárez.

Familia Mendoza:

Nº 146. Francisco Mendoza, hijo de Francisco Mendoza y de María Ana Mendoza, casó en 1651 en la parroquia de Nuestra Señora de la Concepción del Realejo Bajo con Catalina Díaz, hija de Juan Díaz y de María Magdalena.

Nº 169. Felipe Mendoza, hijo de Marcos Luis de la Guardia y de María Mendoza, vecinos de Icod, casó en 1683 en la iglesia parroquial de Nuestra señora de la Santísima Concepción del Realejo Bajo con Tomasa Estévez, hija de Antonio Estévez y de Juana Rodríguez de Lima.

Nº 647 L 2º. Cristóbal de Mendoza, hijo de Juan de Mendoza Hurtado y de Juana Francisca de Mesa, naturales de La Gomera, casó en 1717 en la iglesia parroquial de nuestra señora de la Concepción del Realejo Bajo con Isabel Francisca Corvo, hija de Juan González Corvo y de Catalina de Albelo.

Familia Merino:

Nº 972 L 2º. José Antonio Merín, natural de Santa Cruz, hijo de Juan Hernández Merino y de Francisca María Oramas, casó en 1726 en la iglesia parroquial de Nuestra Señora de la Concepción del Realejo Bajo con Jacobina Merino, hija de Cristóbal González y de Josefa Luis Olivera.

Familia Mercedes:

Nº 1702 L 3º. José de las Mercedes, hijo de María Candelaria y de padre no conocido, casó en 1793 en la iglesia parroquial de Nuestra Señora de la Concepción del Realejo Bajo con Antonia de la Caridad, hija de Antonio José y de Antonia Josefa Fernández.

Familia Mesa:

Nº 443. Pedro de Mesa, hijo de Gaspar de Mesa y de María Francisca, casó en 1691 en la iglesia parroquial de nuestra señora de la Concepción del Realejo Bajo con Tomasina Francisca, hija de Sebastián Martín y de María Francisca.

Nº 673 L 2º. Diego de Mesa, hijo de Gaspar de

Mesa y de María Fernández, casó en 1708 en la iglesia parroquial de Nuestra Señora de la Concepción del Realejo Bajo con María López, hija de padres no conocidos.

Nº 863 L 2º. Gaspar de Mesa, hijo de Francisco de Mesa y de Juana Luis, casó en 1721 en la iglesia parroquial de Nuestra Señora de la Concepción del Realejo Bajo con María Francisca, hija de Francisco González y de Tomasina Francisca.

Nº 619 L 2º. Bernabé de Mesa, hijo de Esteban Luis y de María de Mesa, vecinos de La Guancha, casó en 1726 en la iglesia parroquial de Nuestra Señora de la Concepción del Realejo Bajo con María Bautista Suárez, hija de Antonio Bautista y de María Francisca Salgado.

Nº 799 L 2º. Francisco de Mesa, hijo de Diego de Mesa y de María López, casó en 1735 en la iglesia parroquial de nuestra señora de la Concepción del Realejo Bajo con Isabel María, hija de Esteban Lorenzo Domínguez y de Melchora Francisca.

Nº 806 L 2º. Francisco de Mesa y Morales, hijo de

Domingo de Mesa y de Francisca María de Morales, casó en 1737 en la iglesia parroquial de nuestra señora de la Concepción del Realejo Bajo con Antonia Josefa Rodríguez, hija de Manuel Rodríguez Romero y de Andrea Díaz Garcés.

Nº 877 L 2º. Gaspar de Mesa, hijo de Diego de Mesa y de María López, casó en 1745 en la iglesia parroquial de Nuestra Señora de la Concepción del Realejo Bajo con Andrea Domínguez, hija de Esteban Domínguez y de Melchora Rodríguez.

Nº 1494 L 3º. Diego de Mesa, hijo de Francisco de Mesa y de Isabel Regalado, casó en 1783 en la iglesia parroquial de Nuestra Señora de la Concepción del Realejo Bajo con Rosalía Hernández, hija de Juan Hernández y de Isabel Francisca.

Nº 1576 L 3º. Gaspar de Mesa, viudo de Antonia González Chaves, hijo de Francisco de Mesa y de Isabel Rodríguez, casó en 1784 en la iglesia parroquial de Nuestra Señora de la Concepción del Realejo Bajo con Juliana Francisca Corvo, hija de Pedro Hernández Corvo y de María Francisca de Chaves.

Nº 1789 L 3º. Norberto Manuel de Mesa, natural de La Guancha, hijo de Pedro de Mesa y de Catalina Luis, casó en 1788 en la iglesia parroquial de Nuestra Señora de la Concepción del Realejo Bajo con María Antonia Borges, hija de Pedro Felipe Borges y de Sebastiana Francisca.

Nº 1822 L 3º. Pedro de Mesa, hijo de Gaspar de Mesa y de Andrea Domínguez Regalado, casó en 1793 en la iglesia parroquial de Nuestra Señora de la Concepción del Realejo Bajo con Josefa de la Cruz y Chaves, hija de Manuel González Chaves y de Andrea Francisca de la Cruz.

Nº 1824 L 3º. Pedro José de Mesa, hijo de Salvador de Mesa y de Manuela Francisca de la Cruz, natural de la Guancha, casó en 1793 en la iglesia parroquial de Nuestra Señora de la Concepción del Realejo Bajo con María de Aguiar Vergara, hija de Miguel de Aguiar Vergara y de Inés Perera.

Nº 1512 L 3º. Domingo de Mesa, hijo de Francisco de Mesa y de Isabel Regalado, casó en 1794 en la iglesia parroquial de Nuestra Señora de la Concepción del Realejo Bajo con Clara Francisca Suárez, hija de

Domingo Suárez Barroso y de Catalina Francisca Moreno.

Nº 1585 L 3º. Gaspar de Mesa, viudo de Juliana Francisca, hijo de Francisco de Mesa y de Isabel Rodríguez Regalado, casó en 1796 en la iglesia parroquial de Nuestra Señora de la Concepción del Realejo Bajo con Antonia Francisca Suárez, viuda de Pedro Amaro Hernández de Chaves, hijo de Francisco Domínguez Suárez y de Estéfana Márquez.

Nº 1726 L 3º. José de Mesa, natural de San Juan, hijo de Juan de Mesa y de Isabel Pascuala Luis, casó en 1798 en la iglesia parroquial de Nuestra Señora de la Concepción del Realejo Bajo con Juana de Barrios, natural de la Guancha, hija de Lucía de Barrios y de padres no conocidos.

Familia Milán:

Nº 111. Diego Milán, hijo de Gaspar Milán y de Catalina del Parral, vecinos de La Laguna, casó en 1683 en la parroquia de Nuestra Señora de la Concepción del Realejo Bajo con María Francisca Correa, hija de Antonio Díaz Correa y de Juana Bautista.

Familia Molina:

Nº 826 L 2º. El capitán don Fernando Molina Machado y Castilla, hijo del coronel don Fernando Molina Machado y Castilla, casó en 1750 en la iglesia parroquial de nuestra señora de la Concepción del Realejo Bajo con Ana María de Candelaria Peraza y Mesa, hija del capitán don Francisco Antonio Peraza y Ayala y de doña Juana de la Ascensión Mesa y Castilla, vecinos de La Laguna.

Familia Molinao:

Nº 422. Nicolás Molinao, hijo de Domingo Molinao y de Gracia, casó en 1697 en la iglesia parroquial de Nuestra Señora de la Concepción del Realejo Bajo con Polinasia Francisca, hija de Gabriel Morales y de María Francisca.

Nº 1424 L 3º. Antonio Agustín Sebastián Molinao, hijo de Gregorio Hernández Molinao y de Isabel Fernández del Castillo, casó en 1796 en la parroquia de Nuestra Señora de la Concepción del Realejo Bajo con Jerónima González Regalado, hija de Manuel

González Héctor y de Ana Barcelos Regalado. Consanguíneos en cuarto grado doble.

Familia Montesino:

Nº 286. Juan Montesino, hijo de Juan Montesino y de Ana María, casó en 1677 en la iglesia parroquial de Nuestra señora de la Santísima Concepción del Realejo Bajo con Ana María López, viuda de Antonio Francisco.

Familia Mora:

Nº 1348 L 2º. Tomás de Mora, hijo de Juan de Mora, natural de La Gomera, y de Antonia de la Encarnación, de La Orotava, casó en 1762 en la iglesia parroquial de Nuestra Señora de la Concepción del Realejo Bajo con Antonia de Ávila, hija de Lorenzo Luis de Ávila y de Josefa Henríquez.

Familia Morales:

Nº 414. Manuel Morales, hijo de Gabriel Morales y de María francisca, casó en 1700 con Bernardina Gutiérrez, hija de Andrés Gonzáles Gutiérrez y de

María Moreno.

Familia Moreno:

N° 136. Domingo Moreno, hijo de Juana Francisca, de la Guancha, casó en 1698 en la parroquia de Nuestra Señora de la Concepción del Realejo Bajo con Francisca María.

N° 832 L 2°. Felipe Francisco Moreno, hijo de Felipe Francisco Moreno y de Clara Francisca, casó en 1754 en la parroquia de Nuestra Señora de la Concepción del Realejo Bajo con Bernarda Francisca Suárez, hija de Lorenzo Francisco Suárez y de Andrea Francisca.

N.

Familia Noda:

N° 605 L 2°. Antonio Manuel de Noda, hijo de Manuel Díaz de Noda, vecino de La Gomera, y de Francisca Oliva Valladares, casó en 1765 con Antonia de la Concepción Albelo, hija de Mateo Pérez Suárez y de Juana del Espíritu Santo.

Nº 1366 L 3º. Antonio Manuel de Noda, viudo de Antonia Pérez Albelo, casó en 1774 en la parroquia de Nuestra Señora de la Concepción del Realejo Bajo con Catalina Micaela Pérez, hija de Juan Pérez Martínez y de Estéfana María de la Cruz.

Nº 1883. Vicente Noda, hijo de Antonio Manuel Noda y de Antonia Pérez Albelo, casó en 1787 en la iglesia parroquial de Nuestra Señora de la Concepción del Realejo Bajo con Antonia Gómez Oropesa, hija de José Gómez y de María Rodríguez Oropesa.

O.

Familia Olavarrieta:

Nº 1550 L 3º. Francisco Javier Olavarrieta, natural de Icod, hijo del licenciado don Francisco Olavarrieta y de doña Isabel Romero, natural de La Orotava, casó en 1787 con doña Paula Francisca de Armas, hija de don Antonio José de Armas y de doña Josefa María Fernández.

Nº 1556 L 3º. Don Francisco Javier Olavarrieta,

natural de Icod, hijo del licenciado don Francisco Antonio Olavarrieta y de doña Isabel Romero, casó en 1790 en la parroquia de la Concepción del Realejo Bajo con doña Catalina Barroso y Toste, hija del ayudante don Domingo Manuel Barroso y de doña Josefa Toste.

Familia Olivera:

Domingo Antonio Oliveros y Espinosa, hijo de Miguel Agustín Olivera y de Rosa María Espinosa, casó en 1770 en la iglesia parroquial de Nuestra Señora de la Concepción del Realejo Bajo con María de la Concepción Bautista Delgado, hija de Felipe Hernández Correa y de Margarita Bautista Delgado.

Nº 1783 L 3º. Domingo Olivera y Espinosa, natural de La Orotava, viudo de María Hernández Bautista[59], casó en 1783 en la iglesia parroquial de Nuestra Señora de la Concepción del Realejo Bajo con Josefa Sebastiana de la Guardia y Villar, hija de Salvador de la Guardia Villar y de Margarita Rojas.

---

[59] Del número 1479.

Familia Oramas:

Nº. 312. El licenciado don José Valeriano Oramas, ministro del Santo Oficio, hijo del capitán Melchor Álvarez de Acosta y de María Ramírez, casó en 1685 en la iglesia parroquial de Nuestra Señora de la Concepción del Realejo Bajo con doña Magdalena Josefa Ponte y Llarena, viuda del capitán y sargento mayor don Felipe del Castillo y Guerra.

Nº 142. Esteban Oramas, hijo de Sebastián García Oramas y de Leonor Francisca Bello, casó en 1699 en la parroquia de Nuestra Señora de la Concepción del Realejo Bajo con María Rodríguez, de La Orotava, hija de Domingo García y de María Rodríguez. Dispensa de tercero con cuarto grado de consanguinidad.

Nº 1020 L 2º. José Antonio Oramas, hijo de Carlos García Oramas y de Eugenia Francisca, casó en 1740 en la iglesia parroquial de Nuestra Señora de la Concepción del Realejo Bajo con Inés Delgado, hija de Sebastián González y de María Arce de Abreu.

Nº 1355 L 2º. Vicente Oramas y Bello, hijo de Pablo Lorenzo Oramas y de María Francisca Bello, casó en 1756 en la iglesia parroquial de Nuestra Señora de la Concepción del Realejo Bajo con Bárbara de la Concepción Molinao, hija de José Hernández Molinao y de María de la Cruz. Consanguíneos en tercer grado.

Nº 1872. Vicente José Oramas, viudo de Bárbara de la Concepción, hija de Pablo Lorenzo Oramas y de María Francisca Bello, casó en 1776 en la iglesia parroquial de Nuestra Señora de la Concepción del Realejo Bajo con Josefa Márquez, hija de Antonio Márquez y de María Padrón.

Nº 1866. Tomás Francisco Oramas, hijo de Vicente José Oramas y de Bárbara Pérez, casó en 1788 en la iglesia parroquial de Nuestra Señora de la Concepción del Realejo Bajo con Francisca Noda de Albelo, hija de Antonio Manuel de Noda y de Antonia Pérez de Albelo.

Familia Orea:

Nº 1247 L 2º. Pedro de Orea y Quijano, velados y casados en 1746 en la iglesia parroquial de Nuestra Señora de la Concepción del Realejo Bajo con doña María de las Nieves, hija del capitán de caballos don

Gonzalo Machado y de doña María Pilar Maximiliano.

Familia Orta:

Nº 1073 L 2º. Juan de Orta, hijo de Martín de Orta y de Marta de Cáceres, natural de Los Silos, casó en 1758 en la iglesia parroquial de Nuestra Señora de la Concepción del Realejo Bajo con Gracia María, hija de José López Moreno y de María Francisca.

Nº 604 L 2º. Antonio Nicolás de Orta y Oramas, hijo de Gaspar García Orta de los Reyes y de Agustina Francisca Oramas, casó en 1764 con Antonia Agustina de Abreu y Llanos.

Nº 1797 L 3º. Pedro Francisco de Orta y Oramas, hijo de Gaspar Orta de los Reyes y de Agustina Francisca Oramas, casó en 1771 en la iglesia parroquial de Nuestra Señora de la Concepción del Realejo Bajo con Isabel Antonia Acevedo, hija de Domingo Pérez Bento y Melo y de Catalina Úrsula de Acevedo y Vergara.

Nº 1583 L 3º. Guillermo José de Orta, hijo de José Agustín de Orta y de María Manuela Nuño, casó en 1794 en la iglesia parroquial de Nuestra Señora de la

Concepción del Realejo Bajo con Antonia María Corvo de León, hija de Miguel González Corvo y de Manuela de León y Rojas.

Familia Ortega:

N° 1050 L 2°. José Ortega y Franchi, hijo de Juan de Ortega y de Ana Francisca Luis, natural de Lanzarote, casó en 1752 en la iglesia parroquial de Nuestra Señora de la Concepción del Realejo Bajo con Isabel Francisca de Abreu, hija de Francisco de Abreu y Barrios y de Juana Francisca de los Reyes Llanos.

P.

Familia Padrón:

N° 1100 L 2°. Lucas Padrón Guadarrama, natural de El Hierro, viudo de María Francisca, casó en 1707 en la iglesia parroquial de Nuestra Señora de la Concepción del Realejo Bajo con María de Albelo, hija de Miguel González, natural de El Hierro, y de Margarita de Albelo.

N° 777 L 2°. Francisco Padrón, hijo de Juan de

Dios Padrón, natural de El Hierro, y de Eufrasia Rodríguez Brito, también de El Hierro, casó en 1718 en la iglesia parroquial de nuestra señora de la Concepción del Realejo Bajo con María González Arteaga, natural de El Hierro, hija de Lázaro González Martel y de María de Armas.

Nº 983 L 2º. Juan Padrón de Guadarrama, hijo de Lucas Padrón de Guadarrama y de María Francisca, casó en 1730 en la iglesia parroquial de Nuestra Señora de la Concepción del Realejo Bajo con Beatriz de la Concepción, hija de Bartolomé Quintero Corvo y del María del Rosario.

Nº 874 L 2º. Gerónimo Padrón de Guadarrama, hijo de Lucas Padrón de Guadarrama y de María Albelo, casó en 1739 en la iglesia parroquial de Nuestra Señora de la Concepción del Realejo Bajo con Magdalena Rodríguez, hija de Juan Quintero y de María de la Concepción, vecinos de La Orotava.

Nº 599 L 2º. Agustín José Padrón de la Peña, hijo de Juan José Padrón y de Francisca Pérez de la Peña, casó en 1763 en la iglesia parroquial de Nuestra Señora de la Concepción del Realejo Bajo con Catalina

Micaela Estévez y Arbelo, hija de Pedro Estévez y de Micaela García de Arbelo.

Nº 852 L 2º. Fernando Padrón, casó en 1765 en la iglesia parroquial de Nuestra Señora de la Peña de Francia del Puerto de la Orotava con Luisa de Albelo.

Nº 1518 L 3º. Esteban Padrón de la Peña, hijo de Juan José Padrón y de Francisca de la Peña, casó en 1771 en la iglesia parroquial de Nuestra Señora de la Concepción del Realejo Bajo con Josefa Margarita García Albelo, hija de José García y de Jacinta López de Albelo.

Nº 1604 L 3º. José Antonio Padrón, hijo de Jerónimo Padrón y de Magdalena Rodríguez, casó en 1771 en la iglesia parroquial de Nuestra Señora de la Concepción del Realejo Bajo con María Josefa Corvo, hija de Pedro González Corvo y de María Rodríguez Casanova.

Nº 1687 L 3º. José Padrón, se veló en 1792 en la iglesia parroquial de Nuestra Señora de la Concepción del Realejo Bajo con Gertrudis Barroso.

Familia Paiva:

Nº 916 L 2º. José Felipe de Paiva[60] hijo de Bartolomé de Paiva, natural de La Orotava y de Jacobina Francisca.

Familia Palenzuela:

Nº 846 L 2º. Francisco Eugenio Palenzuela, hijo de Francisco Jerónimo Palenzuela y de Catalina Francisca, casó en 1764 en la iglesia parroquial de Nuestra Señora de la Concepción del Realejo Bajo con Tomasa de la Guardia y Fuentes, viuda de José León.

Familia Paz:

Nº 948 L 2º. Juan de la Paz, hijo de Bernabé García de Paz Barroso, y de María Laza de Padilla, de La Gomera, casó en 1717 en la parroquia de Nuestra Señora de la Concepción del Realejo Bajo con Bernarda Josefa, hijo de Gregorio González Espinosa y de Lutgarda Díaz.

---

[60] Payva, en el original.

Familia Penedo:

N° 386. Miguel Penedo de Aguiar, viudo, natural de La Laguna, casó en 1673 en la iglesia parroquial de Nuestra Señora de la Concepción del Realejo Bajo con María Lorenzo, hija de Bartolomé González Bello y de María Sánchez.

Familia de la Peña:

N° 6. Antonio de la Peña, hijo de Juan Antonio de la Peña y de doña Mariana Petra, de Madrid, casó en 1651 en la parroquia de la Concepción del Realejo Bajo con doña María, hija de Gaspar Yanes Pimienta y de doña ... Gordejuela.

N° 7. Don Antonio de la Peña, hijo de don Antonio Peña Saavedra y de doña María Ocampo casó en 1654 en la parroquia de la Concepción del Realejo Bajo con doña Luciana de Gordejuela, hija de Gaspar Sáez de Gordejuela y de doña Juana de Mesa.

N° 1653 L 3°. Juan Mateo de la Peña, de color pardo, hijo de Bernardo del Carpio y de María Francisca de los Remedios, casó en 1783 en la parroquia de la Concepción del Realejo Bajo con Francisca Manuela de la Concepción, hija de Juan Díaz Chaurero y de Antonia María de los Remedios.

Nº 1499 L 3º. Domingo de la Peña, hijo de Andrés Rodríguez de la Peña y de María de los Ángeles Sosa, natural de El Sauzal, casó en 1790 en la iglesia parroquial de Nuestra Señora de la Concepción del Realejo Bajo con Francisca Díaz Chaves, hija de Antonio Díaz Chaves y de Antonia Padrón.

<u>Familia Peraza</u>:

Nº 181. Don Francisco Peraza de Ayala Castilla y Herrera, corregidor perpetuo de esta isla, vecino del Puerto de la Cruz y natural de La Victoria, hijo del capitán don Francisco de Ayala y Meneses y de doña Juana Pérez de Guzmán, casó en 1697 en la parroquia de Nuestra Señora de la Concepción del Realejo Bajo con doña Ana Josefa Oramas y Machado, hija del capitán Juan Díaz Oramas, familiar y alguacil mayor del Santo Oficio y de doña Ana Machado de Almeyda.

Nº 793 L 2º. Francisco Peraza, fue velada en 1731 en la iglesia parroquial de nuestra señora de la

Concepción del Realejo Bajo con doña Juana de Mesa, con la que había contraído matrimonio en la iglesia parroquial de nuestra señora de los Remedios de La Laguna.

Nº 818 L 2º. El capitán don Francisco Antonio Peraza Ayala, viudo de doña Juana de Mesa, casó en 1746 en la iglesia parroquial de nuestra señora de la Concepción del Realejo Bajo con doña María de la Encarnación Viña Témudo, hija de don Miguel José Viña y de doña Catalina Andrea Témudo, natural de San Juan. Consanguíneos de tercer con cuarto grado.

Familia Perdomo:

Nº 1367 L 3º. Andrés Rafael Perdomo, hijo de Andrés Perdomo y de Catalina Francisca, casó en 1774 en la parroquia de Nuestra Señora de la Concepción del Realejo Bajo con Damiana Francisca, hija de Miguel Yanes Regalado y de Antonia Francisca.

Nº 1380 L 3º. Andrés Perdomo, viudo de Damiana Yanes Regalado, natural de Lanzarote, casó en 1778[61]

---

[61] Esta fecha puede ir de 1777 a 1784.

en la parroquia de Nuestra Señora de la Concepción del Realejo Bajo con Elvira Bernarda Morales, natural de La Gomera, hija de José Esteban García y de María de la Encarnación Morales.

Familia Pereira:

Nº 1834 L 3º. Don Rafael Pereira y Botello, teniente de Artillería de Milicias Provinciales Canarias, hijo de don Alonso Pereira y Castro y de doña Beatriz Botello Westerling, natural de La Orotava, casó en 1791 en la iglesia parroquial de Nuestra Señora de la Concepción del Realejo Bajo con doña Mariana Grijalba de la Porta y Castrejón, natural de La Laguna, hija de don Miguel Grijalba y de doña Ana de la Porta y Castrejón.

Familia Perera:

Nº 375. Manuel Perera, hijo de Antonio Perera y de Juana María, vecinos de Tacoronte, casó en 1650 en la iglesia parroquial de Nuestra Señora de la Concepción del Realejo Bajo con María de Olivera, hija de Custodio de Olivera y de María Mendoza.

Familia Pérez:

Nº 192. Gaspar Pérez, hijo de Melchor González y de Catalina Pérez, casó en 1639 en la iglesia parroquial de Nuestra Señora de la Concepción del Realejo Bajo con Damiana Pérez, hija de Antonio Yanes y de Damiana Pérez.

Nº 232. Juan Pérez, hijo de Alejo Pérez y de Marquesa, casó en 1643 en la iglesia parroquial de Nuestra Señora de la Concepción del Realejo Bajo con Lucrecia Francisca, hija de Rodrigo de Barrios y de Ana Hernández.

Nº 50. Benito Pérez, hijo de Lucas Pérez y de Francisca Hernández, casó en 1646 en la iglesia parroquial de Nuestra Señora de la Concepción del Realejo Bajo con Ana Blas, hija de Baltasar de Abreu y de Ana Luis.

Nº 51. Bartolomé Pérez, hijo de Bartolomé Pérez, casó en 1648 en la iglesia parroquial de Nuestra Señora de la Concepción del Realejo Bajo con María, hija de Gonzalo Hernández y de María Martín.

Nº 235. Juan Pérez, hijo de Manuel González Pinto y de Ana Francisca, vecinos de San Juan, casó en 1649 en la iglesia parroquial de Nuestra Señora de la Concepción del Realejo Bajo con María Zamora, hija de Juan González Bernal y de Mariana de Zamora.

Nº 144. Francisco Pérez, viudo, casó en 1650 en la parroquia de Nuestra Señora de la Concepción del Realejo Bajo con Isabel, hija de Domingo Hernández y de Ana Díaz.

Nº 238. Juan Pérez, hijo de Pedro Martín y de Marquesa Pérez, casó en 1650 en la iglesia parroquial de Nuestra Señora de la Concepción del Realejo Bajo con María de la Cruz, hija de Felipe Gómez y de María Luis.

Nº 376. Miguel Pérez, hijo de Gaspar González y de Águeda González, casó en 1650 en la iglesia parroquial de Nuestra Señora de la Concepción del Realejo Bajo con Isabel Domínguez, hija de Juan Domínguez y de Sebastiana Luis.

Nº. 225. Hernán Pérez, hijo de Hernán Pérez y de

Ana Reverón[62], casó en 1651 en la iglesia parroquial de Nuestra Señora de la Concepción del Realejo Bajo con Catalina Francisca, hija de Álvaro Gutiérrez y de María Hernández.

Nº 247. Juan Pérez, hijo de Gonzalo Pérez y de Catalina Hernández, casó en 1651 en la iglesia parroquial de Nuestra Señora de la Concepción del Realejo Bajo con Victoria González, hija de Salvador Pérez y de María González.

Nº 251. Juan Pérez, casó en 1651 en la iglesia parroquial de Nuestra Señora de la Concepción del Realejo Bajo con María Rodríguez, hija de Miguel Rodríguez y de María Morales, vecinos del Puerto.

Nº 147. Francisco Pérez Amaral, hijo de Francisco Pérez Amaral y de María Hernández, casó en 1654 en la parroquia de Nuestra Señora de la Concepción del Realejo Bajo con Antonia Francisca, hija de Marcos y de Ana Francisca.

Nº 265. Juan Pérez, viudo de Catalina González,

---

[62] Riverón, en el original. Derivado de Riberol.

casó en 1667 en la iglesia parroquial de nuestra señora de la Concepción del Realejo Bajo con María de Abreu, hija de Alejo de Abreu y de Lucía Delgado.

Nº 94. Domingo Pérez, hijo de Bartolomé Pérez y de Catalina Luis, casó en 1673 en la iglesia parroquial de nuestra señora de la Concepción del Realejo Bajo con Juana Francisca, hija de Juan Díaz y de Isabel de Aldana.

Nº 158. Felipe Pérez de Abreu el mayor, hijo de Benito Pérez y de Ana Blas de Abreu Mayor, casó en 1674 en la iglesia parroquial de Nuestra señora de la Santísima Concepción del Realejo Bajo con María de la Guarda, hija del alférez Francisco Yanes Barroso y de María de la Guarda.

Nº 283. José Pérez Guerra, hijo de Francisco Pérez y de Margarita Pérez, vecinos de La Orotava, casó en 1676 en la iglesia parroquial de Nuestra Señora de la Concepción del Realejo Bajo con María García, hija de Juan Lorenzo Centellas y de Juana María.

Nº 160. Francisco Pérez de Abreu, hijo de Juan de Abreu y de María Pérez, casó en 1677 en la iglesia parroquial de Nuestra señora de la Santísima Concepción del Realejo Bajo con María Francisca, hija de Blas Rodríguez y de María López.

Nº 61. Buenaventura Pérez, hijo de Diego de Diego Pérez y de Catalina González, casó en 1682 en la iglesia parroquial de Nuestra Señora de la Concepción del Realejo Bajo con Isabel Oramas, hija de Diego Hernández Nuño y de Isabel Rodríguez Serrudo, que casaron en La Orotava.

Nº 396. Miguel Pérez, hijo de Miguel Pérez y de Francisca Hernández, casó en 1683 en la iglesia parroquial de Nuestra Señora de la Concepción del Realejo Bajo con María Lorenzo, hija de Francisco Lorenzo y de María Perera, vecinos de La Orotava.

Nº. 399. Mateo Pérez, hijo de Juan Pérez y de Catalina González, casó en 1684 en la iglesia parroquial de Nuestra Señora de la Concepción del Realejo Bajo con Catalina Díaz, hija de Francisco González y de Beatriz Hernández. Consanguíneos en cuarto grado.

Nº 476. Sebastián Pérez, hijo de Luis Hernández

y de Ana Pérez, vecinos de San Juan, casó en 1681[63] en la iglesia parroquial de Nuestra Señora de la Concepción del Realejo Bajo con Ana Francisca, hija de Diego Hernández Cuervo y de Catalina Luis.

Nº 314. Juan de Plasencia, hijo de Dámaso Plasencia y de María Morales, naturales de Hermigua, en La Gomera, casó en 1685 en la iglesia parroquial de Nuestra Señora de la Concepción del Realejo Bajo con Catalina Yanes, hija de Francisco y de Isabel Sánchez.

Nº 316. Juan Pérez Martínez, hijo de Juan Pérez Martínez y de María de la Cruz, casó en 1686 en la iglesia parroquial de Nuestra Señora de la Concepción del Realejo Bajo con Juana García, hija de Juan de las Casas y de Catalina García.

Nº 118. Diego Pérez de Arrocha, hijo de Lorenzo de Arrocha y de Esperanza Rodríguez, de Granadilla, casó en 1687 en la parroquia de Nuestra Señora de la Concepción del Realejo Bajo con Ana de Albelo, hija de Salvador de Albelo.

---

[63] En los apuntes aparece sin fecha, por lo que es aproximada, pero sí es correcto el nº de orden parroquial 476.

Nº 403. Manuel Pérez, hijo de Pedro Díaz y de Magdalena, vecinos de Santa Úrsula, casó en 1687 en la parroquia de Nuestra Señora de la Concepción del Realejo Bajo con María Martín, hija de Lázaro García y de María Marina.

Nº 323. Juan Pérez Martínez, hijo de Juan Pérez Martínez y de María de la Cruz, casó en 1690 en la iglesia parroquial de Nuestra Señora de la Concepción del Realejo Bajo con Inés Francisca, hija de Juan Bello y de María Francisca[64].

Nº 442. Pedro Pérez Martínez, hijo de Juan Pérez Martínez y de María de la Cruz, casó en 1690 en la iglesia parroquial de nuestra señora de la Concepción del Realejo Bajo con Ana Díaz de Goyas, hija de Lucas Díaz y de Catalina Díaz de Goyas.

Nº 493. Simón Pérez, hijo de Asencio Pérez y de María Francisca, casó en 1691 en la iglesia parroquial de Nuestra Señora de la Concepción del Realejo Bajo con María Francisca, hija de Diego Francisco y de Catalina Francisca.

---

[64] Ver número 1194.

Nº 124. Domingo Pérez, hijo de Alejo Pérez y de María Pérez, vecinos de La Orotava, casó en 1692 en la parroquia de Nuestra Señora de la Concepción del Realejo Bajo con Feliciana de Melo, hija de Felipe Bautista y de Isabel Francisca.

Nº 328. Juan Pérez del Pino, hijo de José Pérez del Pino y de Catalina Simón, naturales de Los Llanos, en La Palma, casó en 1696 en la iglesia parroquial de Nuestra señora de la Santísima Concepción del Realejo Bajo con Ana Rodríguez, viuda de Juan Rodríguez.

Nº 330. Juan Pérez Melo, hijo de Salvador Pérez y de María de Melo, casó en 1696 en la iglesia parroquial de Nuestra señora de la Santísima Concepción del Realejo Bajo con María Rodríguez, hija de Gaspar García y de Antonia Rodríguez Rocío.

Nº 38. Ángel Pérez Borges casó en La Orotava en 1697 con María Luis, aunque figuran inscritos en la parroquia de la Concepción del Realejo, Bajo con María Luis.

Nº 132. Diego Pérez Mirabal, hijo de Pedro Mirabal y de Victoria Pérez, naturales de La Victoria, casó en 1697 en la parroquia de Nuestra Señora de la Concepción del Realejo Bajo con Francisca de Melo, hija de Juan de Melo Bento y de María Abreu.

Nº 137. Diego Pérez Martínez hijo de Juan Pérez Martínez y de María de la Cruz, casó en 1698 en la parroquia de Nuestra Señora de la Concepción del Realejo Bajo con Ana Francisca, hija de Juan Bello y de María Francisca.

Nº 340. Juan Pérez Bento, hijo de Francisco Bento y de Isabel María, casó en 1699 en la iglesia parroquial de Nuestra Señora de la Concepción del Realejo Bajo con Vicenta Francisca, hija de Juan Rodríguez.

Nº 908 L 2º. José Pérez de Melo, hijo de Lorenzo Pérez de Melo y de Inés Felipa, natural de La Orotava, casó en 1704 en la parroquia de Nuestra Señora de la Concepción del Realejo Bajo con Catalina Luis Mayor, hija del ayudante Melchor Luis y de María de la Encarnación.

Nº 1123 L 2º. Miguel Pérez, hijo de Domingo Pérez

y de María de la Rosa, casó en 1705 en la iglesia parroquial de nuestra señora de la Concepción del Realejo Bajo con Ángela Francisca de Abreu, hijo de Pedro Hernández Abreu y de María Francisca.

Nº 671 L 2º. Domingo Pérez, hijo de Salvador Pérez Labrador y de Marquesa Francisca, vecinos de San Juan, casó en 1706 en la iglesia parroquial de Nuestra Señora de la Concepción del Realejo Bajo con Francisca Josefa, hija de Simón Francisco y de María Delgado Fonte.

Nº 615 L 2º. Bartolomé Pérez, hijo de Nicolás Pérez Conde y de Catalina Oliva, casó en 1714 en la iglesia parroquial de Nuestra Señora de la Concepción del Realejo Bajo con Ángela María de la Concepción, hija de Domingo González y de María de la Concepción.

Nº 678 L 2º. Domingo Pérez Martínez, hijo de Juan Pérez Martínez y de Juana García, casó en 1715 en la iglesia parroquial de Nuestra Señora de la Concepción del Realejo Bajo con Damiana Francisca, hija de Florentino González y de Jacinta Francisca.

Nº 1194 L 2º. Nicolás Pérez Martín, hijo de Juan

Pérez Martín y de Francisca Bello, casó en 1717 en la iglesia parroquial de Nuestra Señora de la Concepción del Realejo Bajo con María Antonia de Albelo Barroso, hija de Antonio Jácome y de Eufemia García Barroso[65].

Nº 1287 L 2º. Sebastián Pérez, hijo de Félix Pérez y de Catalina García Chaves, casó en 1719 en la iglesia parroquial de Nuestra Señora de la Concepción del Realejo Bajo con Luisa Isabel de Chaves, hija de Jerónimo Perera y de Luisa Isabel de Chaves.

Nº 1106 L 2º. Luis Pérez, hijo de Luis Pérez Roque y de Sabastiana Francisca, vecinos de la Rambla, casó en 1722 en la iglesia parroquial de nuestra señora de la Concepción del Realejo Bajo con Ana Luis, hijo de Bartolomé González y de Ana Luis.

Nº 650 L 2º. Cristóbal Pérez, hijo de Ángel Pérez y de Francisca Rodríguez, natural de Tacoronte, casó en 1723 en la iglesia parroquial de nuestra señora de la Concepción del Realejo Bajo con María Machado, hija de Juan Machado y de María Siverio.

---

[65] De los números 323 y 1205.

Nº 784 L 2º. Francisco Pérez Melo y Bento, hijo de Gonzalo Francisco de Melo y de María Francisca Bento, casó en 1725 en la iglesia parroquial de nuestra señora de la Concepción del Realejo Bajo con Catalina Martín, hija de Francisco Martín y de María Hernández.

Nº 897 L 2º. Ignacio Pérez del Castillo, hijo de Domingo Pérez del Castillo y de Nicolasa García, natural de La Orotava, casó en 1725 en la iglesia parroquial de nuestra señora de la Concepción del Realejo Bajo con Beatriz Francisca, hija de Clemente Hernández y de Águeda de la Concepción.

Nº 688 L 2º. Domingo Pérez Bento, hijo de Domingo Pérez Bento y de Feliciana García, casó en 1726 en la iglesia parroquial de Nuestra Señora de la Concepción del Realejo Bajo con Catalina Úrsula Acevedo, hija de José Antonio Acevedo y de Rosa María Albelo.

Nº 547 L 2º. Antonio Pérez, hijo de Dionisio Pérez y de Ana María, natural de Vilaflor, casó en 1727 en la iglesia parroquial de Nuestra Señora de la Concepción del Realejo Bajo con Josefa García, hija de Juan

Rodríguez y de Ana García.

N° 790 L 2°. Francisco Pérez Peña, viudo de María Victoria, casó en 1729 en la iglesia parroquial de nuestra señora de la Concepción del Realejo Bajo con Catalina Leonor, viuda de José Felipe Paiva.

N° 1297 L 2°. Simón Pérez, hijo de Melchor Pérez y de Águeda Josefa, naturales de Los Silos, casó en 1729 en la iglesia parroquial de Nuestra Señora de la Concepción del Realejo Bajo con Isabel María, hija de Dionisio Pérez y de Ana María.

N° 986 L 2°. José Pérez Mena, casó en 1731 en la iglesia parroquial de Santiago Apóstol del Realejo Alto, donde se veló con María del Rosario, vecinos del Realejo Alto.

N° 988 L 2°. Juan Pérez Martínez, hijo de Juan Pérez Martínez y de Juana García, casó en 1731 en la iglesia parroquial de nuestra señora de la Concepción del Realejo Bajo con Ángela Rodríguez de Oliva, hija de Juan Hernández de Oliva y de Magdalena Rodríguez.

Nº 625 L 2º. Bartolomé Pérez Temudo, viudo de Josefa Francisca, casó en 1733 en la iglesia parroquial de Nuestra Señora de la Concepción del Realejo Bajo con María Francisca Suárez, hija de Andrés Domínguez y de María Francisca Suárez de Chaves.

Nº 1300 L 2º. Salvador Pérez, hijo de Francisco Pérez y de Ana María de Abreu, casó en 1733 en la iglesia parroquial de Nuestra Señora de la Concepción del Realejo Bajo con Rosa Agustina de Chaves, hija de José Gregorio, natural de Garachico, y de Ana Rodríguez Chaves.

Nº 1153 L 2º. Mateo Pérez, hijo de Francisco Pérez y de Sebastiana Francisca, casó en 1735 en la iglesia parroquial de Nuestra Señora de la Concepción del Realejo Bajo con Juana del Espíritu Santo Padrón, hija de Lucas Padrón y de María Albelo.

Nº 1303 L 2º. Salvador Pérez, hijo de Francisco Pérez y de Mariana Zampote, viudo de Rosa Agustina de Chaves, casó en 1736 en la iglesia parroquial de Nuestra Señora de la Concepción del Realejo Bajo con Isabel Francisca de Acosta, hija de Jerónimo de Acosta y de Ángela de Vera.

Nº 1008 L 2º. Juan Pérez, hijo de Juan Hernández del Dedo y de Micaela Francisca, casó en 1737 en la iglesia parroquial de nuestra señora de la Concepción del Realejo Bajo con Ana Francisca de Ávila, hija de Diego Hernández Corvo y de María Francisca.

Nº 1011 L 2º. Juan Pérez Martínez, hijo de Diego Pérez Martínez y de Ana Francisca, casó en 1737 en la iglesia parroquial de nuestra señora de la Concepción del Realejo Bajo con Estéfana de la Cruz, hija de Felipe Álvarez y de Águeda María.

Nº 627 L 2º. Bernardo Pérez, hijo de Francisco Pérez y de Sebastiana Francisca, casó en 1739 en la iglesia parroquial de Nuestra Señora de la Concepción del Realejo Bajo con Juana Francisca Zamora, hija de Hilario Lorenzo Zamora y de María Francisca Domínguez. Se publicaron las amonestaciones.

Nº 1018 L 2º. Juan Pérez de Oliva, hijo de Ambrosio Yanes de Oliva y de Damiana López de Abreu, casó en 1739 en la iglesia parroquial de nuestra señora de la Concepción del Realejo Bajo con Isabel Antonia de la Guardia, hija de Félix Antonio Barroso y de Leonor

Díaz de la Guardia.

Nº 1021 L 2º. José Antonio Pérez, hijo de Francisco Pérez y de María Arce de Abreu, casó en 1740 en la iglesia parroquial de nuestra señora de la Concepción del Realejo Bajo con Josefa Rita de Oliva, hija de José Hernández Oliva y de Luisa de Acosta.

Nº 1159 L 2º. Manuel Pérez, hijo de Francisco Pérez y de María Ana de Abreu, casó en 1740 en la iglesia parroquial de Nuestra Señora de la Concepción del Realejo Bajo con Agustina Leonor de Rojas, hija de Manuel de León y de Juliana de Rojas.

Nº 629 L 2º. Bernardo Pérez, viudo de Juana Francisca, casó en 1742 en la iglesia parroquial de Nuestra Señora de la Concepción del Realejo Bajo con María Francisca Hernández, hija de Diego Hernández y de Dominga Francisco.

Nº 1351 L 2º. Vicente Antonio Pérez Martínez, hijo de Nicolás Pérez Martínez y de María Antonia de Arbelo y Barroso, casó en 1743 en la iglesia parroquial de Nuestra Señora de la Concepción del Realejo Bajo con Francisca Josefa Rocío, hija de Juan González

Rocío y de María Josefa Suárez, vecinos de La Orotava.

Nº 632 L 2º. Bernardo Pérez, viudo de María Francisca, casó en 1745 en la iglesia parroquial de Nuestra Señora de la Concepción del Realejo Bajo con María Francisca Díaz, hija de Salvador García y de Andrea Díaz. Con cuarto grado de afinidad.

Nº 567 L 2º. Agustín Pérez, hijo de Ángel Pérez y de María Bello, natural de Lanzarote, casó en 1746 en la iglesia parroquial de Nuestra Señora de la Concepción del Realejo Bajo con Beatriz Antonia Ravelo, natural de Lanzarote, hija de Luis Ravelo y de Josefa Francisca.

Nº 1205 L 2º. Nicolás Pérez Martín, viudo de María Antonia de Albelo, se veló en 1746 en la iglesia parroquial de Nuestra Señora de la Concepción del Realejo Bajo con María Ana Josefa, con la que contrajo matrimonio en la parroquia de Nuestra Señora de la Concepción de La Orotava.

Nº 658 L 2º. Cristóbal Francisco Pérez, hijo de Tomás Francisco Pérez y de doña Lutgarda Rodríguez de

Barrios, casó en 1750 en la iglesia parroquial de Nuestra Señora de la Concepción del Realejo Bajo con doña Rafaela Antonia de la Guardia, hija de don Carlos Tomás Jácome y Barroso y de doña María Antonia de la Guardia.

Nº 577 L 2º. Agustín José Pérez, hijo de Domingo Pérez y de Isabel Marrero, natural de Lanzarote, casó en 1751 en la iglesia parroquial de Nuestra Señora de la Concepción del Realejo Bajo con Felipa García Pérez, hija de Antonio Pérez y de Josefa García.

Nº 1060 L 2º. José Pérez, hijo de Francisco Pérez y de Sebastiana Francisca, casó en 1755 en la iglesia parroquial de nuestra señora de la Concepción del Realejo Bajo con María Francisca Héctor, hija de Francisco González Héctor y de María Francisca García.

Nº 838 L 2º. Fernando Pérez, viudo de María Borges, casó en 1756 en la iglesia parroquial de nuestra señora de la Concepción del Realejo Bajo con Jacinta García de Arbelo, hija de Miguel García y de María García de Arbelo.

Nº 660 L 2º. Carlos Pérez Martínez, hijo natural de Ángela García de la Cruz, casó en 1759 en la iglesia parroquial de Nuestra Señora de la Concepción del Realejo Bajo con Manuela Martín Bento, hija de Francisco Pérez Bento y de Catalina Martín.

Nº 843 L 2º. Felipe Pérez Témudo, hijo de Bartolomé Pérez Témudo y de María Suárez, casó en 1759 en la iglesia parroquial de nuestra señora de la Concepción del Realejo Bajo con Andrea Suárez, hija de Sebastián Hernández Guerra y de Margarita Suárez.

Nº 1178 L 2º. Mateo Pérez de Albelo, hijo de Mateo Pérez y de Juan de Albelo, casó en 1759 en la iglesia parroquial de Nuestra Señora de la Concepción del Realejo Bajo con Josefa Rita Fuentes de la Guarda, hija de Miguel Fuentes Barroso y de Catalina de la Guarda.

Nº 1180 L 2º. Miguel Pérez, hijo de Antonio Pérez y de Josefa García, casó en 1761 en la iglesia parroquial de Nuestra Señora de la Concepción del Realejo Bajo con María Antonia García, hija de Miguel García y de Antonia García.

Nº 727 L 2º. Domingo Pérez Bento y Melo, hijo de Domingo Pérez Bento y Melo y de Catalina Úrsula de Acevedo Regalado, casó en 1762 en la iglesia parroquial de Nuestra Señora de la Concepción del Realejo Bajo con Ana Antonia Correa, hija de Juan Hernández Correa y de Buenaventura Ana Francisca.

Nº 1357 L 2º. Vicente Pérez de Candelaria, hijo de Manuel de Candelaria, natural de La Gomera y de Beatriz Pérez, casó en 1763 en la iglesia parroquial de Nuestra Señora de la Concepción del Realejo Bajo con Josefa Rodríguez Casanova, hija de Feliciano Rodríguez y de Francisca Casanova.

Nº 1123 L 2º. Lorenzo José Pérez, hijo de Juan Pérez Martín y de Ángela Rodríguez Valladares, casó en 1764 en la iglesia parroquial de nuestra señora de la Concepción del Realejo Bajo con Manuela María Margarita, hija de Manuel Francisco Fajardo y de María Rodríguez de Abreu.

Nº 1273 L 2º. Pedro Pérez de Abreu y Rojas, hijo de Manuel Pérez de Abreu y de Agustina Leonor Rojas, casó en 1765 en la iglesia parroquial de Nuestra Señora de la Concepción del Realejo Bajo con Ana

María Jácome Barroso, hija de Antonio Jácome Barroso y de Rafaela Antonia de la Guarda Barroso.

Nº 1096 L 2º. José Pérez Martínez, hijo de Juan Pérez Martínez y de Estéfana María Álvarez, casó en 1766 en la iglesia parroquial de nuestra señora de la Concepción del Realejo Bajo con Juana Nepomuceno de la Concepción Hernández, hijo de Manuel Hernández y de María Marcelina, vecinos de La Orotava.

Nº 1782 L 3º. Nicolás Pérez Martínez, viudo de Margarita de los Reyes, casó en 1768 en la iglesia parroquial de Nuestra Señora de la Concepción del Realejo Bajo con María de la Concepción, viuda de Agustín Hernández Espinosa.

Nº 1474 L 3º. Domingo Pérez Abreu, hijo de Manuel Pérez Abreu y de Agustina Leonor de Rojas, casó en 1770 en la parroquia de Nuestra Señora de la Concepción del Realejo Bajo con Ana María de la Concepción, hija de Manuel Hernández y de María Rita Cosme.

Nº 1605 L 3º. Juan Pérez Cosina, hijo de Pedro Pérez Cosina y de María Francisca Ravelo, natural de la

Rambla, casó en 1771 en la iglesia parroquial de Nuestra Señora de la Concepción del Realejo Bajo con Josefa Márquez de Chaves, hija de Matías López y de María Márquez de Chaves[66].

Nº 1742 L 3º. Manuel Pérez, viudo de Bárbara Hernández, casó en 1772 en la iglesia parroquial de Nuestra Señora de la Concepción del Realejo Bajo con Isabel Rodríguez, hija de Francisco de Mesa y de Isabel Rodríguez.

Nº 1372 L 3º. Agustín Pérez Machado, hijo de Domingo Pérez Machado y de Dominga Francisca, natural de La Victoria, casó en 1775 en la parroquia de Nuestra Señora de la Concepción del Realejo Bajo con Beatriz María Díaz, hija de Andrés Felipe y Díaz y de María Jerónima.

Nº 1535 L 3º. Francisco Pérez de Estrada, hijo de Agustín Díaz de Estrada y de Josefa Agustina Pérez, casó en 1775 en la parroquia de Nuestra Señora de la Concepción del Realejo Bajo con María Estévez Barroso, hija de Andrés Estévez Barroso y de Tomasa

---

[66] Libro 3º folio 15 ot.

Francisca Bento y Melo.

Nº 1621 L 3º. Juan Pérez Martínez, viudo de Estéfana María de la Cruz, casó en 1775 en la iglesia parroquial de Nuestra Señora de la Concepción del Realejo Bajo con María Acosta, hija de Pedro Yanes y de Jerónima de Acosta.

Nº 1627 L 3º. Juan Pérez Martínez, hijo de Juan Pérez Martínez y de Francisca Javiera, casó en 1776 en la iglesia parroquial de Nuestra Señora de la Concepción del Realejo Bajo con Lutgarda Francisca Pérez, hija de Juan Pérez Martínez y de Estéfana María.

Nº 1861 L 3º. Tomás Pérez, hijo de Agustín Pérez y de Felipa García, casó en 1776 en la iglesia parroquial de Nuestra Señora de la Concepción del Realejo Bajo con María García, hija de José Díaz y de Josefa García.

Nº 1382 L 3º. Antonio Pérez, hijo de Agustín Pérez y de Felipa García, casó en 1777 en la parroquia de Nuestra Señora de la Concepción del Realejo Bajo con Isabel María de Albelo, hija de Francisco Agustín de Albelo y de Antonia Lorenzo de Chaves.

Nº 1464 L 3º. Cristóbal Pérez, hijo de Pedro Pérez y de María Francisca, natural de La Rambla, casó en 1777 en la parroquia de Nuestra Señora de la Concepción del Realejo Bajo con Isabel Francisca Márquez de Chaves, hija de Matías López de Albelo y de María Márquez de Chaves.

Nº 1641 L 3º. Juan Antonio Pérez de Rojas, hijo de Manuel Pérez de Abreu y de Agustina Leonor de Rojas, casó en 1778 en la iglesia parroquial de Nuestra Señora de la Concepción del Realejo Bajo con Lutgarda Miranda de Chaves, hija de Gaspar Rodríguez Guillama y de Antonia Miranda de Chaves.

Nº. 1875. Vicente Pérez Bento, hijo de Nicolás Pérez Bento y de María del Catillo y Abreu, casó en 1778 en la iglesia parroquial de Nuestra Señora de la Concepción del Realejo Bajo con Agustina García de Albelo, hija de Damián García Delgado y de Isabel Jacinto.

Nº 1876. Vicente Pérez, hijo de Vicente Pérez y de María Francisca, casó en 1779 en la iglesia parroquial de Nuestra Señora de la Concepción del Realejo Bajo con María Josefa Ascanio, hija de José Antonio Ascanio y de Isabel Pérez, casados en La Laguna.

N° 1758 L 3°. Miguel Rafael Pérez, natural de la Gomera, hijo de José Pérez Perdomo y de María Brito, casó en 1781 en la iglesia parroquial de Nuestra Señora de la Concepción del Realejo Bajo con Francisca Yanes de la Guardia, hija de Juan Yanes Oliva y de Isabel de la Guardia.

N° 1656 L 3°. Juan Pérez Olivera, hijo de Miguel Pérez de Olivero y de Rosalía María Espinosa de los Monteros, natural de La Orotava, casó en 1784 en la parroquia de la Concepción del Realejo Bajo con Josefa de Fuentes Barroso, hija de Benito de Fuentes Barroso y de Catalina Yanes de Oliva.

N° 1878. Vicente Pérez Barroso, hijo de Mateo Pérez y de Josefa María de Fuentes Barroso, en 1784 en la iglesia parroquial de Nuestra Señora de la Concepción del Realejo Bajo con Dominga Hernández, de La Orotava, hija de Marcos Hernández y de María

Antonia Rodríguez[67].

Nº 1393 L 3º. Agustín Pérez Estrada, hijo de Agustín Díaz Estrada y de Josefa Pérez Bento, casó en 1786 en la iglesia parroquial de Nuestra Señora de la Concepción del Realejo Bajo con María Agustina de Orta y Nuño, hija de José de Orta de los Reyes y de María Manuela Nuño.

Nº 1668 L 3º. Juan Pérez García, hijo de Antonio Pérez del Castillo y de Josefa García, casó en 1786 en la iglesia parroquial de Nuestra Señora de la Concepción del Realejo Bajo con Jerónima Rodríguez Duranza, hija de Mateo Rodríguez Duranza y de Josefa Rodríguez, natural de La Orotava.

Nº 1395 L 3º. Alejo Pérez, hijo de Juan Pérez Oliva y de Lutgarda Pérez de Abreu, casó en 1787 en la iglesia parroquial de Nuestra Señora de la Concepción del Realejo Bajo con María de la Encarnación Juncos y Chaves, hija de Isidro de los Juncos y Albelo y de Isabel Francisca de Chaves. Consanguíneos en tercer

---

[67] Mujer de Francisco Juan, hijo de otro y María Francisca Mesa, y de Andrea Francisca de la Concepción, hija de José Rodríguez del Álamo y de Ana Francisca de la Concepción.

grado.

Nº. 1884. Vicente Pérez de Chaves, hijo de Manuel Pérez y de María Ana de Chaves, casó en 1789 en la iglesia parroquial de Nuestra Señora de la Concepción del Realejo Bajo con Bernarda Agustina Dorta, hija de José Dorta y de María Manuela Nuño.

Nº 1502 L 3º. Dionisio Pérez Barrios, hijo de Tomás Pérez Barrios y de Ana Josefa Romero Oramas, casó en 1792 en la parroquia de Nuestra Señora de la Concepción del Realejo Bajo con Clara Josefa Yanes de la Cámara, hija de José Damián Yanes y de Isabel de la Cámara.

Nº 1411 L 3º. Agustín Pérez, viudo de Felipa García, natural de Lanzarote, hijo de Domingo Pérez y de Isabel María, casó en 1794 en la parroquia de Nuestra Señora de la Concepción del Realejo Bajo con María del Rosario Abreu, hija de Salvador González y de María Josefa de Abreu.

Nº 1422 L 3º. Agustín Pérez, hijo de Vicente Pérez de Candelaria, y de Josefa Rodríguez Casanova, casó en 1795 en la parroquia de Nuestra Señora de la

Concepción del Realejo Bajo con Catalina Antonia Guzmán, hija de Domingo Francisco Guzmán y de María Antonia de Albelo.

Nº 1426 L 3º. Antonio Pérez, se veló en 1795[68] en la parroquia de Nuestra Señora de la Concepción del Realejo Bajo con Isabel Bautista, y se casaron en la iglesia parroquial de San Juan de la Rambla.

Nº 1721 L 3º. José Pérez Barato, hijo de José Pérez Barato y de María Francisca Héctor, casó en 1797 en la iglesia parroquial de Nuestra Señora de la Concepción del Realejo Bajo con María de la Encarnación Rodríguez, hija de Julián Rodríguez y de María Francisca González Corvo.

Nº 1724 L 3º. José Pérez Rodríguez, hijo de José Pérez Rodríguez y de Isabel Rodríguez Marina, natural de La Guancha casó en 1798 en la iglesia parroquial de Nuestra Señora de la Concepción del Realejo Bajo con Agustina Linares Ascanio, hija de Agustín Linares Ascanio y de Jerónima de la Cruz.

---

[68] O 1796.

Familia Pescaditos:

Nº. 337. José Pescaditos, viudo de María Moreno, casó en 1697 en la parroquia de Nuestra Señora de la Concepción del Realejo Bajo con Brígida Francisca, hija de Matías Rajeta y de Damiana Francisca.

Familia Pinto:

Nº 509. Tomás Pinto, hijo de Diego Pinto y de María de Acosta, casó en 1671 en la iglesia parroquial de nuestra señora de la Concepción del Realejo Bajo con María de San Blas, hija de Lázaro Hernández y de María de la Cruz.

Familia Ponte:

Nº 1259 L 2º. Pedro Francisco de Ponte Benítez de Lugo, natural de Garachico, casó en 1752 en la iglesia parroquial de Nuestra Señora de la Concepción del Realejo Bajo con doña Francisca Peraza de Ayala Castilla y Herrera Mesa, hija del capitán don Francisco Peraza Ayala Castilla y Herrera y de doña Juana de Mesa Asoca Castilla Medina.

Q.

Familia Quintero:

Nº 613. Bartolomé Quintero, viudo de María Hernández, casó en 1708 en la iglesia parroquial de Nuestra Señora de la Concepción del Realejo Bajo con María del Rosario, hija de padres no conocidos.

Nº 1286 L 2º. Salvador Quintero, natural de El Hierro, hijo de Manuel Quintero y de María Francisca, casó en 1712 en la iglesia parroquial de Nuestra Señora de la Concepción del Realejo Bajo con María Delgado de Mendoza, hija de ... González de Tío y de María Mendoza.

Nº 1830 L 3º. Pedro Antonio Quintero, hijo de Alejo Quintero y de Gabriela Francisca Ramos, casó en 1798 en la iglesia parroquial de Nuestra Señora de la Concepción del Realejo Bajo con Josefa Díaz, hija de Benito Díaz y de María de Mesa.

Familia Quintín:

Nº 263. Juan Quintín, natural de El Hierro, casó

en 1666 en la iglesia parroquial de nuestra señora de la Concepción del Realejo Bajo con Águeda Francisca, hija de Diego Francisco García y de María Hernández.

Nº 1779 L 3º. Miguel Quintín de la Guardia, hijo de Miguel Francisco de la Guardia, escribano público, y de María Rodríguez de León[69], casó en 1798 en la iglesia parroquial de Nuestra Señora de la Concepción del Realejo Bajo con María de la Concepción Padrón, hija de Esteban Padrón de la Peña y de Josefa Margarita de Albelo.

R.

<u>Familia Ramos:</u>

Nº 1216 L 2º. Pascual Ramos, hijo de Juan Ramos y de Margarita Hernández, vecinos de Adeje, casó en 1708 en la iglesia parroquial de Nuestra Señora de la Concepción del Realejo Bajo con Rosa Josefa, hija de Sebastián Hernández Villalba y de Juana Luis.

Nº 1444 L 3º. Bartolomé Ramos, hijo de Andrés

---

[69] Del número 1749.

Ramos y de Inés Francisca, casó en 1775 en la iglesia parroquial de Nuestra Señora de la Concepción del Realejo Bajo con Ana María, hija de Esteban de la Torre y de Estéfana de Torres, natural de Fuerteventura.

Nº 1650 L 3º. José Antonio Ramos, natural de La Gomera, hijo de Antonio Ramos y de Catalina Francisca, casó en 1782 en la iglesia parroquial de Nuestra Señora de la Concepción del Realejo Bajo con Sebastiana Yanes, hija de Domingo Yanes Oliva y de Josefa Ana Cupido.

Nº 1683 L 3º. José Antonio Ramos, viudo de Sebastiana Yanes Oliva, hijo de Antonio Ramos y de Catalina de Medina, natural de La Gomera, casó en 1790 en la iglesia parroquial de Nuestra Señora de la Concepción del Realejo Bajo con María Clara Rodríguez Padilla, hija de Francisco Rodríguez Pantaleón y de María Ana Padilla.

Familia Ravelo:

Nº 405. Miguel Ravelo, hijo de Cosme Damián y de Isabel María, casó en 1688 en la parroquia de Nuestra

Señora de la Concepción del Realejo Bajo con Isabel Francisca, viuda de Sebastián Pérez.

Nº 1081 L 2º. José Agustín Ravelo, hijo de Isidro González Ravelo y de Isabel Lorenzo Nuño, casó en 1759 en la iglesia parroquial de Nuestra Señora de la Concepción del Realejo Bajo con Francisca Jerónima Lozano.

Familia Regalado:

Nº 935 L 2º. José Regalado, hijo de Gaspar González Regalado y de María Lorenzo, casó en 1714 en la parroquia de Nuestra Señora de la Concepción del Realejo Bajo con Josefa María de Chaves, hija de Pablo de Torres y de Lucía María de Chaves.

Nº 1785 L 3º. Nicolás Regalado, viudo de Rosa Pérez, casó en 1775 en la iglesia parroquial de Nuestra Señora de la Concepción del Realejo Bajo con Inés Josefa Bello, hija de Pablo Lorenzo Oramas y de María Francisca Bello. Consanguíneos en tercer grado.

Nº 1634 L 3º. Juan Regalado, hijo de Tomás Regalado y de María Rodríguez, casó en 1778 en la iglesia parroquial de Nuestra Señora de la Concepción del Realejo Bajo con María de Fuentes, Barroso, hija de Antonio Domínguez Barroso y de María Fuentes de la Guardia.

Nº 1705 L 3º. José Regalado, hijo de Tomás Regalado y de Marcela de Albelo, casó en 1793 en la iglesia parroquial de Nuestra Señora de la Concepción del Realejo Bajo con Catalina González Carmenatis, hija de Asencio González Carmenatis y de Josefa García Casanova.

Nº 1562 L 3º. Francisco Regalado, hijo de Jerónimo Regalado y de Isabel Francisca González, casó en 1795 en la parroquia de la Concepción del Realejo Bajo con Rosalía de la Cruz Linares, hija de Agustín Linares Ascanio y de Jerónima Francisca de la Cruz.

Familia Reyes:

Nº. 220. Gaspar de los Reyes, hijo de Pedro Hernández Cuervo y de María Francisca, casó en 1693 en la iglesia parroquial de Nuestra Señora de la Concepción del Realejo Bajo con María Estévez, hija de padres desconocidos.

Nº 783 L 2º. Felipe de los Reyes, hijo de Sebastián de los Reyes y de María Hernández, natural de El Tanque, casó en 1723 en la iglesia parroquial de nuestra señora de la Concepción del Realejo Bajo con Jerónima Luis de Ávila, hija de Dionisio González y de Lucía de Ávila.

Nº 1292 L 2º. Salvador Reyes, hijo de Gaspar Reyes y de María Estévez, casó en 1723 en la iglesia parroquial de Nuestra Señora de la Concepción del Realejo Bajo con Tomasa María, hija de Andrés Francisco y de Tomasa María. Con cuarto grado consanguíneos y legítima prole.

Nº 623 L 2º. Bartolomé de los Reyes, hijo de Melchor de los Reyes y de Juana de Febles, casó en 1728 en la iglesia parroquial de Nuestra Señora de la Concepción del Realejo Bajo con María Josefa, hija de Manuel Francisco y de María del Cristo.

Nº 995 L 2º. Juan Reyes, hijo de Gaspar Reyes y de María Estévez, casó en 1733 en la iglesia parroquial de Nuestra Señora de la Concepción del Realejo Bajo con María Gil López, hija de Juan López de

Albelo y de María Gil.

Nº 871 L 2º. Gaspar de los Reyes Dorta, hijo de José García Dorta y de Marta Luis Dávila, casó en 1737 en la iglesia parroquial de Nuestra Señora de la Concepción del Realejo Bajo con Agustina Francisca Oramas, hija de Carlos García Oramas y de Eugenia Francisca.

Nº 1305 L 2º. Sebastián Reyes, hijo de Gaspar Reyes y de María Estévez, casó en 1741 en la iglesia parroquial de Nuestra Señora de la Concepción del Realejo Bajo con Josefa Francisca Barroso, hija de Diego Hernández Barroso y de Clara Francisca de Chaves.

Nº 1082 L 2º. Juan Reyes Corvo, hijo de Juan Reyes Corvo y de María Gil de Arbelo, casó en 1760 en la iglesia parroquial de Nuestra Señora de la Concepción del Realejo Bajo con María López de Chaves, hija de Salvador López Arbelo y de Leonor Francisca de Chaves. Consanguíneos de 3º con 4º grado.

Nº 891 L 2º. Gonzalo Reyes Dávila, hijo de Salvador Reyes Corvo y de Tomasina Dávila, casó en 1764 en la iglesia parroquial de Nuestra Señora de la Concepción del Realejo Bajo con Andrea Francisca Suárez, hija de Domingo Suárez Barroso y de Lucía Luis de Albelo.

Nº 1578 L 3º. Gaspar Reyes Gil, hijo de Juan Reyes y de María Gil, casó en 1785 en la iglesia parroquial de Nuestra Señora de la Concepción del Realejo Bajo con Isabel Francisca Suárez, hija de Ignacio López y de María Francisca Suárez. Consanguíneos de tercer con cuarto grado.

Nº 1500 L 3º. Diego Reyes, hijo de Juan Reyes y de María Francisca Suárez, casó en 1790 en la iglesia parroquial de Nuestra Señora de la Concepción del Realejo Bajo con Lucía López García, hija de Agustín López y de Isabel García.

Nº 1436 L 3º. Antonio Reyes López, hijo de Gonzalo Reyes y de Andrea Suárez López, casó en 1799 con Isabel López de Chaves, hija de José Matías López y de Josefa de Chaves.

Nº 1586 L 3º. Gonzalo Reyes Suárez Corvo, hijo de Juan Reyes Corvo y de María Leonor Suárez, casó en

1799 en la iglesia parroquial de Nuestra Señora de la Concepción del Realejo Bajo con Josefa García, hija de Lorenzo García Barroso y de Ana María Suárez. Consanguíneos en cuarto grado.

Familia Rivero:

Nº 378. Marcos Rivero, hijo de Gaspar Rivero y de Catalina Pérez, casó en 1654 en la iglesia parroquial de Nuestra Señora de la Concepción del Realejo Bajo con Águeda Pérez, hija de Andrés Hernández y de Águeda Pérez.

Familia Rodríguez:

Nº 237. Juan Rodríguez Ruiz, hijo de Juan Ruiz y de María Rodríguez, vecinos de La Rambla, casó en 1650 en la iglesia parroquial de Nuestra Señora de la Concepción del Realejo Bajo con María de Vera, hija de Martín Rodríguez y Marquesa Pérez.

Nº 240. Juan Rodríguez, hijo de Mateo Rodríguez y de María Pérez, casó en 1651 en la iglesia parroquial de Nuestra Señora de la Concepción del Realejo Bajo con María Martín, hija de Domingo Martín y de María

Hernández.

Nº 377. Marcos Rodríguez, hijo de Benito Rodríguez y de María Luis, casó en 1654 en la iglesia parroquial de Nuestra Señora de la Concepción del Realejo Bajo con María Rodríguez, hija de Domingo Rodríguez y de María Paiva.

Nº 89. Domingo Rodríguez, hijo de Francisco Rodríguez y de María Hernández, vecinos de La Orotava, casó en 1666 en la iglesia parroquial de nuestra señora de la Concepción del Realejo Bajo con María Micaela Amaral.

Nº 464. Salvador Rodríguez, hijo de Simón Rodríguez y de Isabel Francisca, casó en 1667 en la iglesia parroquial de nuestra señora de la Concepción del Realejo Bajo con Ana Francisca, hija de Gonzalo Hernández y de Isabel Francisca.

Nº 56. Bernabé Rodríguez, hijo de Antonio Romero y de Gracia Rodríguez, vecinos de Garachico, casó en 1668 en la iglesia parroquial de Nuestra Señora de la Concepción del Realejo Bajo con María Francisca, hija de Simón Díaz y de Margarita, naturales de El

Tanque.

Nº 72. Cristóbal Rodríguez, hijo de Marcos Rodríguez y de Catalina González, casó en 1670 en la iglesia parroquial de Nuestra Señora de la Concepción del Realejo Bajo con María de la Cruz, hija de Melchor Hernández y de María de la Cruz.

Nº 419. Nicolás Rodríguez, hijo de Gonzalo Rodríguez y de Águeda Luis, vecinos de Icod, casó en 1671 en la iglesia parroquial de Nuestra Señora de la Concepción del Realejo Bajo con … hija de Juan Gómez y de María Meún.

Nº 128. Diego Rodríguez de Abreu, hijo de Diego Rodríguez y de María de la Encarnación Abreu, casó en 1674 en la iglesia parroquial de Nuestra Señora de la Concepción del Realejo Bajo con Margarita Francisca de Albelo, hija de Juan Francisco de Abreu y de María Domínguez.

Nº 278. Juan Rodríguez, hijo de Baltasar Luis y de Margarita Rodríguez, casó en 1674 en la iglesia parroquial de Nuestra Señora de la Concepción del Realejo Bajo con Catalina Mendoza, hija de Baltasar Estévez y de Eufrasia María.

Nº 207. Gaspar Rodríguez, hijo de Juan Pérez Márquez y de Lucrecia Francisca, casó en 1675 en la iglesia parroquial de Nuestra Señora de la Concepción del Realejo Bajo con Isabel Martín.

Nº 290. Juan Rodríguez, hijo de Juan Rodríguez y de María González, vecinos de los Silos, casó en 1678 con Mariana de Ayala, hija del alférez Juan Peraza de Ayala y de Beatriz Ramírez de Oramas.

Nº 107. Domingo Rodríguez, viudo de María Martín, casó en 1681 en la parroquia de Nuestra Señora de la Concepción del Realejo Bajo con Lucía Pérez, hija de Andrés Martín y de Juana Pérez.

Nº 109. Domingo Rodríguez, hijo de Baltasar Díaz y de Isabel Rodríguez, vecinos del Tanque, casó en 1681 en la parroquia de Nuestra Señora de la Concepción del Realejo Bajo con Catalina Francisca, hija de Matías González y de Francisca del Rosario.

Nº 305. Juan Rodríguez, hijo de Miguel Rodríguez y de Ana Francisca, casó en 1683 en la iglesia parroquial de Nuestra Señora de la Concepción del Realejo Bajo con Ana Rodríguez, hija de Juan Rodríguez Casanova y de María Martín.

Nº 308. Juan Rodríguez, hijo de Baltasar Rodríguez y de María Pérez, vecinos de San Salvador, casó en 1684 en la iglesia parroquial de Nuestra Señora de la Concepción del Realejo Bajo con Ana García, hija de Catalina García.

Nº 309. Juan Rodríguez, hijo de Bernabé Díaz y de María Rodríguez, vecinos de La Gomera, casó en 1684 en la iglesia parroquial de Nuestra Señora de la Concepción del Realejo Bajo con Agustina María, hija de Diego Pérez Montado y de María González.

Nº 30. Antonio Rodríguez hijo de Pedro Hernández y de María Hernández, casó en 1685 en la iglesia parroquial de Nuestra Señora de la Concepción del Realejo Bajo con Ana González, hija de Gaspar Donis y de Isabel Donis.

Nº 217. Gaspar Rodríguez, hijo de Salvador Méndez y de Andrea Rodríguez, vecinos de La Orotava, casó en 1685 en la iglesia parroquial de Nuestra

Señora de la Concepción del Realejo Bajo con Catalina Francisca, hija de Antonio García y de Juana de Mendoza.

Nº 484. Sebastián Rodríguez, hijo de Matías Rodríguez y de María Fernández, vecinos de Icod, casó en 1687 en la iglesia parroquial de Nuestra Señora de la Concepción del Realejo Bajo con Ángela María, hija de Sebastián Fernández y de Ángela María.

Nº 408. Miguel Rodríguez Capelo, hijo de Juan Rodríguez Capelo y de María Hernández, casó en 1691 en la parroquia de Nuestra Señora de la Concepción del Realejo Bajo con Inés García de Melo, hija de Salvador de Melo y de Ana Delgado.

Nº 127. Diego Rodríguez de Abuín, hijo de Tomás Hernández de Abuín y de María Pérez, de San Juan de la Rambla, casó en 1693 con Isabel Francisca, hija de Andrés González y de Sebastiana Francisca.

Nº 179. Francisco Rodríguez, hijo de Asencio Rodríguez y de María Hernández, casó en 1696 en la parroquia de Nuestra Señora de la Concepción del Realejo Bajo con Ana Pérez, viuda de Pablo González.

Nº 133. Domingo Rodríguez del Álamo, hijo de Juan Sebastián y de Andrea Rodríguez, de La Orotava, casó en 1697 en la parroquia de Nuestra Señora de la Concepción del Realejo Bajo con María Francisca, hija de Pedro Hernández Cuervo y de María Francisca. Enlace de tercero con cuarto grado de consanguinidad.

Nº 184. Francisco Rodríguez, hijo de Luis Rodríguez, jabonero, vecinos de La Orotava, y de Ana González, natural de Tacoronte, casó en 1699 en la parroquia de Nuestra Señora de la Concepción del Realejo Bajo con Paula Francisca, hija de Bernabé Díaz y de María Rodríguez.

Nº 347. Juan Rodríguez Casanova, hijo de Francisco Rodríguez y de Ana Casanova, casó en 1700 en la iglesia parroquial de Nuestra Señora de la Concepción del Realejo Bajo con María Rodríguez, hija Juan Henríquez y de Ana Rodríguez.

Nº 413 L 3º. Manuel Rodríguez, hijo de Andrés Rodríguez y de Blasina Pérez, naturales de Icod, casó en 1700 en la iglesia parroquial de Nuestra Señora de la

Concepción del Realejo Bajo con María Francisca, hija de Salvador Acosta y de María Pérez.

Nº 666 L 2º. Diego Rodríguez del Álamo, viudo de Isabel Francisca, casó en 1704 en la iglesia parroquial de Nuestra Señora de la Concepción del Realejo Bajo con Ana Francisca de Ávila, hija de Salvador López y de María Francisca.

Nº 741 L 2º. Francisco Rodríguez, hijo de Cristóbal Rodríguez y de María de la Cruz, casó en 1704 con Andresa de Ávila, hija de Lucas Hernández Ávila y de Ángela de Mendoza.

Nº 904 L 2º. Juan Rodríguez, hijo de Cristóbal Rodríguez y de María Francisca, casó en 1704 en la iglesia parroquial de Nuestra Señora de la Concepción del Realejo Bajo con Gracia María, hija de Francisco Yanes Regalado y de María Rodríguez.

Nº 905 L 2º. Julián Rodríguez Estévez, hijo de Salvador Rodríguez y de Isabel Francisca, casó en 1704 en la iglesia parroquial de Nuestra Señora de la Concepción del Realejo Bajo con Josefa María, hija de Pedro Gutiérrez de León y de María González de

Acevedo.

Nº 907 L 2º. Juan Rodríguez de la Sierra, hijo de Antonio Rodríguez y de María Hernández, casó en 1704 en la iglesia parroquial de Nuestra Señora de la Concepción del Realejo Bajo con María Francisca, hija de Juan Lorenzo y de María Hernández.

Nº 1279 L 2º. Salvador Rodríguez Salgado, hijo de Pedro Rodríguez Salgado y de Ana Francisca, casó en 1704 en la iglesia parroquial de Nuestra Señora de la Concepción del Realejo Bajo con Ángela María, hija de Custodio y de Agustina Leonor.

Nº 1122 L 2º. Manuel Rodríguez de Olivera, hijo de Juan Rodríguez de Olivera y de María Melián, vecina de La Laguna, casó en 1704 en la iglesia parroquial de Nuestra Señora de la Concepción del Realejo Bajo con Feliciana Rodríguez, hija de Gonzalo de Acosta y de Ángela Viera.

Nº 672 L 2º. Diego Rodríguez, hijo de Lucas Rodríguez y de Catalina Díaz, vecinos de El Tanque, casó en 1707 en la iglesia parroquial de Nuestra Señora de la Concepción del Realejo Bajo con María Francisca, hija de Domingo y de Catalina Francisca.

Nº 920 L 2º. Juan Rodríguez Barrios, hijo de Gaspar de Barrios y de Isabel de Abreu, casó en 1708 en la iglesia parroquial de Nuestra Señora de la Concepción del Realejo Bajo con Francisca de Abreu Llanos, hija del alférez Salvador de Abreu y de Francisca Ana de los Reyes.

Nº 1126 L 2º. Manuel Rodríguez, hijo de Jacinto Rodríguez y de Isabel Romero, casó en 1708 en la iglesia parroquial de Nuestra Señora de la Concepción del Realejo Bajo con Andrea Díaz de Fuentes, hija de Lucas Díaz y de María de Fuentes. Consanguíneos en tercer grado.

Nº 617 L 2º. Bernardo Rodríguez, hijo de Juan Rodríguez y de Ana García, casó en 1715 en la iglesia parroquial de Nuestra Señora de la Concepción del Realejo Bajo con Juana Molina, hija de Gaspar Rodríguez y de Francisca Molina.

Nº 767 L 2º. Francisco Rodríguez de León, hijo de Juan Rodríguez de León y de María Jesús, vecinos de San Juan, casó en 1715 en la iglesia parroquial de

Nuestra Señora de la Concepción del Realejo Bajo con Juana Bautista de la Cruz, hija de Francisco Luis Dávila y de María de Candelaria.

Nº 896 L 2º. Isidro Rodríguez, hijo de Francisco Rodríguez y de María Pérez Medina, casó en 1716 en la iglesia parroquial de Nuestra Señora de la Concepción del Realejo Bajo con Catalina de San Mateo, hija de padres incógnitos.

Nº 683 L 2º. Domingo Rodríguez, hijo de Domingo Rodríguez y de Catalina Francisca, casó en 1722 en la iglesia parroquial de Nuestra Señora de la Concepción del Realejo Bajo con Manuela Rodríguez Casanova, hija de Manuel Espínola[70] y de Micaela Rodríguez.

Nº 1293 L 2º. Sebastián Rodríguez, hijo de Francisco Rodríguez Romero y de María Francisca, de Buenavista, casó en 1724 en la iglesia parroquial de Nuestra Señora de la Concepción del Realejo Bajo con Juana Lorenzo, hija de Juan Yanes Albelo y de Elena Lorenzo.

---

[70] Espíndola, en el original.

Nº 687 L 2º. Domingo Rodríguez, hijo de Domingo Rodríguez y de María Francisca, casó en 1725 en la iglesia parroquial de Nuestra Señora de la Concepción del Realejo Bajo con María Margarita, hija de Manuel Francisco y de Margarita Díaz.

Nº 1294 L 2º. Simón Rodríguez, hijo de Juan Andrés y de Catalina Rodríguez, casó en 1726 en la iglesia parroquial de Nuestra Señora de la Concepción del Realejo Bajo con Catalina Francisca, hija de Jerónimo Perera y de Tomasa Francisca de Chaves.

Nº 1295 L 2º. Salvador Rodríguez, hijo de Salvador Rodríguez y de Ana Leonor, natural de Santiago, casó en 1726 en la iglesia parroquial de Nuestra Señora de la Concepción del Realejo Bajo con Úrsula Francisca de Abreu, viuda de Álvaro Bello.

Nº 735 L 2º. Esteban Rodríguez Amador, hijo de Juan Rodríguez Amador y de María Francisca Méndez, vecinos de La Gomera, casó en 1728 en la iglesia parroquial de Nuestra Señora de la Concepción del Realejo Bajo con Tomasa Lorenzo del Castillo, hija del ayudante Matías Hernández y de María Lorenzo del Castillo.

Nº 1144 L 2º. Miguel Rodríguez, hijo de Diego Rodríguez y de Ana Francisca, casó en 1728 en la iglesia parroquial de Nuestra Señora de la Concepción del Realejo Bajo con María Francisca, hija de Cristóbal Gómez y de Ana López.

Nº 1146 L 2º. Manuel Rodríguez, hijo de Salvador Rodríguez y de Juana de Acevedo, vecinos del Puerto de la Orotava, casó en 1729 en la iglesia parroquial de Nuestra Señora de la Concepción del Realejo Bajo con Rita María, hija de Luis Yanes y de Inés Francisca Díaz.

Nº 984 L 2º. José Rodríguez de Mora, hijo de Juan Rodríguez de Mora y de Francisca Hernández de Albelo, casó en 1730 en la iglesia parroquial de Nuestra Señora de la Concepción del Realejo Bajo con Lucía Lorenzo de Albelo, hija de Juan Yanes de Albelo y de Elena Lorenzo.

Nº 985 L 2º. José Rodríguez Casanova, hijo de Juan Rodríguez Casanova y de María Rodríguez Contreras, casó en 1730 en la iglesia parroquial de Nuestra Señora de la Concepción del Realejo Bajo con

Isabel Machado, hija de Juan Machado y de María Siverio.

Nº 792 L 2º. Don Félix Francisco Rodríguez de Barrios, hijo de don Tomás Francisco Pérez y de doña Lutgarda Rodríguez de Barrios, casó en 1731 en la iglesia parroquial de Nuestra Señora de la Concepción del Realejo Bajo con doña María Josefa Pinto de Acuña y Armas, hija de Domingo Pinto de Acuña, venerable beneficiado de la Concepción de este lugar y de doña Paula Josefa Pinto y Armas, vecinos de La Laguna.

Nº 1299 L 2º. Salvador Rodríguez, hijo de Juan Rodríguez de la Sierra y de María Francisca, casó en 1731 en la iglesia parroquial de Nuestra Señora de la Concepción del Realejo Bajo con Isabel María, hija de Juan Rodríguez de la Cruz y de Gracia María.

Nº 1147 L 2º. Miguel Rodríguez, hijo de Nicolás Rodríguez y de María Álvarez, naturales de San Miguel de Terceiras, en las Azores, casó en 1731 en la iglesia parroquial de Nuestra Señora de la Concepción del Realejo Bajo con Gabriela Josefa de los Santos, hija de Juan Pérez Cabrera y de Catalina de Jesús.

Nº 1731 L 2º. Matías Rodríguez Amador, hijo de Juan Rodríguez Amador y de María Méndez de la Roca[71], natural de La Gomera, casó en 1731 en la iglesia parroquial de Nuestra Señora de la Concepción del Realejo Bajo con María de las Nieves, hija de Antonio de las Nieves y de Paula Francisca.

Nº 693 L 2º. Domingo Rodríguez, hijo de Tomás Rodríguez y de María Lorenzo, casó en 1732 en la iglesia parroquial de Nuestra Señora de la Concepción del Realejo Bajo con Manuela Tomasa de la Guardia, hija de Francisco Luis de la Guardia y de Ana García.

Nº 694 L 2º. Domingo Rodríguez, hijo de Diego Rodríguez y de Ana Francisca, casó en 1732 en la iglesia parroquial de Nuestra Señora de la Concepción del Realejo Bajo con Francisca Delgado, hija de Domingo González de Tío y de María Mendoza. Consanguíneos de 2º con 3º grado.

Nº 696 L 2º. Domingo Rodríguez, viudo de Manuela Rodríguez, casó en 1733 en la iglesia parroquial

---

[71] Se lee mal. Puede decir Pena etc.

de Nuestra Señora de la Concepción del Realejo Bajo con Francisca Delgado, hija de Domingo González de Tío y de María de Mendoza.

Nº 1236 L 2º. Pedro Rodríguez, natural de Icod, hijo de Salvador Rodríguez y de Ángela María, casó en 1733 en la iglesia parroquial de Nuestra Señora de la Concepción del Realejo Bajo con Josefa Francisca, hija de Jerónimo Amador y de Rosa Francisca. Consanguíneos en tercer grado.

Nº 999 L 2º. José Rodríguez, hijo de Diego Rodríguez y de Ana Francisca, casó en 1734 en la iglesia parroquial de Nuestra Señora de la Concepción del Realejo Bajo con Ana Francisca, hija de Andrés Díaz y de María Francisca.

Nº 802 L 2º. Feliciano Rodríguez, viudo de Isabel Díaz, casó en 1735 en la iglesia parroquial de Nuestra Señora de la Concepción del Realejo Bajo con Francisca González, hija de Juan González Felipe y de Eufemia María.

Nº 899 L 2º. Isidro Rodríguez Casanova, hijo de Feliciano Rodríguez Casanova y de Isabel Díaz, casó en 1735 en la iglesia parroquial de Nuestra Señora de la Concepción del Realejo Bajo con Juana González, hija de Juan González Felipe y de Eufemia María.

Nº 1302 L 2º. Salvador Rodríguez, hijo de Salvador Rodríguez, de Icod, y de Ángela María, casó en 1735 en la iglesia parroquial de Nuestra Señora de la Concepción del Realejo Bajo con María Miranda Rojas, hija de Bernardo Fernández Casanova y de Bernarda Miranda de Rojas.

Nº 1004 L 2º. José Rodríguez Casanova, hijo de Feliciano Rodríguez Casanova y de Isabel Díaz de la Loma, casó en 1737 en la iglesia parroquial de Nuestra Señora de la Concepción del Realejo Bajo con María Rodríguez, hija de Juan González Felipe y de Eufemia María.

Nº 1007 L 2º. José Rodríguez de la Sierra, hijo de Juan Rodríguez de la Sierra y de María Méndez, casó en 1737 en la iglesia parroquial de Nuestra Señora de la Concepción del Realejo Bajo con María González, hija de Tomás Leal y de Catalina González.

Nº 701 L 2º. Domingo Rodríguez Postrero, hijo de

Onofre Rodríguez Postrero y de Catalina Estrada Neda, casó en 1738 en la iglesia parroquial de Nuestra Señora de la Concepción del Realejo Bajo con María de la Concepción, hija de Felipe Grillo Yanes y de Francisca de Castro.

Nº 873 L 2º. Gaspar Rodríguez, hijo de Diego Rodríguez y de Ana Francisca, casó en 1738 con Rita Francisca Hernández, hija de Francisco Hernández y de Casimira Francisca.

Nº 1304 L 2º. Salvador Rodríguez, hijo de Diego Rodríguez y de Catalina Francisca, casó en 1738 en la iglesia parroquial de Nuestra Señora de la Concepción del Realejo Bajo con Josefa Márquez, hija de Juan Díaz Moreno y de Francisca Márquez.

Nº 737 L 2º. Esteban Rodríguez Amador, natural de La Gomera[72], viudo de Tomasa Lorenzo del Castillo, casó en 1742 en la iglesia parroquial de Nuestra Señora de la Concepción del Realejo Bajo con Manuela Francisco Corvo, hija de José Luis y de Eufemia Francisca Corvo.

---

[72] Nº 735 L. 2º.

Nº 875 L 2º. Gaspar Rodríguez Guillama, natural de La Gomera, hijo de Francisco Rodríguez Guillama y de Juana de Arzola, casó en 1742 en la iglesia parroquial de Nuestra Señora de la Concepción del Realejo Bajo con Antonia de Miranda y Chaves, hija de Antonio Díaz de Santiago y de María Miranda de Chaves. Por poder.

Nº 655 L 2º. Custodio Rodríguez, hijo de Salvador Rodríguez y de Ángela María de León, casó en 1743 en la iglesia parroquial de nuestra señora de la Concepción del Realejo Bajo con Ana Rodríguez de Chaves, hija de Simón Rodríguez Gil, natural de La Orotava, y de Catalina Francisca Chaves.

Nº 1340 L 2º. Tomás Rodríguez, hijo de Juan Rodríguez de la Cruz y de Gracia María Regalado, casó en 1744 en la iglesia parroquial de Nuestra Señora de la Concepción del Realejo Bajo con María Rodríguez de Oliva, hija de Juan Hernández Chacón y de Margarita Rodríguez Valladares.

Nº 707 L 2º. Domingo Rodríguez Felipe, hijo de Simón Rodríguez y de Elena Felipe, casó en 1746 en la iglesia parroquial de Nuestra Señora de la Concepción del Realejo Bajo con Ángela de la Cruz y Abreu, hija de Ambrosio Yanes de Oliva y de Damiana López de Abreu.

Nº 1038 L 2º. José Rodríguez Casanova, hijo de Juan Rodríguez Casanova y de María Pérez, casó en 1748 en la iglesia parroquial de Nuestra Señora de la Concepción del Realejo Bajo con Rafaela Manuela Lozano y Méndez, hija de Manuel González Lozano y de Lamencia Francisca Méndez.

Nº 1313 L 2º. Salvador Rodríguez de Ávila, hijo de Jerónimo Rodríguez y de Rosa Francisca, vecinos de La Guancha, casó en 1750 en la iglesia parroquial de Nuestra Señora de la Concepción del Realejo Bajo con Isabel Francisca Siverio, hija de Francisco Siverio y de Ana María de León.

Nº 1045 L 2º. José Rodríguez, hijo de Pedro Rodríguez, vecino del Tanque, y de Francisca María, de La Gomera, casó en 1751 en la iglesia parroquial de Nuestra Señora de la Concepción del Realejo Bajo con Antonia Carballo, vecina de La Laguna, hija de Domingo Carballo y de Margarita Gutiérrez, de El

Hierro.

Nº 1046 L 2º. José Rodríguez Machín, hijo de Juan Rodríguez Machín y de María Rodríguez, casó en 1751 en la iglesia parroquial de Nuestra Señora de la Concepción del Realejo Bajo con Águeda Francisca, hija de Pedro García de la Cruz y de María Francisca Machado.

Nº 1049 L 2º. José Rodríguez de León, hijo de Salvador Rodríguez y de Ángela León, casó en 1751 en la iglesia parroquial de Nuestra Señora de la Concepción del Realejo Bajo con Tomasa de la Guardia y Rojas, hija de Miguel de Fuentes y de Catalina de la Guardia Barroso.

Nº 1314 L 2º. Sebastián Rodríguez Mocán, viudo de Ana Francisca de la Concepción, vecino de La Orotava, casó en 1751 en la iglesia parroquial de Nuestra Señora de la Concepción del Realejo Bajo con Ana Francisca Bello, viuda de Juan Lorenzo, vecino que fue de La Orotava.

Nº 1171. Manuel Rodríguez Estrada, hijo de Mateo Rodríguez y de María Francisca Estrada, casó en

1752 en la iglesia parroquial de Nuestra Señora de la Concepción del Realejo Bajo con María del Álamo Miranda, hija de Miguel Rodríguez y de María Manuela.

Nº 1052 L 2º. Juan Rodríguez Casanova, hijo de Isidro Rodríguez Casanova y de María Catalina, casó en 1753 en la iglesia parroquial de Nuestra Señora de la Concepción del Realejo Bajo con María Delgado González, hija de José González Regalado y de Cayetana Francisca.

Nº 585 L 2º. Andrés Rodríguez de Chaves, hijo de Simón Rodríguez Gil y de Catalina Francisca de Chaves, casó en 1754 en la iglesia parroquial de Nuestra Señora de la Concepción del Realejo Bajo con Agustina Leonor de León, hija de Salvador Rodríguez y de Ángela María de León.

Nº 1345 L 2º. Tomás Antonio Rodríguez, hijo de José Rodríguez y de Lucía Lorenzo, casó en 1754 en la iglesia parroquial de Nuestra Señora de la Concepción del Realejo Bajo con Petra Paulo de Chaves, hija de Simón Rodríguez, de La Orotava, y de Catalina Francisca de Chaves.

Nº 1054 L 2º. José Rodríguez del Álamo, viudo de María Manuela, casó en 1754 en la iglesia parroquial de Nuestra Señora de la Concepción del Realejo Bajo con María Francisca, viuda de José Luis.

Nº 1055 L 2º. Juan Rodríguez Campico, viudo de Juana García Panasco, casó en 1754 en la iglesia parroquial de Nuestra Señora de la Concepción del Realejo Bajo con Isabel Francisca, hija de Juan Báez y de Isabel Francisca.

Nº 834 L 2º. Francisco Rodríguez Regalado, hijo de Salvador Rodríguez de la Sierra y de Isabel Regalado, casó en 1755 en la iglesia parroquial de Nuestra Señora de la Concepción del Realejo Bajo con Lucía María Dávila, hija de Pedro Luis Dávila y de María Francisca, vecinos de San Juan de la Rambla. «Sanado in radice» por consanguinidad.

Nº 835 L 2º. Francisco Rodríguez Romero, hijo de Juan Rodríguez Machín y de Concepción Romero Oramas, casó en 1755 en la iglesia parroquial de Nuestra Señora de la Concepción del Realejo Bajo con Josefa Antonia Corvo, hija de Diego Díaz y de Clara Francisca Corvo.

Nº 1058 L 2º. Julián Rodríguez Barroso, hijo de Baltasar Rodríguez Barroso y de María Suárez, vecinos de San Juan, casó en 1755 en la iglesia parroquial de Nuestra Señora de la Concepción del Realejo Bajo con María Francisca Témudo, hija de Bartolomé Pérez Témudo y de Josefa Francisca Dávila.

Nº 1176 L 2º. Mateo Rodríguez, hijo de Domingo Rodríguez de Ávila y de María Francisca Díaz, casó en 1756 en la iglesia parroquial de Nuestra Señora de la Concepción del Realejo Bajo con Josefa Francisca Domínguez, hija de Pedro Domínguez y de María Francisca.

Nº 1262 L 2º. Pedro Rodríguez Henríquez, viudo de Francisca María, de El Tanque, casó en 1757 en la iglesia parroquial de Nuestra Señora de la Concepción del Realejo Bajo con Benigna Josefa Molina, hija de Buenaventura José y de Beatriz Molina.

Nº 1268 L 2º. Pedro Rodríguez del Álamo, hijo de Domingo Rodríguez del Álamo y de María Francisca Hernández, casó en 1760 en la iglesia parroquial de Nuestra Señora de la Concepción del Realejo Bajo con

Francisca de los Reyes Hernández, hija de Salvador de los Reyes Hernández y de Tomasa María. Consanguíneos en tercer grado.

Nº 1084 L 2º. Juan Rodríguez de León, hijo de Salvador Rodríguez de León y de María Miranda, casó en 1762 en la iglesia parroquial de Nuestra Señora de la Concepción del Realejo Bajo con Josefa Agustina Álvarez, hija de Agustín Álvarez Martín y de Josefa de Abreu.

Nº 1349 L 2º. Tomás Antonio Rodríguez, hijo de Salvador Rodríguez y de Isabel Rodríguez Regalado, casó en 1762 en la iglesia parroquial de Nuestra Señora de la Concepción del Realejo Bajo con Marcela Antonia de Arbelo, hija de Juan Martín y de Nicolasa Delgado.

Nº 728 L 2º. Domingo Rodríguez de Fuentes, vecino de La Orotava, hijo de Pedro Rodríguez de Fuentes y de Isabel Rodríguez, casó en 1763 en la iglesia parroquial de Nuestra Señora de la Concepción del Realejo Bajo con Juana Gómez Martínez, hija de diego Gómez y de María Martínez.

Nº 1270 L 2º. Pedro Rodríguez, hijo de Domingo Rodríguez y de María Francisca, casó en 1763 en la iglesia parroquial de Nuestra Señora de la Concepción del Realejo Bajo con Josefa García, hija de Francisco García y de María Margarita López.

Nº 1119 L 2º. Luis Rodríguez, hijo de Luis Rodríguez y de Ángela Matías, de Garachico, casó en 1764 en la iglesia parroquial de Nuestra Señora de la Concepción del Realejo Bajo con Rita del Carmen, hija de Domingo Márquez y de Josefa de la Cruz.

Nº 1184 L 2º. Manuel Rodríguez Verde, hijo de Julián Rodríguez Verde y de Luisa Francisca, vecinos de La Rambla, casó en 1764 en la iglesia parroquial de Nuestra Señora de la Concepción del Realejo Bajo con Manuela Francisca Héctor, hija de Francisco González Héctor y de María Francisca.

Nº 607 L 2º. Agustín Francisco Rodríguez, vecino de La Orotava, hijo de Sebastián Rodríguez y de Isabel Padrón, casó en 1765 en la iglesia parroquial de Nuestra Señora de la Concepción del Realejo Bajo con Francisca Josefa de Albelo y Viera, vecina de La Orotava, hija de Domingo García Chaurero y de Tomasa de Albelo y Viera.

Nº 1328 L 2º. Sebastián Rodríguez de Mesa, natural de La Gomera, hijo de Manuel Domínguez y de Ana Piñero, casó en 1766 en la parroquia de Nuestra Señora de la Concepción del Realejo Bajo con Bernarda Estévez, hija de Pedro Casañas y de Francisca Estévez.

Nº 1590 L 3º. José Rodríguez Benítez, natural de La Guancha, hijo de Andrés Rodríguez Benítez y de Francisca Luis, casó en 1767 en la parroquia de Nuestra Señora de la Concepción del Realejo Bajo con Antonia de la Concepción Morales, natural de la Granadilla, hija de Antonio Alonso Izquierdo y de Ana Morales.

Nº 1458 L 3º. Cristóbal Rodríguez Mena, natural de San Juan, hijo de Tomás Rodríguez Mena y de Isabel María Ruiz, casó en 1768 en la parroquia de la Concepción del Realejo Bajo con María Luis, hija de Domingo Díaz y de María Luis.

Nº 1593 L 3º. Juan Rodríguez del Álamo, hijo de Salvador Rodríguez del Álamo y de Josefa Francisca de Chaves, casó en 1768 en la parroquia de Nuestra Señora de la Concepción del Realejo Bajo con Jerónima Francisca López, hija de José López Moreno y de María Francisca. Consanguíneos en tercer grado.

Nº 1526 L 3º. Fernando Rodríguez Regalado, hijo de Tomás Regalado y de María Francisca, casó en 1768 en la parroquia de la Concepción del Realejo Bajo con Isabel Francisca Pérez de Rojas, hija de Manuel Pérez y de Agustina Leonor de Rojas.

Nº 1598 L 3º. Julián Rodríguez Verde, viudo de Lucía Francisca, casó en 1769 en la parroquia de Nuestra Señora de la Concepción del Realejo Bajo con María Francisca Hernández, hija de Juan González Ledesma y de Ana Francisca Corvo. Tercer grado de consanguinidad con cuarto de afinidad.

Nº 1600 L 3º. José Rodríguez del Álamo, hijo de Miguel Rodríguez del Álamo y de María Manuela de Miranda, casó en 1769 en la parroquia de Nuestra Señora de la Concepción del Realejo Bajo con Antonia Francisca Díaz, hija de Antonio Díaz. Tercer grado consanguíneos doble.

Nº 1836 L 3º. Salvador Rodríguez del Álamo, hijo de Gaspar Rodríguez del Álamo y de Rita Francisca, casó en 1769 en la iglesia parroquial de Nuestra Señora de la Concepción del Realejo Bajo con Catalina García, hija de Francisco Gil y de Josefa García. Consanguíneos en tercer grado doble y cuatro simples.

Nº 1471 L 3º. Domingo Rodríguez, hijo de Domingo Rodríguez del Álamo Moreno y de María Francisca, casó en 1770 en la parroquia de la Concepción del Realejo Bajo con Josefa Luis Domínguez, hija de Bernabé Domínguez y de María Luis.

Nº 1441 L 3º. Benito Antonio Rodríguez, hijo de Domingo Antonio Rodríguez y de Ángela López, casó en 1772 en la parroquia de la Concepción del Realejo Bajo con Antonia Delgado, hija de Pedro Martín Bautista y de Antonia Delgado.

Nº 1743 L 3º. Miguel Rodríguez Casanova, hijo de José Rodríguez Casanova y de María Rodríguez, casó en 1772[73] en la iglesia parroquial de Nuestra Señora de la Concepción del Realejo Bajo con María Francisca

---

[73] Solo se ve el último número de la fecha, que se calcula por los anteriores y siguientes.

Pérez Ochoa, hija de Juan Antonio de Abreu y de María Pérez Ochoa.

Nº 1611 L 3º. Juan Rodríguez Casanova, viudo de María González, hijo de Isidro Rodríguez y de María Catalina, casó en 1773 en la parroquia de Nuestra Señora de la Concepción del Realejo Bajo con Rosa Antonia López, natural de Garachico, hija de Pedro López, natural de Los Silos, y de Catalina Rojas, de Lanzarote.

Nº 1613 L 3º. Juan Rodríguez Hernández, hijo de José Hernández y de María Jacinta, naturales de Fuerteventura y vecinos de Santa Cruz, casó en 1773 en la parroquia de Nuestra Señora de la Concepción del Realejo Bajo con Josefa Francisca Domínguez, hija de Miguel Domínguez y de Catalina Francisca, natural de La Laguna.

Nº 1614 L 3º. José Rodríguez de León, hijo de Pedro Rodríguez de León y de Josefa Francisca Amador, casó en 1773[74] en la parroquia de Nuestra Señora de la Concepción del Realejo Bajo con Ana Francisca

---

[74] O 1774.

Rodríguez, hija de Gaspar Rodríguez del Álamo y de Rita Francisca.

Nº 1616 L 3º. Juan Rodríguez del Álamo, natural de La Rambla, hijo de Juan Rodríguez del Álamo y de Isabel Rodríguez, casó en 1773[75] en la parroquia de Nuestra Señora de la Concepción del Realejo Bajo con Rita Francisca Suárez, hija de Francisco González Llanos y de Bernarda Francisca Suárez.

Nº 1533 L 3º. Francisco Rodríguez del Álamo, hijo de Miguel Rodríguez del Álamo y de María Manuela, casó en 1775 en la parroquia de la Concepción del Realejo Bajo con María Suárez.

Nº 1330 L 2º. Sebastián Rodríguez del Álamo, hijo de Salvador Rodríguez y de Josefa Márquez de Chaves, casó en 1776 en la parroquia de Nuestra Señora de la Concepción del Realejo Bajo con Francisca Bautista Suárez, hija de Lorenzo Francisco Suárez y de Andrea Francisca Bautista.

Nº 1374 L 3º. Andrés Rodríguez, hijo de José

---

[75] O 1774.

Rodríguez y de María González, casó en 1776 en la parroquia de la Concepción del Realejo Bajo con Josefa de la Concepción Carmenatis, hija de Asencio Carmenatis y de Josefa Rodríguez.

Nº 1623 L 3º. Juan Rodríguez de Ávila, hijo de Juan Domínguez de Ávila y de Rosa Francisca, casó en 1776 en la parroquia de Nuestra Señora de la Concepción del Realejo Bajo con Rosa Rodríguez, hija de Miguel Rodríguez del Álamo y de Rita Francisca Héctor.

Nº 1542 L 3º. Felipe Rodríguez Regalado, hijo de Tomás Rodríguez Regalado y de María Rodríguez, casó en 1777 en la parroquia de la Concepción del Realejo Bajo con Antonia Francisca de Rojas, hija de Manuel Pérez de Abreu y de Agustina Leonor de Rojas.

Nº 1631 L 3º. José Rodríguez Meno[76], hijo de Tomás Rodríguez y de Isabel Antonia Rodríguez, casó en 1777 en la parroquia de Nuestra Señora de la Concepción del Realejo Bajo con Rosa Francisca Llanos, hija

---

[76] No se lee con claridad y puede ser otro.

de Antonio Alonso Izquierdo, natural de Granadilla, y de Isabel Francisca Llanos.

Nº 1519 L 3º. Esteban Rodríguez, hijo de Juan Rodríguez y de Dominga Francisca Lorenzo, casó en 1777 en la parroquia de la Concepción del Realejo Bajo con Ana Josefa González, hija de José González Delgado y de Ana María de Abreu.

Nº 1384 L 3º. Agustín Rodríguez, hijo de Gaspar Rodríguez y de Rita Francisca, casó en 1777[77] en la parroquia de la Concepción del Realejo Bajo con María García, hija de Matías Amador y de Isabel García.

Nº 1542 L 3º. Felipe Rodríguez Regalado, hijo de Tomás Rodríguez Regalado y de María Rodríguez, casó en 1777 en la parroquia de la Concepción del Realejo Bajo con Antonia Francisca de Rojas, hija de Manuel Pérez de Abreu y de Agustina Leonor de Rojas.

Nº 1640 L 3º. Juan Rodríguez, natural de San Juan, hijo de Tomás Rodríguez y de Isabel Ruiz, casó

---

[77] La fecha puede ir hasta 1784.

en 1778 en la parroquia de Nuestra Señora de la Concepción del Realejo Bajo con Juana Josefa Capote, hija de Francisca Dorta y de padre no conocido.

Nº 1446 L 3º. Benito Rodríguez Guillama, hijo de Gaspar Guillama y de Antonia Miranda de Chaves[78], casó en 1778 en la parroquia de la Concepción del Realejo Bajo con María Afonso, natural de Adeje, hijo de José Afonso y de María González.

Nº 1481 L 3º. Domingo Rodríguez de León, hijo de José Rodríguez de León y de Isabel Hernández del Castillo, casó en 1778[79] en la parroquia de la Concepción del Realejo Bajo con María de la Concepción Bautista, hija de Antonio Bautista Perdomo y de María Antonia del Álamo.

Nº 1486 L 3º. Domingo Rodríguez, hijo de Gaspar Rodríguez y de Rita Francisca, casó en 1779 en la parroquia de la Concepción del Realejo Bajo con Andrea Regalado, hija de Gaspar de Mesa y de Andrea Domínguez.

---

[78] En vez de Antonia Díaz de Chaves.
[79] La fecha correcta no consta, así que pongo la más aproximada entre 1770 y 1778.

Nº 1863 L 3º. Tomás Rodríguez Regalado, viudo de Marcela de Albelo, casó en 1779 en la iglesia parroquial de Nuestra Señora de la Concepción del Realejo Bajo con Antonia Francisca González, hija de Antonio González y de Damiana Francisca.

Nº 1808 L 3º. Pedro Rodríguez, hijo de Salvador Rodríguez y de Josefa Márquez, casó en 1781 en la iglesia parroquial de Nuestra Señora de la Concepción del Realejo Bajo con Francisca Luis Dorta, hija de Mateo Dorta y de María Luis.

Nº 1759 L 3º. Miguel Rodríguez Acevedo, natural de La Rambla, hijo de Miguel Rodríguez Acevedo y de Catalina Francisca, casó en 1782 en la iglesia parroquial de Nuestra Señora de la Concepción del Realejo Bajo con Nicolasa Francisca de Abreu, hija de Domingo Felipe Borges y de María Ana Abreu.

Nº 1812 L 3º. Pedro Rodríguez del Álamo, hijo de José Rodríguez del Álamo y de María Francisca Gil, casó en 1783 en la iglesia parroquial de Nuestra Señora de la Concepción del Realejo Bajo con Rita de la Concepción y Chaves, hija de Manuel Francisco de

Chaves y de Isabel Andrea García.

Nº 1657 L 3º. José Rodríguez Casanova, hijo de José Rodríguez Casanova y de Rafaela Agustina Lozano, casó en 1784 en la iglesia parroquial de Nuestra Señora de la Concepción del Realejo Bajo con Antonia Josefa Márquez, hija de José Márquez y de María de la Concepción Gómez.

Nº 1452 L 3º. Bernardo Rodríguez del Álamo, hijo de Salvador Rodríguez del Álamo y de Josefa María de Chaves, casó en 1788 en la parroquia de la Concepción del Realejo Bajo con Isabel Andrea García y Zamora, hija de José Lorenzo Zamora y de Lucía García.

Nº 1674 L 3º. Joaquín Rodríguez de Goyas, hijo de Antonio Rodríguez de Goyas y de María de Torres, casó en 1788 en la iglesia parroquial de Nuestra Señora de la Concepción del Realejo Bajo con María Alfonso Casanova, hija de Sebastián Alfonso Casanova y de María Antonia Domínguez.

Nº 1762 L 3º. Miguel Rodríguez del Álamo, hijo de Isabel Rodríguez del Álamo y de padre incógnito, casó en 1788 en la iglesia parroquial de Nuestra

Señora de la Concepción del Realejo Bajo con María Díaz González Héctor, hija de Salvador Díaz y de Andrea González.

Nº 1766 L 3º. Miguel Rodríguez Regalado de la Sierra, hijo de Francisco Rodríguez Regalado de la Sierra y de Lucía Francisca de Ávila, casó en 1792 con Josefa Hernández Alfonso, hija de Pedro Hernández Alfonso y de María Rodríguez Amaro.

Nº 1506 L 3º. Domingo Rodríguez del Álamo, viudo de Andrea Regalado, hijo de Gaspar Rodríguez del Álamo y de Rita Francisca Hernández, casó en 1793 en la parroquia de la Concepción del Realejo Bajo con Catalina Delgado, viuda de Juan Díaz, natural de Arico, hija de Gil Amaral y de Juana María.

Nº 1693 L 3º. José Rodríguez de Chaves, hijo de Andrés Rodríguez de Chaves y de Agustina de León, casó en 1793 en la iglesia parroquial de Nuestra Señora de la Concepción del Realejo Bajo con Rita María Antonia de Bienes, hija de José Bienes y de Antonia Díaz.

Nº 1695 L 3º. José Rodríguez Casanova, viudo de

Antonia María Márquez, hijo de José Rodríguez Casanova y de Josefa Rodríguez Lozano, casó en 1793 en la iglesia parroquial de Nuestra Señora de la Concepción del Realejo Bajo con Rosa García Delgado, hija de Pedro García Delgado y de María González Abreu.

Nº 1699 L 3º. Juan Rodríguez del Álamo, hijo de Pedro Rodríguez del Álamo y de Francisca Hernández Reyes, casó en 1793[80] en la iglesia parroquial de Nuestra Señora de la Concepción del Realejo Bajo con Damiana García Rodríguez, hija de Baltasar García y de Lucía Rodríguez.

Nº 1825 L 3º. Pedro Rodríguez del Álamo, hijo de Domingo Rodríguez del Álamo y de María Francisca, viudo de Ana Rodríguez de ... , casó en 1793 en la iglesia parroquial de Nuestra Señora de la Concepción del Realejo Bajo con Bernarda de la Encarnación Pérez y Llanos, hija de Gaspar Luis Pérez Llanos y de Lucía Francisca Díaz.

Nº 1419 L 3º. Antonio Rodríguez, hijo de Sebastián Rodríguez y de Francisca Suárez, casó en 1794 en la

---

[80] Fecha casi segura, pero podría ser 1794.

parroquia de la Concepción del Realejo Bajo con Catalina Francisca Domínguez, hija de Juan Domínguez y de Josefa Francisca Hernández.

Nº 1853 L 3º. Sebastián Rodríguez del Álamo hijo de Mateo Rodríguez del Álamo y de Josefa Francisca, casó en 1794 en la iglesia parroquial de Nuestra Señora de la Concepción del Realejo Bajo con Francisca del Rosario Yanes, hija de Manuel García y de Josefa Francisca Yanes.

Nº 1513 L 3º. Diego Rodríguez del Álamo, hijo de Pedro Rodríguez del Álamo y de Josefa García, casó en 1795 en la parroquia de la Concepción del Realejo Bajo con Gabriela López, hija de Juan López Albelo y de María Francisca Rodríguez.

Nº 1776 L 3º. Manuel Rodríguez, hijo de Juan Rodríguez y de Jerónima Francisca Hernández, casó en 1796 en la iglesia parroquial de Nuestra Señora de la Concepción del Realejo Bajo con María Díaz González, hija de Diego Díaz y de María González.

Nº. 1857 L 3º. Santiago Rodríguez Estévez, hijo de José Rodríguez y de María Estévez, casó en 1797 en la iglesia parroquial de Nuestra Señora de la Concepción del Realejo Bajo con Francisca González Romero, hija de Francisco González Cosme y de Isabel Romero.

Nº 1832 L 3º. Pedro Rodríguez, hijo de Domingo Rodríguez y de Josefa Luis Domínguez, casó en 1799 en la iglesia parroquial de Nuestra Señora de la Concepción del Realejo Bajo con Eugenia Martín Domínguez, hija de José Martín y de Josefa Francisca Domínguez.

Familia Romay:

Nº 253. Julián Romay, natural de Pontevedra en el reino de Galicia[81], hijo de Diego Romay y de María Morales, casó en 1654 en la iglesia parroquial de Nuestra Señora de la Concepción del Realejo Bajo con María Pérez de Sepúlveda, hija de Marcos González de la Torre y de Luisa Hernández.

Familia Rojas:

---

[81] Figura Sicilia en el original, lo cual causa asombro porque viene marcada con ¿?. Romay es de Ortigueira y se presta a falsa genealogía, por la judería, de esta manera se cita a Monterroso etc.

Nº 145. Francisco Rojas, hijo de Gaspar Rodríguez y de Juana Pérez, casó en 1650 en la parroquia de Nuestra Señora de la Concepción del Realejo Bajo con Catalina Mendoza, hija de Manuel González Sardina y de Magdalena Mendoza.

Nº 26. Antonio Francisco de Rojas, hijo de Francisco de Rojas y de Catalina Mendoza, casó en 1678 en la iglesia parroquial de Nuestra Señora de la Concepción del Realejo Bajo con María de Frías Lasso de la Guerra, hija de don Juan de Frías y de doña Victoria Teresa del Hoyo.

Nº 579 L 2º. Andrés Rojas, hijo de Antonio Javier Sosa y de Isabel de Rojas, casó en 1753 en la iglesia parroquial de Nuestra Señora de la Concepción del Realejo Bajo con Josefa Antonia de León y Rojas, hija de Manuel de León y de Juliana Miranda. Consanguíneos de 2 con tercer grado.

Familia Romero:

Nº 460. Salvador Romero, hijo de Antonio Coello y de Juana Romero, casó en 1662 en la iglesia parroquial de nuestra señora de la Concepción del Realejo

Bajo con Ana Márquez, hija de Juan Márquez de Arteaga y de Jerónima Díaz, vecinos de la isla de El Hierro.

N° 300. Juan Romero, hijo de Juan Romero Coello y de Antonia Márquez, casó en 1681 en la iglesia parroquial de Nuestra Señora de la Concepción del Realejo Bajo con Poncia Pérez de Castro, hija de María de Castro, sin padres.

N° 685 L 2°. Domingo Romero, hijo de Juan Romero y de Poncia Pérez, casó en 1722 en la iglesia parroquial de Nuestra Señora de la Concepción del Realejo Bajo con Magdalena del Hoyo, hija de Juan Hernández Merín y de Francisca María Oramas.

N° 637 L 2°. Benito Agustín Romero, hijo de Domingo Romero y de Rita de la Guarda, casó en 1764 en la iglesia parroquial de Nuestra Señora de la Concepción del Realejo Bajo con María Josefa de Chaves, hija de Simón Rodríguez Gil y de Catalina Francisca de Chaves.

N° 1401 L 3°. Antonio José Romero, hijo de Bernardo José Romero y de Paula y de Paula del Carmen

Albelo, casó en 1787[82] en la iglesia parroquial de Nuestra Señora de la Concepción del Realejo Bajo con Agustina Yanes de la Guardia, hija de Domingo Martín Bautista de la Cruz Barroso y de Catalina Yanes de la Guardia.

Nº 1589 L 3º. Isidro José Romero, hijo de Domingo Romero y de Rita María de la Guardia, casó en 1794 en la iglesia parroquial de Nuestra Señora de la Concepción del Realejo Bajo con Tomasa de la Concepción Márquez, hija de Luis Yanes y de María Márquez.

Nº 1774 L 3º. Miguel Francisco Romero, natural de La Rambla, viudo de María Francisca Suárez, casó en 1795 en la iglesia parroquial de Nuestra Señora de la Concepción del Realejo Bajo con María Gil, natural de La Rambla, viuda de Juan Luis Moreno.

Familia de la Rosa:

Nº 1234 L 2º. Pablo de la Rosa, hijo de Bartolomé de la Rosa y de Antonia Pérez de la Sierra, casó en 1730 en la iglesia parroquial de Nuestra Señora de la

---

[82] Fecha aproximada.

Concepción del Realejo Bajo con María Micaela, hija de Alejandro González y de Andrea María González.

Nº 624 L 2º. Bartolomé Santos de la Rosa, hijo de Bartolomé de la Rosa y de Antonia Mayor de la Sierra, casó en 1733 en la iglesia parroquial de Nuestra Señora de la Concepción del Realejo Bajo con Clara Josefa, hija de Juan González Rocío y de María Borges, vecinos de La Orotava.

Nº 800 L 2º. Francisco Antonio de la Rosa, hijo de Miguel Pérez de la Rosa y de Ángela Francisca de Abreu, casó en 1735 en la iglesia parroquial de nuestra señora de la Concepción del Realejo Bajo con Rita Francisca, hija de Bernardo Francisco y de Isabel Francisca.

Nº 630 L 2º. Bartolomé de la Rosa, viudo de Clara Rodríguez, casó en 1743 en la iglesia parroquial de Nuestra Señora de la Concepción del Realejo Bajo con con Catalina de la Concepción Albelo y Corvo, hija de Cristóbal de Mendoza y de Isabel Corvo.

Nº 633 L 2º. Bartolomé de la Rosa Carmenatis, hijo de Gonzalo de la Rosa y de María Micaela Carmenatis de la Loma, casó en 1755 en la iglesia parroquial de Nuestra Señora de la Concepción del Realejo Bajo con María Pérez Domínguez, hija de Manuel Pérez, vecino de El Hierro, y de Beatriz Domínguez.

Nº 1208 L 2º. Nicolás de la Rosa Rocío, hijo de Bartolomé de la Rosa y de Clara Rocío, casó en 1756 en la iglesia parroquial de Nuestra Señora de la Concepción del Realejo Bajo con María del Rosario Estrada, hija de Marcos Díaz Estrada y de Antonia Rodríguez.

Nº 635 L 2º. Bartolomé de la Rosa, viudo de Catalina de Mendoza, casó en 1764 en la iglesia parroquial de Nuestra Señora de la Concepción del Realejo Bajo con Gregoria Domínguez, hija de Manuel de Candelaria, vecino que fue de El Hierro, y de Beatriz Domínguez.

Nº 1460 L 3º. Cristóbal de la Rosa, viudo de María Rodríguez de la Sierra, hijo de Bartolomé de la Rosa y de Catalina González Corvo, casó en 1768 con Isabel Ana de la Concepción Fernández, hija de José Fernández y de María Francisca Dávila.

Nº 1404 L 3º. Agustín Bartolomé de la Rosa, hijo

de Bartolomé de la Rosa y de Jerónima Pérez de Candelaria, casó en 1787[83] en la iglesia parroquial de Nuestra Señora de la Concepción del Realejo Bajo con Agustina María de la Concepción Díaz Casanova, hija de Marcos Díaz y de María Rodríguez Casanova.

Familia del Rosario:

N° 1835 L 3°. Salvador del Rosario, de color pardo, natural de Buenavista y vecino de La Orotava, hijo de Antonio del Rosario y de Ana Gaspar Yanes, casó en 1768 en la iglesia parroquial de Nuestra Señora de la Concepción del Realejo Bajo con Benigna Josefa, viuda de Pedro Rodríguez.

Familia Ruiz:

N° 1659 L 3°. José Ruíz Ravelo, hijo de Cristóbal Ruíz Ravelo y de Josefa Borges, natural de Icod, casó en 1784 en la parroquia de la Concepción del Realejo Bajo con Josefa María Albelo, hija de Francisco Agustín Albelo y de Antonia Lorenzo de Chaves.

---

[83] Fecha aproximada entre 1787 a 1793.

Nº 1660 L 3º. José Anastasio de Albelo, hijo de José Agustín de Albelo y de Lorenza de Armas, casó en 1784 en la parroquia de la Concepción del Realejo Bajo con Sebastiana Antonia de León, natural de Fuerteventura, hija de José de León y de María Suárez.

Nº 1849. Simón Ruiz del Álamo, casó en 1790 en la iglesia parroquial de Santiago Apóstol del Realejo Alto con Florencia Pérez Martínez.

S.

Familia Saconini:

Nº 1202 L 2º. Nicolás Saconini y Margalli, hijo del teniente capitán de caballos don Luis Saconini y Margalli y de doña María Martínez de Herrera, casó en la iglesia parroquial de Nuestra Señora de la Concepción del Realejo Bajo con doña Bárbara Nicolás Alzola Acevedo y Padilla, hija de Gaspar Padilla Trujillo Alzola, de Icod, y de doña Manuela de Lozán y Acevedo, del Puerto de la Orotava.

Familia Sánchez:

Nº 794 L 2º. Francisco Sánchez, hijo de Melchor Sánchez y de Ana Francisca, natural de San Juan de la Rambla, casó en 1731 en la iglesia parroquial de nuestra señora de la Concepción del Realejo Bajo con María García, hija de Juan Fernández y de María García.

Nº 628. Bartolomé Felipe Sánchez, hijo de Melchor Sánchez y de Catalina Martín, casó en 1739 en la iglesia parroquial de Nuestra Señora de la Concepción del Realejo Bajo con Ana Josefa Velasco de León, hija de Buenaventura Francisco y de Rita Velasco.

Nº 1245 L 2º. Patricio Sánchez, hijo de Melchor Sánchez y de Catalina Martín, casó en 1743 en la iglesia parroquial de Nuestra Señora de la Concepción del Realejo Bajo con Ana Josefa, hija de Lorenzo Luis y de Josefa Francisca.

Nº 631 L 2º. Bartolomé Sánchez, viudo de Ángela Josefa Velázquez, casó en 1744 en la iglesia parroquial de Nuestra Señora de la Concepción del Realejo Bajo con Agustina Rodríguez Casanova, hija de Salvador Brito y de Victoria Rodríguez Casanova.

Nº 1264 L 2º. Pedro Nicolás Sánchez Quintero, hijo de Félix Sánchez Quintero y de Rosa de Lugo, casó en 1758 en la iglesia parroquial de Nuestra Señora de la Concepción del Realejo Bajo con Francisca Antonia de la Rosa, hija de Antonio Hernández Herrera y de María de la Rosa.

Nº 1267 L 2º. Pedro Nicolás Sánchez, viudo de Francisca Antonia de la Concepción, hija de Félix Sánchez Lugo, casó en 1760 en la iglesia parroquial de Nuestra Señora de la Concepción del Realejo Bajo con María Rodríguez Palenzuela, hija de José Rodríguez Abreu y de Ángela Bello Palenzuela.

Nº 1087 L 2º. José Antonio Sánchez, hijo de Francisco Sánchez y de María García, casó en 1763 en la iglesia parroquial de Nuestra Señora de la Concepción del Realejo Bajo con María Antonia López, hija de Matías López y de María Márquez.

Nº 1443 L 3º. Bartolomé Sánchez Quintero, viudo de Agustina Rodríguez Casanova, casó en 1774 en la iglesia parroquial de Nuestra Señora de la Concepción del Realejo Bajo con Clara Francisca López, hija de

Francisco Antonio de la Rosa y de Rita Francisca López.

Familia Sanmartín:

Luis de Sanmartín Cabrera, casó en 1603 en la iglesia parroquial de Nuestra Señora de la Concepción del Realejo Bajo con Isabel Bautista, hija de Bartolomé Hernández, escribano público, y de Juana Bautista.

Familia Santos:

Nº 69. Carlos de los Santos, hijo de Bartolomé Martínez y de Leonor de Aguiar, casó en 1661 en la iglesia parroquial de Nuestra Señora de la Concepción del Realejo Bajo con Margarita González Zamora, hija de Gonzalo Martínez y de Juana Fonte, vecinos de el Hierro.

Nº Nº 1719 L 3º. Juan Nepomuceno de los Santos, hijo de Manuel de los Santos y de Agustina Bautista Suárez, casó en 1797 en la iglesia parroquial de Nuestra Señora de la Concepción del Realejo Bajo con María de la Concepción Jácome, hijo de Francisco Jácome y de Francisca García Rodríguez.

Familia Simón:

Nº 195. Gaspar Simón, hijo de Juan Luis y de Isabel Francisca, casó en 1650 en la iglesia parroquial de Nuestra Señora de la Concepción del Realejo Bajo con Isabel Sánchez, hija de Juan Sánchez Saavedra y de Clara Francisca.

Nº 243. Juan Simón, hijo de Antón Simón y de María Sánchez, casó en 1651 en la iglesia parroquial de Nuestra Señora de la Concepción del Realejo Bajo con María Ana de la Cruz, hija de Gaspar González y de Ana María.

Nº 208. Gaspar Simón, hijo de Diego Hernández Lázaro y de Ana Francisca, casó en 1676 en la iglesia parroquial de Nuestra Señora de la Concepción del Realejo Bajo con María Pérez, hija de Pedro Yanes y de Tomasina Pérez.

Nº 1757 L 3º. Manuel Simón Llanos, hijo de Domingo Simón Llanos y de Isabel González, casó en 1780 en la iglesia parroquial de Nuestra Señora de la

Concepción del Realejo Bajo con María Antonia Ravelo, hija de Francisco Gil y de Lucía Ravelo.

Nº 1725 L 3º. José Simón Llanos, hijo de Domingo Simón Llanos y de Isabel Pascuala Luis, casó en 1798[84] con María Domínguez, hija de Gaspar Domínguez y de Catalina Sebastiana Marrona.

Familia Sicilia:

N 903 L 2º. Ignacio José Sicilia, natural de Santa Cruz de La Palma, hijo de Juan Francisco Sicilia y de Estéfana de la Concepción, casó en 1760 en la iglesia parroquial de Nuestra Señora de la Concepción del Realejo Bajo con María de la Concepción Essafor y Pargo, natural de el Puerto de la Cruz, hija de Diego Esafor, irlandés, y de Úrsula María Pargo, de La Laguna.

Familia Siverio:

Nº 463. Salvador Francisco Siverio, hijo de Pedro Siverio y de María Francisca, vecinos de Icod, casó en

---

[84] La fecha es no precisa.

1667 en la iglesia parroquial de nuestra señora de la Concepción del Realejo Bajo con Faustina Díaz, hija de Salvador Luis y de María Díaz.

Nº 772 L 2º. Francisco Siverio, hijo de Francisco Siverio y de María de Candelaria, vecinos de Icod, casó en 1716 en la iglesia parroquial de nuestra señora de la Concepción del Realejo Bajo con Ana María de León, hija de Custodio de León y de Agustina Leonor.

Nº 1311 L 2º. Salvador Siverio, hijo de Juan Siverio y de María Rodríguez, casó en 1744 en la iglesia parroquial de Nuestra Señora de la Concepción del Realejo Bajo con María Josefa, hija de Felipe Lorenzo y de Margarita Francisca.

Nº 1039 L 2º. Juan Siverio, viudo de María Rodríguez, casó en 1748 en la iglesia parroquial de Nuestra Señora de la Concepción del Realejo Bajo con Lucía Francisca, hija de María Francisca y de padre desconocido.

Nº 1047 L 2º. Juan Siverio, hijo de Juan Siverio y de María Francisca, natural del Valle de Santiago, en

Tenerife, casó en 1751 en la iglesia parroquial de Nuestra Señora de la Concepción del Realejo Bajo con Bárbara o Catalina Francisca, hija de Salvador Manuel Gómez y de Catalina Francisca, natural de la Granadilla.

Nº 1074 L 2º. José Siverio, hijo de Francisco Siverio y de Ana de León, casó en 1758 en la iglesia parroquial de Nuestra Señora de la Concepción del Realejo Bajo con Gracia María Regalado, hija de Salvador Rodríguez y de Isabel Regalado.

Nº 1266 L 2º. Pedro Siverio, hijo de Juan Siverio y de María Rodríguez, casó en 1759 en la iglesia parroquial de Nuestra Señora de la Concepción del Realejo Bajo con Andrea Francisca, hija de Andrés Díaz y de María Francisca, vecinos de Santa Úrsula. Testigo Rosa Lorenzo.

Nº 851 L 2º. Francisco Siverio, se veló en 1765 en la iglesia parroquial de nuestra señora de la Concepción del Realejo Bajo con María Luis, con la que contrajo matrimonio nueve meses antes en la iglesia parroquial de la Peña de Francia del Puerto de la Orotava.

Nº 1402 L 3º. Agustín Gregorio Siverio de Ávila, hijo de Francisco Siverio y de María Luisa de Ávila, natural del Puerto de la Orotava, casó 1787 en la iglesia parroquial de Nuestra Señora de la Concepción del Realejo Bajo con María de la Concepción Albelo, hija de José Hernández Correa y de Josefa de Albelo.

Nº 1817 L 3º. Pedro Manuel Siverio, hijo de José Siverio y de María Gracia Antonia Regalado, casó en 1787 en la iglesia parroquial de Nuestra Señora de la Concepción del Realejo Bajo con Antonia María Ana Hernández, hija de Pedro Hernández Alfonso y de María García.

Nº 1703 L 3º. José Siverio, hijo de Francisco Siverio y de María Francisca de Ávila, casó en 1793 en la iglesia parroquial de Nuestra Señora de la Concepción del Realejo Bajo con Gregoria Hernández, hija de Pedro Hernández Alfonso y de María Rodríguez.

Familia Sosa:

Nº 720 L 2º. Domingo de Sosa y Rojas, hijo de Antonio Javier de Sosa y de Isabel Miranda de Rojas, casó en 1759 en la iglesia parroquial de Nuestra Señora de la Concepción del Realejo Bajo con Isabel Leal, hijo de Tomás Leal y de Catalina González.

Nº 854 L 2º. Francisco Javier de Sosa, hijo de Antonio Javier de Sosa y de Isabel Miranda y Rojas, casó en 1767 en la iglesia parroquial de Nuestra Señora de la Concepción del Realejo Bajo con Manuela Agustina de Torres, natural de La Orotava, hija de Ignacio de Torres y de María González Chaurero.

Familia Suárez:

Nº 298. Juan Suárez, hijo de Manuel Suárez[85] y de María de Armas, vecinos de El Hierro, casó en 1680 en la iglesia parroquial de Nuestra señora de la Santísima Concepción del Realejo Bajo con Juana Crisóstomo, hija de Felipe González y de María Luis.

Nº 304. Juan Suárez, hijo de Bartolomé Suárez y de Isabel Morales, casó en 1683 en la iglesia parroquial de Nuestra Señora de la Concepción del Realejo Bajo con Teodora Francisca.

---

[85] Natural de El Hierro, libro 2º 291.

Nº 498. Salvador Suárez de Avellaneda, hijo de Felipe Hernández y de Ana Suárez, de La Orotava, casó en 1694 en la iglesia parroquial de Nuestra Señora de la Concepción del Realejo Bajo con María Francisca de Abreu, viuda de José González de Albelo.

Nº 134. Diego Suárez, hijo de Pascual Suárez y de Juana Francisca, casó en 1697 en la parroquia de Nuestra Señora de la Concepción del Realejo Bajo con Catalina de León, hija de Melchor León y de María Magdalena de San Andrés, naturales de El Hierro.

Nº 139. Diego Suárez, hijo de Francisco Suárez y de María Francisca, casó en 1699 en la parroquia de Nuestra Señora de la Concepción del Realejo Bajo con María Francisca, hija de Sebastián Martín y de María Francisca.

Nº 1218 L 2º. Pedro Suárez, hijo de Francisco Suárez y de María Francisca, casó en 1708 con Ana de Mesa, hija de Gaspar de Mesa y de María Francisca.

Nº 1140 L 2º. Manuel Suárez, hijo de Juan Suárez y de Andrea María de Chaves, casó en 1725 en la iglesia parroquial de Nuestra Señora de la Concepción del Realejo Bajo con Josefa Márquez, hija de Asencio Hernández y de Ana Márquez.

Nº 691 L 2º. Domingo Suárez, hijo de Diego Suárez y de María Francisca, casó en 1729 en la iglesia parroquial de Nuestra Señora de la Concepción del Realejo Bajo con Luisa Hernández, hija de Francisco Hernández y de Ana Luis. Consanguíneos en tercer grado.

Nº 809 L 2º. Francisco Suárez, hijo de Diego Suárez y de María Francisca, casó en 1738 en la iglesia parroquial de Nuestra Señora de la Concepción del Realejo Bajo con María Andrea, hija de Juan Domínguez Bautista y de María Antonia Chaves.

Nº 1015 L 2º. Juan Bautista Suárez, hijo de Antonio Bautista Suárez y de María Francisca Salgado, natural de Buenavista, casó en 1738 en la iglesia parroquial de Nuestra Señora de la Concepción del Realejo Bajo con Juana Catalina Padrón Espinosa, hija de Manuel Espinosa y de María Padrón[86].

---

[86] Con clara connotación de ascendencia herreña, aunque no se haga mención de ello.

Nº 704 L 2º. Diego Suárez Barroso, hijo de Diego Suárez y de María Francisca, casó en 1742 en la iglesia parroquial de Nuestra Señora de la Concepción del Realejo Bajo con Juana Francisca Díaz, hija de Manuel Francisco Dávila y de Margarita Díaz.

Nº 814 L 2º. Francisco Suárez, viudo de María Bautista, casó en 1742 en la iglesia parroquial de Nuestra Señora de la Concepción del Realejo Bajo con Beatriz de Aldana, hija de Pascual Francisco López y de Margarita Aldana. Con cuarto grado de afinidad.

Nº 1244 L 2º. Pedro Suárez, hijo de Pedro Suárez y de María Martín, casó en 1743 en la iglesia parroquial de Nuestra Señora de la Concepción del Realejo Bajo con María Gil, viuda de Juan Reyes. Consanguíneos en tercer grado.

Nº 710 L 2º. Domingo Suárez, viudo de Lucía Hernández, casó en 1748 en la iglesia parroquial de Nuestra Señora de la Concepción del Realejo Bajo con Catalina Francisca, hija de Felipe Francisco y de Clara Francisca. Tercer grado de consanguinidad con 4 de afinidad.

Nº 879 L 2º. Gonzalo Suárez Barroso, hijo de Manuel Suárez y de Josefa Márquez, casó en 1752 en la iglesia parroquial de Nuestra Señora de la Concepción del Realejo Bajo con María Delgado Barroso, hijo de Silvestre García y de Ana Delgado Barroso. Tercer grado con cuarto de consanguinidad.

Nº 1261 L 2º. Pedro Suárez Barroso, hijo de Domingo Suárez Barroso y de Lucía Francisca de Albelo, casó en 1754 en la iglesia parroquial de Nuestra Señora de la Concepción del Realejo Bajo con María Dávila de los Reyes, hija de Salvador de los Reyes Corvo y de Tomasina María Dávila.

Nº 1377 L 3º. Antonio Suárez, hijo de Francisco Suárez y de Beatriz Aldana, casó en 1777 en la iglesia parroquial de Nuestra Señora de la Concepción del Realejo Bajo con Catalina Francisca Chaves, hija de Manuel Hernández y de Catalina Francisca Chaves.

Nº 1571 L 3º. Gonzalo Suárez Barroso, viudo de María Delgado, casó en 1777 en la parroquia de Nuestra Señora de la Concepción del Realejo Bajo con María Candelaria Rodríguez Chaves, hija de Tomás

Domínguez y de Juana Rodríguez Chaves.

Nº 1572 L 3º. Gonzalo Suárez, hijo de Manuel Suárez y de Josefa Márquez, viudo de María Candelaria, casó en 1781 en la parroquia de Nuestra Señora de la Concepción del Realejo Bajo con Manuela Francisca Díaz, hija de Manuel Francisco y de Margarita Díaz, viuda de Gaspar Luis.

Nº 1575 L 3º. Gonzalo Suárez, hijo de Pedro Suárez y de María Gil, casó en 1783 en la parroquia de Nuestra Señora de la Concepción del Realejo Bajo con Catalina Delgado García, hija de Silvestre García y de Ana Delgado. Consanguíneos de tercer con cuarto grado.

Nº 1651 L 3º. Juan Suárez, hijo de Diego Suárez y de Juana Díaz, casó en 1783 en la iglesia parroquial de Nuestra Señora de la Concepción del Realejo Bajo con Josefa Domínguez de Chaves, hija de Cristóbal Domínguez y de Antonia de Chaves.

Nº 1391 L 3º. Antonio José Suárez, hijo de Francisco Suárez y de Josefa Martín, casó en 1785 en la iglesia parroquial de Nuestra Señora de la Concepción del Realejo Bajo con Antonia Miranda de Chaves, hija de Gaspar Rodríguez Guillama y de Antonia Miranda de Chaves.

Nº 1396 L 3º. Antonio Suárez, hijo de Domingo Suárez y de Catalina Francisca, casó en 1787 en la iglesia parroquial de Nuestra Señora de la Concepción del Realejo Bajo con María Rodríguez, hija de Francisco Rodríguez[87] y de María Rodríguez.

Nº 1787 L 3º. José Suárez, hijo de Gonzalo Suárez y de María Delgado, casó en 1787 en la iglesia parroquial de Nuestra Señora de la Concepción del Realejo Bajo con Rosalía Reyes Suárez, hija de Juan Reyes y de María Francisca de Chaves. Consanguíneos en cuarto grado.

Nº 1501 L 3º. Diego Suárez, hijo de Francisco Suárez y de Beatriz Aldana, casó en 1791 en la iglesia parroquial de Nuestra Señora de la Concepción del Realejo Bajo con Catalina Suárez, hija de Gonzalo Suárez y de María Delgado.

---

[87] Puede decir Domínguez, porque está sobreescrito.

Nº 1432 L 3º. Agustín Francisco Suárez, hijo de Lorenzo Francisco Suárez y de Francisca Márquez, casó en 1798 en la iglesia parroquial de Nuestra Señora de la Concepción del Realejo Bajo con María Suárez Delgado, hija de Gonzalo Gil Suárez y de Catalina Delgado.

T.

Familia Tavío:

Nº 1688 L 3º. Juan Tavío, natural de La Orotava, hijo de José Tavío y de Josefa Delgado, casó en 1792 en la iglesia parroquial de Nuestra Señora de la Concepción del Realejo Bajo con Josefa Amador García, hija de Matías Amador y de Isabel García.

Familia Tejera:

Nº 349. Juan Ramón Tejera y Lugo, hijo de Luis Tejera y de Francisca Suárez Lugo, naturales de La Laguna, casó en 1700 en la iglesia parroquial de Nuestra Señora de la Concepción del Realejo Bajo con Andrea Francisca, viuda de Juan González.

Familia Téllez:

Nº 1475 L 3º. Domingo Téllez de Silva, hijo de José Téllez de Silva, natural de la isla de Madeira, y de María Doble, casó en 1770 en la iglesia parroquial de Nuestra Señora de la Concepción del Realejo Bajo con Andrea Agustina Miranda, hija de Antonio Javier de Asoca y de Isabel Miranda y Rojas.

Familia Temudo:

Nº 1211 L 2º. Nicolás Témudo, hijo de Bartolomé Pérez Témudo y de María Suárez, casó en 1716 en la iglesia parroquial de Nuestra Señora de la Concepción del Realejo Bajo con María Suárez, hija de Sebastián Hernández Guerra y de Margarita Suárez.

Familia Toledo:

Nº 1407 L 3º. Agustín Toledo, natural de Fuerteventura, hijo de Diego Toledo y de Magdalena Francisca de Acosta, casó en 1793 en la iglesia parroquial de Nuestra Señora de la Concepción del Realejo Bajo con Agustina Romero González, hija de Francisco Cosme González y de Isabel María Romero.

Familia Torres:

Nº 1242 L 2º. Pedro de Torres, hijo de Juan Antonio y de Isabel de Torres, natural de la villa de Santiago, casó en 1741 en la iglesia parroquial de Nuestra Señora de la Concepción del Realejo Bajo con Margarita Francisca, hija de Felipe Lorenzo y de Margarita Francisca.

Nº 1255 L 2º. Pedro de Torres, viudo de Margarita Francisca, casó en 1750 en la iglesia parroquial de Nuestra Señora de la Concepción del Realejo Bajo con Juana Rodríguez, hija de Tomás Domínguez y de Juana Rodríguez de Chaves.

Nº 1265 L 2º. Pedro de Torres, natural de la Villa de Santiago, viudo en segundas nupcias de Juana Rodríguez de Chaves, casó en 1759 en la iglesia parroquial de Nuestra Señora de la Concepción del Realejo Bajo con Josefa Díaz, hija de Andrés Díaz y de María Francisca.

V

Familia Valeriano:

Nº 910 L 2º. José Valeriano, apoderado por don Blas Martín para casar en 1704 en la iglesia parroquial de Nuestra Señora de la Concepción del Realejo Bajo con Juana Peraza de Ayala de la Torr[88]e.

Familia Ventura:

Nº 1200 L 2º. Nicolás Ventura Bethencourt, natural de Icod, hijo de Nicolás Ventura Bethencourt y de Josefa Francisca Bethencourt, casó en 1735 en la iglesia parroquial de Nuestra Señora de la Concepción del Realejo Bajo con Francisco Javier Rodríguez de Febles, hijo de Dionisio de Febles y de María Rodríguez.

Nº 729 L 2º. Diego Ventura, hijo de Nicolás Ventura y de Francisca Rodríguez Casanova, casó en 1764 en la iglesia parroquial de Nuestra Señora de la Concepción del Realejo Bajo con Luisa de Abreu y Llanos, hija de Salvador González y de María de Abreu y Llanos.

---

[88] Ver nº 640.

Nº 1587 L 3º. Isidro Ventura, hijo de Nicolás Ventura y de Francisca Oramas, casó en 1774 en la iglesia parroquial de Nuestra Señora de la Concepción del Realejo Bajo con María Francisca, hija de Salvador Francisco y de María Catalina.

Familia Veraut:

Nº 868 L 2º. Guillermo Veraut, natural de la villa de Berat, en Francia, hijo de Leonoardo Berat, natural de Limoges y de Margarita Raimundo, natural de la ciudad de Maxmanda, casó en 1733 en la iglesia parroquial de Nuestra Señora de la Concepción del Realejo Bajo con Josefa Eriana de Chaves y Aguiar, hija del alférez Juan Carlos de los Santos y Aguiar y de Eufemia Fernández, naturales del Puerto de la Orotava.

Familia Vergara:

Nº 1356 L 2º. Vicente José de Vergara, hijo de Felipe Antonio de Vergara y de Rita María de la Concepción, casó en 1763 en la iglesia parroquial de Nuestra Señora de la Concepción del Realejo Bajo con Manuela, hija de Manuel Hernández y de María Rita del

Carmen.

Y.

Familia Yanes:

Nº 190. Gaspar Yanes Cuervo, hijo de Melchor González y de María Hernández casó en 1605 en la iglesia parroquial de Nuestra Señora de la Concepción del Realejo Bajo con Ana María, hija de Diego Hernández y de Inés González.

Nº 938 L 2º. José Yanes de Oliva, hijo de Nicolás Pérez de Oliva, natural de La Orotava, y de Catalina Pérez, casó en 1715 en la parroquia de Nuestra Señora de la Concepción del Realejo Bajo con Gregoria Francisca Barroso, hija de Domingo Hernández Barroso y de María Delgado.

Nº 945 L 2º. Juan Yanes Regalado, hijo de Francisco Yanes Regalado y de María Rodríguez de Chaves, casó en 1717 en la parroquia de Nuestra Señora de la Concepción del Realejo Bajo con Ana García Delgado, hija de Felipe Estévez y de María García.

Nº 989 L 2º. José Yanes Regalado, hijo de Francisco Yanes Regalado y de Isabel Francisca, casó en 1731 en la iglesia parroquial de Nuestra Señora de la Concepción del Realejo Bajo con Jerónima Delgado Barroso, hija de Francisco Yanes Regalado y de María Delgado.

Nº 47. Blas Yanes casó en 1637 en la iglesia parroquial de Nuestra Señora de la Concepción del Realejo Bajo con María Francisca, hija de Francisco González y de Cecilia María.

Nº 279. Juan Yanes, esclavo, casó en 1674 en la iglesia parroquial de Nuestra Señora de la Concepción del Realejo Bajo con María González, hija de Baltasar González y de María González.

Nº 436. Pedro Yanes, viudo de María Pérez, casó en 1682 en la iglesia parroquial de nuestra señora de la Concepción del Realejo Bajo con Elena Francisca, hija de Juan Pérez, natural de El Tanque, y de Isabel Márquez.

Nº 341. José Yanes, hijo de Asencio Hernández Cuervo y de Ana Márquez, casó en 1699 en la iglesia parroquial de Nuestra Señora de la Concepción del Realejo Bajo con Andrea Francisca Bautista, hija de Salvador Domínguez y de Catalina Bautista.

Nº 1099 L 2º. Luis Yanes, hijo de Pedro Yanes y de Elena Francisca, casó en 1706 en la iglesia parroquial de Nuestra Señora de la Concepción del Realejo Bajo con Inés Pérez Estrada, hija de Marcos Díaz Ramos y de Ana de Grecia.

Nº 1215 L 2º. Pedro Yanes de Abreu, hijo de Blas de Abreu y de María Núñez, casó en 1707 en la iglesia parroquial de Nuestra Señora de la Concepción del Realejo Bajo con Mencía Francisca, hija de Bartolomé de Paiva y de Jacobina Francisca.

Nº 757 L 2º. Felipe Yanes, hijo de Manuel de Castro y de Catalina Pérez, casó 1712 en la iglesia parroquial de nuestra señora de la Concepción del Realejo Bajo con Francisca Valladares, hija de Juan de Castro y de Juliana Hernández.

Nº 1221 L 2º. Pedro Yanes de Oliva y Esquivel, hijo de Nicolás Pérez de Oliva y de Catalina Pérez de Albelo, casó en 1713 en la iglesia parroquial de Nuestra

Señora de la Concepción del Realejo Bajo con Isabel Pérez de Albelo, hija de Francisco Hernández de Albelo y de María López.

Nº 1232 L 2º. Pedro Yanes, hijo de Juan Rodríguez y de Gracia María, casó en 1728 en la iglesia parroquial de Nuestra Señora de la Concepción del Realejo Bajo con Isabel Luis, hija de José Luis y de Eufemia María.

Nº 997 L 2º. José Yanes Corvo, hijo de José Yanes Corvo y de Andresa González, casó en 1733 en la iglesia parroquial de Nuestra Señora de la Concepción del Realejo Bajo con Ana Francisca, viuda de Juan Díaz.

Nº 1151 L 2º. Manuel Yanes, hijo de José Yanes y de Andrea Francisca, casó en 1733 en la iglesia parroquial de Nuestra Señora de la Concepción del Realejo Bajo con Ana Francisca, viuda de Juan Díaz. Con dispensa de parentesco especial de 2ª especie.

Nº 651 L 2º. Cristóbal Yanes, hijo de Francisco Yanes y de Bernarda Suárez, vecinos de La Orotava, casó en 1734 en la iglesia parroquial de nuestra señora de la Concepción del Realejo Bajo con María de la Cruz, hija de María Lorenzo y de Tomás Rodríguez.

Nº 1238 L 2º. Pedro Yanes Regalado, hijo de Francisco Yanes Regalado y de Isabel Francisca, casó en 1735 en la iglesia parroquial de Nuestra Señora de la Concepción del Realejo Bajo con Tomasa María Delgado Barroso, hija de Manuel Domínguez y de María Delgado Barroso.

Nº 1012 L 2º. Juan Quintero Corvo, hijo de Bartolomé Quintero, natural de El Hierro, y de María del Rosario, casó en 1737 en la iglesia parroquial de Nuestra Señora de la Concepción del Realejo Bajo con Sebastiana Antonia Hernández, hija de Salvador Pérez y de Catalina Hernández.

Nº 1014 L 2º. José Yanes Corvo, hijo de Francisco Yanes Corvo y de Dominga María, casó en 1737 en la iglesia parroquial de Nuestra Señora de la Concepción del Realejo Bajo con María Francisca de la Cruz, hija de Alonso de la Cruz y de Antonia Francisca.

Nº 1240 L 2º. Pedro Yanes Corvo, hijo de José Yanes Corvo y de Andrea Domínguez, casó en 1738 en la iglesia parroquial de Nuestra Señora de la Concepción del Realejo Bajo con Josefa Francisca, hija de Felipe Díaz y de Beatriz Francisca.

Nº 702 L 2º. Domingo Yanes, hijo de Francisco Yanes y de Bernarda Suárez, casó en 1739 en la iglesia parroquial de Nuestra Señora de la Concepción del Realejo Bajo con Ana Josefa Villalba, hija de Tomás Rodríguez y de María Rodríguez.

Nº 1241 L 2º. Pedro Yanes Regalado, viudo de Tomasa Domínguez, casó en 1739 en la iglesia parroquial de Nuestra Señora de la Concepción del Realejo Bajo con Ana Josefa de la Guardia, hija de Antonio de Fuentes y de Isabel de la Guardia.

Nº 1248 L 2º. Pedro Yanes Regalado, viudo de Ana Josefa de la Guarda, casó en 1745 en la iglesia parroquial de Nuestra Señora de la Concepción del Realejo Bajo con María García Albelo, hija de Francisco González Abreu y de Isabel Francisca de Albelo.

Nº 657 L 2º. Carlos Antonio Yanes, hijo de Francisco Yanes y de Bernarda Suárez, casó en 1749 en la iglesia parroquial de nuestra señora de la Concepción del Realejo Bajo con Manuela Antonia de Acevedo, hija de Gaspar de los Reyes y de Josefa de Acevedo.

Nº 1353 L 2º. Vicente Yanes, hijo de Ambrosio Yanes y de Damiana López, casó en 1750 en la iglesia parroquial de Nuestra Señora de la Concepción del Realejo Bajo con María del Carmen Acosta, hija de José Hernández Oliva y de Luisa de Acosta.

Nº 1206 L 2º. Nicolás Yanes Regalado de la Cruz, hijo de Pedro Yanes Regalado de la Cruz y de Isabel Francisca, casó en 1754 en la iglesia parroquial de Nuestra Señora de la Concepción del Realejo Bajo con Rosa Antonia Pérez Bello, hija de José Pérez Bello y de María de la Concepción Salazar.

Nº 884 L 2º. Gonzalo Yanes de Oliva Barroso, hijo de José Yanes de Oliva y de Gregoria Delgado Barroso, casó en 1756 en la iglesia parroquial de Nuestra Señora de la Concepción del Realejo Bajo con Josefa Regalado Barroso, hija de Pedro Yanes Regalado y de Tomasa Delgado Barroso. Consanguíneos de segundo con tercer grado.

Nº 885 L 2º. Jerónimo Yanes Regalado, hijo de Juan Yanes Regalado y de Ana Estévez, casó en 1756 en la iglesia parroquial de Nuestra Señora de la Concepción del Realejo Bajo con Isabel Francisca, hija de José González Chaves y de Blasina Francisca.

Nº 1067 L 2º. Juan Yanes de Oliva, viudo de Isabel de la Guardia, casó en 1756 en la iglesia parroquial de Nuestra Señora de la Concepción del Realejo Bajo con Juana López Moreno, hija de Juan López Moreno y de Micaela Francisca.

Nº 661 L 2º. Cristóbal Yanes Regalado, hijo de Pedro Yanes Regalado y de Isabel Francisca, casó en 1759 en la iglesia parroquial de Nuestra Señora de la Concepción del Realejo Bajo con Francisca María Yanes, hija de Francisco Javier Rodríguez, vecino del Puerto de la Orotava.

Nº 1085 L 2º. José Yanes Villalba, hijo de Cristóbal Yanes y de María Villalba Oropesa, casó en 1762 en la iglesia parroquial de Nuestra Señora de la Concepción del Realejo Bajo con Micaela Yanes Regalado, hija de Juan Yanes Regalado y de Ana García Regalado.

Nº 1094 L 2º. Juan Yanes de Oliva, hijo de

Domingo Yanes de Oliva y de Josefa Ana Esquivel, casó en 1765 en la iglesia parroquial de Nuestra Señora de la Concepción del Realejo Bajo con Andrea María de Ávila, hija de Pedro Luis de Ávila y de María Francisca de la Concepción de Acosta.

Nº 892 L 2º. Gonzalo Yanes Oliva, casó en 1766 en la iglesia parroquial de Nuestra Señora de la Concepción del Realejo Bajo con Josefa Nicolasa de Acevedo, hija de Domingo Pérez Bento y de Catalina Úrsula de Albelo.

Nº 1731 L 3º. Luis Yanes Barroso, hijo de Manuel Yanes Barroso y de Lucía Ana, casó en 1770 en la iglesia parroquial de Nuestra Señora de la Concepción del Realejo Bajo con María Márquez de los Remedios, hija de José Márquez y de María de la Concepción.

Nº 1606 L 3º. José Yanes Regalado Barroso, hijo de José Yanes Regalado y de Jerónima Delgado Barroso, casó en 1771 en la iglesia parroquial de Nuestra Señora de la Concepción del Realejo Bajo con María de la Concepción Pérez Perdomo, natural de Lanzarote, hijo de Diego Pérez y de Isabel María Perdomo.

Nº 1609 L 3º. Juan Yanes Regalado, hijo de Pedro Yanes Regalado y de Isabel Francisca, casó en 1772 en la iglesia parroquial de Nuestra Señora de la Concepción del Realejo Bajo con Rosa Francisca de Rojas, hija de Manuel Pérez Abreu y de Agustina Leonor de Rojas.

Nº 1612 L 3º. José Yanes Regalado, viudo de María Pérez Barato, casó en 1772 en la iglesia parroquial de Nuestra Señora de la Concepción del Realejo Bajo con Rosa María de Chaves Domínguez, hija de Domingo González Chaves y de María de Candelaria Domínguez.

Nº 1746 L 3º. Manuel Yanes Regalado, hijo de Pedro Yanes Regalado y de Isabel Francisca, casó en 1773 en la iglesia parroquial de Nuestra Señora de la Concepción del Realejo Bajo con Ana Josefa Márquez, hija de Juan González Chaurero y de María Francisca Márquez de Chaves.

Nº 1749 L 3º. Miguel José Yanes, hijo de José Damián Yanes de Albelo y de Isabel de Antonio de la Cámara, casó en 1774 en la iglesia parroquial de Nuestra Señora de la Concepción del Realejo Bajo con Josefa

Águeda de la Concepción, hija de Vicente Pérez Martínez y de Francisca Josefa Rocío.

Nº 1860 L 3º. Tomás Yanes, hijo de Cristóbal Yanes y de María Oropesa, casó en 1775 en la iglesia parroquial de Nuestra Señora de la Concepción del Realejo Bajo con María de la Concepción Martín, hija de Diego José Gómez y de María de la Concepción.

Nº 1447 L 3º. Bernardo Yanes, hijo de Carlos Yanes y de Marcela Antonia, casó en 1779 en la iglesia parroquial de Nuestra Señora de la Concepción del Realejo Bajo con Catalina Miranda de Chaves, hija de Gaspar Rodríguez Guillama y Antonia Miranda de Chaves[89].

Nº 1387 L 3º. Andrés Yanes Regalado, hijo de Jerónimo Yanes Regalado y de Isabel Francisca González, casó en 1784 en la iglesia parroquial de Nuestra Señora de la Concepción del Realejo Bajo con Isabel de la Cruz, hija de Tomás de la Cruz y de Antonia…

Nº 1466 L 3º. Carlos Antonio Yanes, viudo de

---

[89] O Díaz de Chaves, siendo la del número 1446 Antonia Miranda de Chaves.

Marcela Antonia Acevedo, casó en 1784 en la iglesia parroquial de Nuestra Señora de la Concepción del Realejo Bajo con Josefa María de la Guardia, hija de Antonio Jácome y de Rafaela Antonia de la Guarcia.

Nº 1814 L 3º. Pedro Yanes Regalado, hijo de Nicolás Yanes Regalado, natural de La Orotava y de Rosa María Pérez, casó en 1784 en la iglesia parroquial de Nuestra Señora de la Concepción del Realejo Bajo con Agustina Pérez de Abreu, hija de Manuel Pérez de Abreu y de Agustina Miranda Rojas.

Nº 1879 L 3º. Vicente Yanes, hijo de Vicente Yanes y de María Hernández Oliva, casó en 1784 en la iglesia parroquial de Nuestra Señora de la Concepción del Realejo Bajo con María Olivera, hija de Miguel Olivero y de Rosalía Espinosa Montero.

Nº 1670 L 3º. José Felipe Yanes de Oliva, hijo de Juan Yanes de Oliva y de Juana Francisca López, casó en 1787 en la iglesia parroquial de Nuestra Señora de la Concepción del Realejo Bajo con Josefa Francisca María de la Concepción Guadarrama, hija de Sebastián Regalado Ruiz del Álamo y de Gregoria Luisa Guadarrama.

Nº 1761 L 3º. Manuel Yanes Regalado, viudo de Ana Josefa Márquez, hijo de Pedro Yanes Regalado y de Isabel Francisca, casó en 1787 en la iglesia parroquial de Nuestra Señora de la Concepción del Realejo Bajo con Catalina Marrero Hernández, hija de Juan Marrero y de Leonarda Hernández, natural de Arico.

Nº 1790 L 3º. Nicolás Antonio Yanes, hijo de Pedro Yanes Estrada y de Jerónima de Acosta, casó en 1790 en la iglesia parroquial de Nuestra Señora de la Concepción del Realejo Bajo con María Josefa de León, natural de Fuerteventura, hija de José de León Ledesma y de María Suárez.

Nº 1821 L 3º. Pedro Yanes Regalado, natural de la Rambla, hijo de Pedro Yanes Regalado y de María de Rojas, casó en 1793 en la iglesia parroquial de Nuestra Señora de la Concepción del Realejo Bajo con Rosa Borges, hija de Domingo Felipe Borges y de María Ana Pérez de Abreu.

Nº 1767 L 3º. Mateo Yanes Regalado, hijo de José Yanes Oropesa y de Micaela Regalado, casó en 1794 en la iglesia parroquial de Nuestra Señora de la

Concepción del Realejo Bajo con Juana Regalado, hija de Juan Regalado y de Rosa Pérez de Rojas,

Nº 1435 L 3º. Antonio Yanes Regalado, hijo de Juan Yanes Regalado y de Rosa Francisca de Rojas, casó en 1799 en la iglesia parroquial de Nuestra Señora de la Concepción del Realejo Bajo con María del Carmen Díaz de Aguiar, viuda de José Díaz de Estrada, hija de Fernando Díaz López y de Rosa.

Nº 1567 L 3º. Francisco Yanes Olavarrieta, natural de Icod, escribano público, viudo de Catalina Barroso Toste, hijo de don Francisco Olavarrieta y de Isabel Romero, casó en 1799 en la parroquia de la Concepción del Realejo Bajo con María del Rosario Oramas y Borges, natural de Garachico, hija de don Enrique Oramas y Jiménez y de doña María Ana Borges y Fernández.

Z.

Familia Zamora:

Nº 430. Pedro Zamora, hijo de Lorenzo Zamora y de María de las Nieves, vecinos de Vilaflor, casó en

1672 en la iglesia parroquial de nuestra señora de la Concepción del Realejo Bajo con Ana Francisca, hija de Sebastián Luis y de Inés Francisca.

Nº 883 L 2º. Gonzalo Zamora, hijo natural de Lucía Zamora, casó en 1755 en la iglesia parroquial de Nuestra Señora de la Concepción del Realejo Bajo con María Francisca Hernández, hija de Diego Hernández y de María Francisca.

Nº 1820 L 3º. Pablo Zamora, hijo de Gonzalo Zamora y de Isabel Hernández, casó en 1792 en la iglesia parroquial de Nuestra Señora de la Concepción del Realejo Bajo con Francisca García Pescoso, hija de José Lorenzo Pescoso y de Lucía Andrea García.

ÍNDICE

Introducción. Pág. 7.

A.

2 familias Abrante: Pág. 11.
26 familias Abreu: Pág. 11.
2 familias Acevedo: Pág. 18.
14 familias Acosta: Pág. 19.
8 familias Afonso: Pág. 22.
2 familias Aguiar: Pág. 25.
1 familia Álamo: Pág. 25.
21 familias Albelo: Pág. 26.
5 familias Alonso: pág. 31.
6 familias Álvarez: pág. 32.
8 familias Amador: pág. 34.
2 familia Amarante: pág. 36.
1 familia Andrade: pág. 37.
1 familia Andrés: pág. 37.
2 familia Andueza: pág. 37.
13 familia Antonio: pág. 38.
1 familia Arias: pág. 42.
6 familias Armas: pág. 42.
1 familia Arroyo: pág. 44.

1 familia Ascanio: pág. 44.
2 familia Ávila. Pág. 44.

B.

3 familias Báez: pág. 45.
1 familia Barcelín: pág. 46.
2 familia Barrios: pág. 46.
4 familia Barroso: pág. 47.
4 familia Bautista: pág. 48.
3 familias Beltrán: pág. 49.
3 familia Benítez: pág. 50.
1 familia Bento: pág. 51.
1 familia Bernabé: pág. 51.
3 familia Bethencourt: pág. 52.
4 familia Bienes: pág. 52.
1 familia Borges: pág. 53.
1 familia Borrallo: pág. 54.
1 familia Brier: pág. 54.
3 familia Brito: pág. 55.
2 familia Buenaventura: pág. 56.

C.

2 familia Cabrera: pág. 56.
1 familia Cala: pág. 57.
1 familia Carballo: pág. 57.

5 familia Casañas: pág. 57.
1 familia de las Casas: pág. 59.
1 familia Castañeda: pág. 59.
1 familia Castillo: pág. 59.
6 familias Castro: pág. 60.
1 familia Centella: pág. 61.
1 familia Coello: pág. 62.
1 familia Concepción: pág. 62.
1 familia del Corral: pág. 62.
3 familia Correa: pág. 63.
7 familias de la Cruz: pág. 64.

Ch.
2 familia Chaves: pág. 66.

D.
1 familia Dávila: pág. 67.
12 familias Delgado: pág. 67.
118 familias Díaz: pág. 71.
1 familia Domingo: pág. 101.
57 familias Domínguez: pág. 101.
5 familia Donis: pág. 116.
8 familia Dorta: pág. 117.
2 familia Duranza: pág. 117.

E.

10 familias Estévez: pág. 40.

1 familia Estrada: pág. 122.

F.

1 familia Fagundo. pág. 123.

4 familia Febles: pág. 123.

9 familias Felipe. Pág. 124.

1 familia Félix. Pág. 126.

19 familias Fernández. Pág. 127.

1 familia Felipe: pág. 132.

1 familia Ferrera: pág. 132.

1 familia Figueredo: pág. 133.

2 familia Fleitas: pág. 133.

78 familias Francisco: pág. 134.

1 familia Franquis: pág. 154.

10 familias Fuentes: pág. 154.

G.

1 familia Gallegos: pág. 157.

79 familias García: pág. 157.

2 familia García del Castillo. Pág. 178.

4 familia Gil: pág. 178.

1 familia Gómez: pág. 179.

243 familias González: pág. 180.

1 familia Gonzalo: Pág. 242.
6 familia Gómez: pág. 243.
1 familia Gordejuela: pág. 244.
1 familia de la Guarda: pág. 245.
1 familia Guardia: pág. 245.
5 familia Guerra: pág. 246.
1 familia Guillermo: pág. 247.
1 familia Gutiérrez: pág. 248.

H.
161 familias Hernández: pág. 248.
1 familia Herrera: página 289.
1 familia Hormiga. Pág. 290.

J.
7 familias Jácome: pág. 290.
1 familia Jaques: pág. 292.
1 familia Jara: pág. 292.
1 familia Jerónimo. Pág. 293.
5 familia Jorge. Pág. 293.
2 familia José. Pág. 294.
2 familia Juan. Pág. 295.

L.
7 familia Lazo. Pág. 296.

1 familia Leal. Pág. 297.
7 familia León: pág. 298.
2 familia Linares: pág. 300.
4 familia Llanos: pág. 300.
43 familias López. Pág. 301.
43 familias Lorenzo. Pág. 313.
1 familia Lugo. Pág. 324.
70 familias Luis. Pág. 324.
1 familia Llarena: pág. 343.

M.
7 familias Machado. Pág. 343.
6 familias Manuel. Pág. 345.
7 familias Márquez. Pág. 347.
1 familia Martel. Pág. 349.
38 familias Martín. Pág. 349.
1 familia Martínez: 359.
1 familia Matos: pág. 360.
2 familia Medina: pág. 360.
1 familia Melo. 361.
8 familia Méndez. 361.
3 familias Mendoza. Pág. 364.
1 familia Merino: pág. 365.
1 familia Mercedes: pág. 365.
15 familia Mesa. Pág. 365.

1 familia Milán. Pág. 370.
1 familia Molina: pág. 370.
2 familia Molinao. Pág. 370.
1 familia Montesino. Pág. 371.
1 familia Mora: pág. 371.
1 familia Morales. Pág. 371.
1 familia Moreno. Pág. 371.

N.
3 familia Noda. Pág. 373.

O.
2 familia Olavarrieta: pág. 373.
2 familia Olivera: pág. 374.
6 familias Oramas. Pág. 375.
1 familia Orea: pág. 377.
4 familia Orta: pág. 377.
1 familia Ortega: pág. 378.

P.
9 familia Padrón: pág. 378.
1 familia Paiva: pág. 381.
1 familia Palenzuela: pág. 381.
1 familia Paz: pág. 381.
1 familia Penedo. Pág. 182.

4 familias de la Peña. pág. 382.

3 familias Peraza. Pág. 383.

2 familia Perdomo: pág. 384.

1 familia Pereira: pág. 385.

1 familia Perera. Pág. 386.

105 familias Pérez. Pág. 386.

1 familia Pescaditos. Pág. 414.

1 familia Pinto. Pág. 414.

1 familia Ponte: pág. 414.

Q.

3 familia Quintero: pág. 415.

2 familia Quintín. Pág. 416.

R.

4 familia Ramos: pág. 416.

2 familia Ravelo. Pág. 418.

5 familia Regalado: pág. 418.

13 familia Reyes. Pág. 419.

1 familia Rivero. Pág. 423.

143 familias Rodríguez. Pág. 423.

1 familia Romay. Pág. 462.

3 familias Rojas: pág. 463.

7 familia Romero: pág. 464.

8 familia de la Rosa: pág. 466.

1 familia del Rosario: pág. 468.
3 familia Ruiz. Pág. 468.

S.

1 familia Sanconini: pág. 469.
8 familia Sánchez: pág. 470.
1 familia Sanmartín. Pág. 472.
2 familia de los Santos: pág. 472.
5 familias Simón. Pág. 473.
1 familia Sicilia: pág. 474.
11 familia Siverio. Pág. 475.
2 familia Sosa: pág. 478.
26 familias Suárez: pág. 478.
1 familia Tavío: pág. 485.
1 familia Tejera. Pág. 485.
1 familia Téllez: pág. 486.
1 familia Temudo: pág. 486.
1 familia Toledo: pág. 486.
3 familia Torres: pág. 487.

V.

1 familia Valeriano: pág. 488.
3 familia Ventura: pág. 488.
1 familia Veraut: pág. 489.
1 familia Vergara: pág. 489.

Y.
52 familias Yanes. Pág. 490.

Z.
3 familia Zamora. Pág. 504.

FIN